少年漢武帝

Young Emperor Wu of Han

【南宮不凡◎著】

關於作者

南宮不凡

自小學五年級暑假無意中看到《三國志》，開始對歷史產生莫名狂熱，國一時已經讀完柏楊版《白話資治通鑑》與《二十四史》。

白天是認真負責的科技公司小主管，晚上化身成為歷史名人研究專家，對於古今中外的名人有相當專精而獨到的看法。

對於中國帝王學尤其偏愛，耗時近十年，在繁浩的歷史典籍史料、民間流傳軼事中去蕪存菁，經過反覆的消化、整編，運用古典小說形式，完成秦始皇、漢文帝、漢武帝、唐太宗、宋太祖、成吉思汗、明太祖、康熙、雍正、乾隆、孫中山、毛澤東等12位深具特色的領袖人物少年時代的風雲變幻。

書中每一位主宰歷史的偉大人物，都蘊藏著一部感人至深的故事。書中將這些領袖人物的親情、友情、愛情，以及自身對命運的努力和追求都融入到了扣人心弦的故事情節當中。

作者的生花妙筆讓書中主角彷如活生生的重現眼前，讓讀者深切感受他們的理想、信念、胸懷、情操，對我們學習如何做人、做學問、做事業都有很大的益處。尤其對於青少年朋友來說，這些故事除了好看之外，更是了解歷史、啟迪人生的最佳朋友。

總序

「江山如此多嬌，引無數英雄競折腰。」五千年的歷史風煙，數百計的王朝興替，太多的帝王傳奇，讀來無不令人盪氣迴腸、掩卷低吟。中華帝王自秦統一六國起，秦皇漢武，唐宗宋祖，一代天驕成吉思汗……或以蓋世雄才稱霸天下，或以雄韜偉略彪炳史冊，或以勤政愛民流芳千古，或以絕妙文采震爍古今，譜寫了一曲曲世世代代傳唱不衰的浩氣長歌。

當我們追溯這些歷史巨人的足跡，不難發現他們建立豐功偉業時大多數始於風華正茂、才思敏捷的青少年時期：秦始皇十三時歲即位，二十一歲時正式「親理朝政」，三十九歲終於完成了統一中國的歷史大業；唐太宗十六歲應募勤王，嶄露頭角，十八歲晉陽起兵反隋，並成為獨當一面的大將軍；康熙皇帝十四歲親政，十六歲智擒權臣鰲拜，二十歲剷撤三藩，三十歲南收台灣，三十二歲北拒沙俄；國父孫中山十三歲便遠離家鄉，由香港乘船赴夏威夷，去實現「有慕西學之心，窮天地之想」的志向……他們追求卓越的精神和把握機遇的能力，以及在一連串關乎國家前途命運的抉擇中所表現出來的少年睿智、堅毅果敢、沉著隱忍、顧全大局、百折不撓的性格特質，無不令人肅然起敬。這一切對今天的青少年朋友都具有極大的啟迪、教育和滲透力。正是基於這一點，我們編撰了《少年帝王》這套系列書籍。

本系列書籍選取了中國歷史上的十大著名帝王和近代孫中山、毛澤東兩位來做為陳述的主體，在史料記載和民間傳說的基礎上，運用中國古典小說形式，向讀者展示秦始皇、漢文帝、漢武帝、唐太宗、宋太祖、成吉思汗、明太祖、康熙、雍正、乾隆、孫中山、毛澤東這些九五之尊和開國領袖少年時代的風雲變幻和個人奮鬥歷程。

正所謂高山仰止，以上這些主角有的脫穎於帝王之家，有的揚名於行伍之中，有的雄起於部落之上，有的崛起於市井之鄉；或雄才、或豪邁、或隱忍、或倔強，文治武功各有偏長，運籌帷幄隨才器使。但無一例外的是，他們都憑藉著自身的努力，在風雲際會中抓住了歷史的機遇，走上了成功的頂峰。

這些主宰歷史的偉大人物，都蘊藏著一部感人至深的故事。作者將這些領袖人物的親情、友情、愛情，以及自身對命運的努力和拼勁都融入到了扣人心弦的故事情節當中，同時也彰顯了人性與欲望的較量，情感與倫理的衝突，智慧時時閃耀在字裡行間。

作者在尊重歷史的基礎上又不拘泥於歷史，用一種演義的手法，展示古今帝王領袖精彩的少年生涯，為我們深入人物的內心世界，拓展開一個嶄新的視角，提供一個詮釋人物命運的獨特方式。仔細閱讀這些書，猶如看到主角的少年生活在面前完整呈現，讓我們感受到他們的理想、信念、胸懷、情操，對我們學習如何做人、做學問、做事業都有很大的益處。

尤其對於準備高飛人生的青少年朋友來說，這些故事除了好看之外，更是青少年擴大胸懷、啟迪人生的最佳朋友。

序文

從他帶領的這個時代開始，古老東方土地上的人們開始自稱漢族，都因為大漢二字而驕傲。他建立了一個輝煌的時代，開啟了一個帝國嶄新的一頁，奠定了兩千多年來封建社會的基本模式。

他，就是漢武帝劉徹。

西元前156年，劉徹出生了，他是漢景帝劉啟的第十個兒子，生逢盛世，貴為天胄，他盡可以享受先輩們積累下來的豐厚資產，過著安穩無憂的日子，可是劉徹沒有。這個注定不凡的生命一開始就有著更偉大的使命，他勵精圖治，求新圖變，將漢家王朝推向了另一個嶄新的、幾無可比的高度，他確立了封建君主專制的根基，成為中國歷史上最成功的帝王之一。他開創制度，樹立規模，興辦太學，推廣教育，確定封建社會的基本模式；他抗匈奴，通西域，開疆擴土，引來萬國朝賀，奠定中國疆域的基本版圖，使中國雄踞世界強國之林；他宣導以德立國，以法治國；平生知過而改，從善如流，為百代帝王樹立了楷模；他所建樹的文治武功無人可及；他的風流倜儻超群絕倫；他的想像力使政治成為藝術；他的權變和機謀令同時代的智者形同愚人；他胸懷寬廣，既有容人之量又有鑒人之明。後人把他與開創封建社會的秦始皇相提並論，稱作「秦皇漢武」，以此來肯定他在封建社會發展過程中立下的不朽功績，在後來魏武帝、唐太宗、明太祖、努爾哈赤、康熙皇帝的行藏中，似乎都可以看到他的影子。

劉徹到底如何走向成功的呢？所有的傳奇故事都可以在幼年時候找到端倪，從他神奇的出生開始，從他好學求進的少年時代開始，這個少年一步一步從普通的皇子走上了高高在上的皇位，掃平了一切的阻礙，按照自己的心願改造整個世界，奠定了一個帝國空前的偉業。本書將追隨著他少年的腳步，一步一步探尋他成長的足跡，回顧他成功的精神奧秘和思想源泉，將最真實的他展現在人們面前。

目錄

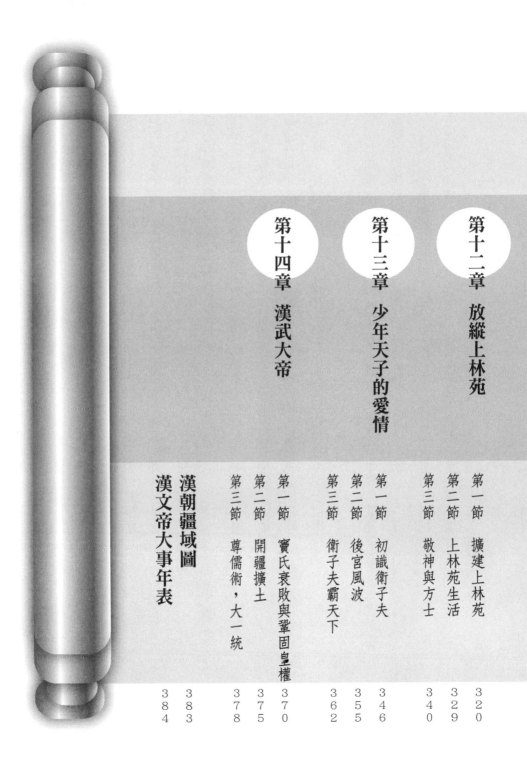

導讀

他是漢武帝，承前啟後、開天闢地，立下不世之功業。他以其雄才大略，對內獨尊儒術，施行推恩令，鞏固王權，大力發展經濟；對外北抗匈奴，掃除外患，派遣張騫出使西域，開啟中西交流之先河，奠定了大漢興盛的百年基業。

西元前156年，漢武帝劉彘出生於漢宮猗蘭殿。在眾皇子中他排行第十，母親出生寒微，又是再醮婦人，被封為膠東王似乎已是極致，但他的身份就這麼定了嗎？太子去世，儲位之爭波瀾再起。梁王劉武正當壯年，廣結人才，又得竇太后全力支持，他和母親能否扭轉乾坤，上位爭儲？

漢景帝英年早逝，劉彘改名劉徹，登上帝位。但當時新舊政權交替，權貴朝臣各懷鬼胎，不足十六歲的劉徹能否順利應付？

少年登基，小皇帝意氣風發，他棄黃老之術，推行儒家思想，廣招賢才，查辦皇親國戚，驅逐在京王侯，打算大展身手做出一番事業，誰知推行太急，觸怒了許多權貴，引得竇太皇太后心生不滿，架空其權力，經此挫折，劉徹還能否再次崛起？

權力被架空，小皇帝放縱上林苑，到底意欲何為？淮南王劉安見小天子勢弱，心生謀反之意，劉徹能否應付？匈奴蠢蠢欲動，準備入侵，他又該如何做呢？

太皇太后去世，劉徹終於獨掌朝政，面對泱泱大漢，他如何闖出了開天闢地的偉業？

打開本書，打開一頁波瀾壯闊的中國歷史，看漢武帝的雄才偉略。

第一章

傳奇從這裡開始

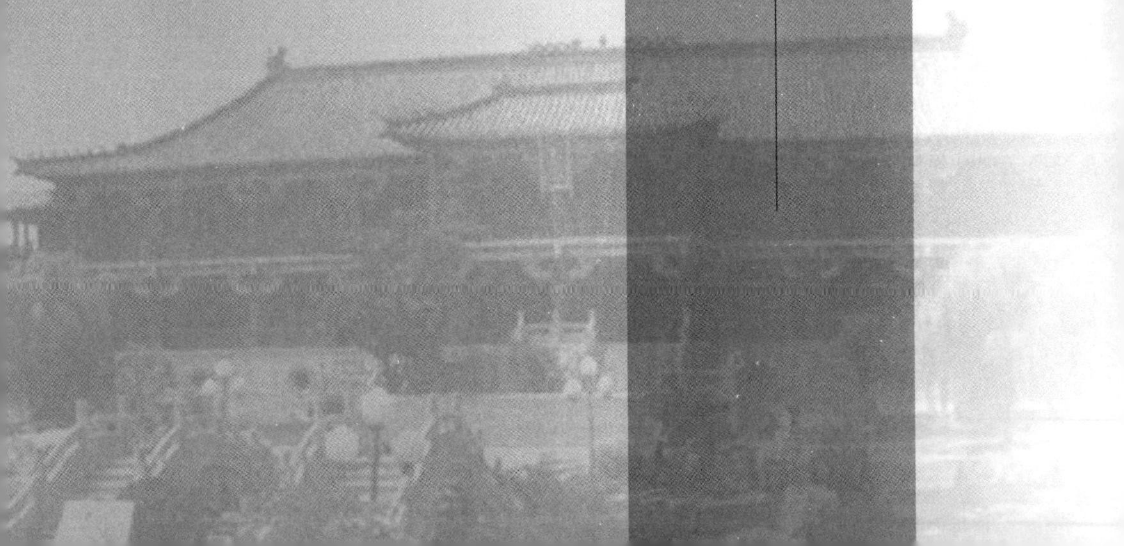

第一節

時代背景

漢武帝，名劉徹，字通，是漢朝最偉大的皇帝之一，也是中國歷史上難得的英主明君之一，他的曾祖父就是漢朝的創立者——高祖劉邦。漢朝建立初年，劉邦去世後，經歷了呂后干政的一段時間，皇位才得以由劉邦的四子劉恒繼承。劉恒即漢文帝，他在位二十多年，傳位給了兒子劉啟。劉啟就是漢武帝的父親漢景帝。

這樣算起來，漢武帝劉徹是高祖劉邦第三代子孫，可是他卻並非漢朝第四任皇帝。劉邦去世後，皇位傳給了太子劉盈。劉盈的母親就是歷史上赫赫有名的呂太后。呂太后開創了後宮干涉朝政的歷史先河，她見兒子劉盈年少懦弱，漸漸走上了政治前臺，把持了朝政。劉盈二十四歲時就去世了，呂后先後把他的兩個襁褓之中的嬰孩立為皇帝，臨朝稱制，繼續統攝大漢江山。直到西元前180年，呂后去世，漢室才恢復劉姓，劉恒繼任皇位，成為漢高祖劉邦的直系繼承人。所以歷史上稱劉邦為漢太祖，稱劉恒為漢太宗，認為這才是漢朝正統的血脈傳承。這也是漢武帝劉徹為漢朝第五位皇帝的由來，當然，如果算上劉盈的兩個幼兒皇帝的話，他應該是漢朝第七位皇帝了。漢朝建立之初，國家經歷了多年戰亂，國破家亡，民不聊生，所以漢初採取了與民修養生息的無為而治的黃老思想，鼓勵百姓們積極耕種生產，減輕農民負擔。尤其到了漢文帝劉恒時期，統治者清靜節儉，輕徭薄賦，使全國的百姓免受過分的勞役之苦，保證他們有充足的時間耕作生產。戰亂的破壞留下巨大傷害，江山已經歸屬劉姓了，他們努力維持著和平，希望社會穩定，國家強盛，而經過多年的努力，百姓們也實實在在地感受到了和平穩定帶來的幸福生活。當時，如果不是遇上特大的天災，諸如水災、旱災等等，人民家家可以自足生活。漢文帝晚期，在官府的倉庫裡糧食和錢財堆得滿滿的。據史書講，長安城內國庫裡的銅錢堆放在一起，因為時間太長久，用來穿錢的繩子都爛斷了，銅錢散亂在一起，多得無法計算；此時，糧倉裡的稻米，一層一層向上堆，堆得太高，許多糧食從糧倉裡流露到外邊，

漢武帝像。

日久天長，糧食逐漸爛掉而不能再吃，可見當時社會的富有和繁榮。西元前156年，漢景帝劉啟即位時，漢朝已經建立國家五十年了，他繼續推行先帝們無為而治的治國思想，天下呈現一片太平景象，史稱「文景之治」，這是中國歷史上第一個盛世景觀。

許多史書記錄了文景之治的盛況，有人描述說當時平民百姓都能騎上自己的馬匹在大街小巷中往來奔走，田野裡的牛羊馬匹更是成群結隊。要是有人騎著一匹雌馬或者小馬，人們都會瞧不起他，嫌他太寒酸，因而不願跟他往來。就連看城門的小官吏也都能有好肉、好飯享用，可見當時天下之富。官位不高的小官吏們，因為生活優裕，直到自己的孫子都已經長大成人了，也不願圖謀升遷。有的人總是幹一種官職，時間太長了，甚至把官名改變成了自己的姓。人們只記得他的官名，反而忘了他的姓名。有些看倉庫的就從兒孫起改姓「倉」或者「庫」，從中可以看出他們對於工作帶給自己富裕的生活多麼滿足，可以看出當時倉庫裡儲備了多麼豐盛的物資，這一切不僅是物質上的，也間接影響了人們的精神生活。人人溫飽自足，社會風氣也好轉。所謂「衣食足，知禮節」，文景時期人人自愛，把違法犯罪看成是一件嚴重的事情，人們互相勸勉多行善事，不願意因為做了壞事而受到他人的蔑視和朝廷的懲罰。根據史書上講，每年官方處決的犯人只不過才幾十個人，足可看出天下穩定和諧，國富民強，確實是盛世景象。

就在劉啟即位的當年，西元前156年，劉徹出生了，他是漢景帝劉啟的第十個兒子，他的母親是一位普通的皇妃。不管怎麼說，他生逢盛世，貴在天家，做為皇室子孫，盡可以享受先輩們積累下來的豐厚資產，過著安穩無憂的日子。可是劉徹沒有滿足眼下的榮華富貴，他勵精圖治，求新圖變，將漢家王朝推向了另一個嶄新的、幾無可比的高度，確立了封建君主專制的根基，成為中國最成功的帝王之一，後人把他與開創封建社會的秦始皇相提並論，稱作「秦皇漢武」，以此來肯定他在封建社會發展過程中立下的不朽功績。

劉徹到底如何走向成功的呢？這一切還要從他富有傳奇色彩的出生以及少年時代說起。

長樂宮瓦當。

第二節

一位傳奇女性

不甘沒落的貴族後裔

說起劉徹，有一位與他息息相關的人物不得不提，她就是劉徹的外祖母。如果說劉徹的一生是成功的，他的作為彪炳千古，史傳千載，那麼他的成功卻首先源於一個女人不甘沒落、不願沉寂的向上奮進之心。這個女人竟然是他的外祖母——臧兒。說起來多少有些牽強，可是事實不容猜疑，如果沒有臧兒，沒有她大膽的做法，歷史上必定少了漢武帝劉徹，少了一位勇於創新、奠定封建社會標準模式的劉徹。做為皇帝的外祖母，能夠在歷史上留下自己的身影，並且引得千百年來人們的普遍關注，確實算得上神奇和與眾不同，她到底做了什麼不同凡響的事情呢？漢武帝劉徹又受到了她的什麼影響呢？

女人在歷史的長河中發揮了多麼重要的作用，她們與男人一樣共同創造了歷史，創造了神奇，這一點可以從臧兒的身上再次得到體現。

臧兒是燕王臧荼的孫女。高祖劉邦平定天下後，分封了七個異姓王，臧荼就是其中的燕王。臧荼本來就是燕國貴族，他在秦末戰亂中看到劉邦勢力日漸強大，見機歸降，投降了漢軍，於是劉邦封他為燕王，讓他管理燕國。臧荼由此與家人在燕地（今北京）過著優越高貴的生活，可是好景不長，西元前200年，有人狀告臧荼密謀起兵造反，劉邦得知消息後，御駕親征，很快就剿滅叛軍，臧荼被殺，他的家人也因此流落民間，過上了溫飽難料的艱苦日子。臧兒就在這種情況下，流落到了都城長安附近，下嫁給了一位叫王仲的人。兩人結合後，生了一個兒子兩個女兒，這時，王仲身患重病，一命嗚呼了。臧兒年輕喪夫，無法養活三個幼子，只好帶著他們改嫁了。這次，臧兒嫁給了附近一個姓田的人，過了幾年，她在田家又生了兩個兒子。

如果臧兒是個普通女人，她也許會安分守己地帶著五個孩子過日子了，她的命運也許就此不再出現奇蹟。可是她卻不同一般，她有一顆高傲的、不甘沒落的心，她是貴族後裔，她曾經過著奢侈浮華的生活，如今流落民間，無奈地嫁與村野鄙夫為妻，這並不是她所希望的，甚至是她所厭棄的。她渴望的是如何擺脫現在的困境，恢復昔日富貴的日子，可是她沒有忘記眼前的現實，她是叛逆臣子的後代，能夠苟且偷生已經不錯了，要想恢復往日富貴簡直比登天還難。

苦難沒有抹殺臧兒富貴的夢想，看著五個兒女一日日長大成人，她的這種夢想反而更加強烈了。終於有一天，她的大女兒王娡出嫁了，嫁給當地一個叫金王孫的人。一年後，王娡生下一個女兒，取名金俗，小夫妻兩個生活不算富貴，倒也其樂融融，看著新生的女兒，更加增添了無限情趣。這個時候，按說不管臧兒多麼雄心勃勃，多麼渴望恢復昔日富貴，與已經嫁作他人婦的大女兒王娡已經沒有多大關係了，事實卻非如此，臧兒榮華富貴的夢想正是通過這個已經生育一女的王娡來實現的。真可謂奇上加奇，這一對充滿神奇色彩的母女究竟要怎樣實現富貴通天的夢想呢？

當時社會比較落後，人們非常迷信，相術也由此走紅，深受世人推崇和信任。據說漢文帝的母親薄姬就曾經請有名的相士許負為自己相過面。許負見到身為魏國嬪妃的薄姬後大為驚訝，連聲說：「貴不可言，貴不可言，日後你的兒子會成為天子，你本人也是富貴無比啊。」薄姬深信不疑，後來魏王敗在劉邦手下，她被帶進漢宮做了織布的女工，命運給了她災難也給她帶來了一次機會，她有幸受到劉邦寵幸，並且幸運地生下一個兒子，這就是後來的漢文帝，果真實現了許負當初的預言。這個故事更加重了時人對於相術的崇拜和信賴，為許多深陷不幸中的人們點燃了希望的火把，成為他們擺脫困境首先需要考慮到的問題。這個時候的臧兒，為了追求榮華富貴已經苦苦等待了十幾年，她那顆不知安分的心時刻激動著、躍躍欲試著。這時，一個意外的機會降臨了。

驚人的相面

這天清晨，她照常早早起來做飯收拾家務。她還有四個孩子沒有成家，他們需要她的照料和養育。二女兒也十五六歲了，該是出嫁的年齡了，可是卻始終沒有挑到合適的人家。看到大女兒出嫁後，很快生兒育女，過起了普通百姓的生活，臧兒心裡已經略感後悔了，不能讓如花似玉的二女兒如此生活下去，她像是為女兒的幸福著想，更像是為自己的不幸鳴不平。她決定為二女兒挑選富貴的人家，最起碼也要生活富有。抱著這樣一顆不平靜的心，她無法安心做飯了，她拿出祖傳的一串玉珠，在手裡左右掂量了半天，最終決定用這串玉珠請相士來家裡為二女兒相面，以此決定她未來的命運。

幾天前，臧兒聽說此地來了位有名的相士，人稱「活神仙」，是許負的弟子，相術非常精確，被當地人傳得神乎其神。臧兒拿著玉珠來到相士住處，說出了自己的要求。相士很痛快地答應下來，吃過早飯就來到了臧兒的家裡。

田家大小聽說相士來到家裡，都非常興奮，圍攏過來請相士為自己相面。相士觀看田家老小，不由露出驚異神色，他指著臧兒的幾個兒子失聲說道：「不得了，不得了，你家裡真是藏龍臥虎啊，看看這幾個少年，將來都是了不起的貴人啊。」

臧兒一共有三個兒子，與前夫生的兒子取名王信，此時也隨她住在田家；來到田家後，她

接連生了兩個兒子，分別叫田蚡和田勝。這三個孩子大的十三四歲，小的也已經六七歲了，圍著相士有說有笑，聽他說他們將來會成為貴人，不由一陣哄笑，高興地蹦跳著跑到臧兒身邊，七嘴八舌逑說著相士的話。

臧兒按捺住內心喜悅，對相士客氣地說：「如果真如先生說的，將來他們富貴了一定不會忘記您。先生，我二女兒十五六歲了，我現在最想為她相相面了，也好為她挑選合適的婆家，您說這婚姻大事可馬虎不得，對不對？」

相士含笑無語。過了一會兒，臧兒的二女兒走了出來，她長得文靜雅麗，面容嬌媚，真是不可多見的美人胚子，難怪臧兒為她煞費苦心。

隨著二女兒走進廳堂，相士的目光呆滯了，他目不轉睛地盯著這個少女，似乎被她美麗的容貌迷住了。臧兒見此，輕聲咳嗽一下，暗示相士不要無禮，不要忘記自己的本職工作。相士驚醒過來，他聲音略帶沙啞地說：「更是不可思議。妳女兒容貌貴重，從相貌看，她的婚姻不同尋常，她的夫君應該是貴不可言的人物。」

什麼？臧兒聽此，激動得差點蹦起來，真是想什麼來什麼，她費盡心思不就是要為女兒尋門合適的姻緣嗎？相士所說大大出乎她所料，女兒未來的夫君不是一般富貴，而是貴不可言。遙想薄姬當年，相士許負就曾經說過貴不可言的話，難道女兒會成為另一位薄姬？養育天子，貴及家門？

她邊聯想邊笑著答謝相士，請求他仔細地為女兒看看，她的命運究竟該如何安排才能達到最好的結果。相士沒有停下觀看，他看了許久，卻搖起頭來，嘴裡說著：「她雖然命運貴重，卻不長久，這是天數。」

猶如滾熱的心裡澆了一盆涼水，臧兒剛剛燃起的希望火焰眨眼間熄滅了，如同空中的肥皂泡，飄飄乎離她越飛越遠，一個個劈啪破裂的聲音甚至刺痛了她的心懷。相士剛想安慰臧兒幾句，卻聽門外一陣喧鬧，田蚡與沖沖地跑進屋，大聲喊叫著：「大姐回來了，大姐回來了。」

正是王娡抱著女兒金俗回娘家來了。臧兒心情不好，聽說大女兒回來了，沒好氣地叱罵著田蚡：「大呼小叫成何規矩？教導你多少次了，有客人的時候不要無禮，一點也記不住！這要是生活在富貴家庭，哪能如此粗野！」

說話間，王娡已經輕盈盈走了進來，她聽弟弟們說母親請了相士來家裡，也趕緊湊過來準備為女兒相面呢。卻說相士活神仙，他猜測到了臧兒的心思，聽她斥責兒子也不好插嘴，於是呆坐一邊不言不語。

王娡進屋後，先見過了母親，回身打量相士。相士也抬頭觀望眼前女子，一望之下，他再次嚇呆了，吶吶地問道：「這位是——她是——」

臧兒知道自己失態了，急忙收斂心思，轉過臉去對相士說：「噢，先生，這是我的大女兒，真是巧了，她今天也回來了。」她邊說邊觀察相士舉止，看到他面露驚異神色，比起剛剛見到二女兒時更加不同，心裡又是一動，不失時機地問道：「先生，您看我大女兒面相如何？她將來的生活能否安穩？」

相士略略穩定心神，望著臧兒深深地說：「啊，我看了半天終於明白了，您家將來貴不可及，富有無比，原來都得益於您的大女兒啊。您大女兒面相至貴，生龍育鳳，當真是天下最尊貴的女子。我師從許負，聽他講過為薄太后相面的事，我無緣得見天下至尊，今天能夠見到您女兒也不愧學習相術這些年了。」說著，他收拾攜帶物品，急匆匆就要離去。

王娡像。

臧兒聽了這話，一霎時也愣在當場，她請相士為二女兒相面，歪打正著，相士認為大女兒更加貴重。這是怎麼說的？一個普通民婦哪裡來的這麼高貴氣息？

王娡聽了相士的話，兀自笑出聲來，不無揶揄地說：「相士真是高人，請問您從哪裡看出我命運如此貴重？」

相士見她們不信自己的話，也顧不了許多，當下輕輕拍打著案几說：「你們信也罷，不信也罷，榮華富貴是你們的，與我相士無關。不過你們要是騰達了，可不能忘記我今天說過的話。」說著，轉身就要走。

「慢著。」臧兒急忙阻攔住了相士，施禮說：「我女兒無知，您不要放在心上，只是您說的有些離奇，我們一時半刻難以理解，敢問相士，我究竟如何做才能確保兒女們達到榮華富貴呢？」

相士呵呵一笑，輕聲慢語：「您絕頂聰明，還用請教我嗎？再說，命運是與生俱來的，不是哪個人能夠左右的，機遇自然降臨，不用我們瞎操心。」一副聽天由命的派頭。

臧兒點點頭，送走了相士後，她暗暗思忖，雖然命運天定，可是就這麼傻等下去王娡會真的生出龍鳳來？她不但迷信相術，還是位實幹家、積極的行動者，她想，既然女兒們命運貴重，而且與皇室有關，何不把她們送進宮去呢？臧兒為這個想法興奮不已，在她看來，女兒們進了宮必定受到皇上寵幸，那麼不就實現相士的預言了嗎？當時漢文帝在位接近二十年了，後宮充實，多年都沒有下旨選宮女了，怎麼才能讓女兒們進宮呢？臧兒苦思冥想，一個超乎尋常的決定又湧上她的心頭。

臧兒決定為兒女們的前途做出重要抉擇，她能否順利實現自己夢想的第一步呢？王娡已經嫁作他人婦，並且生了女兒，難道也要成為母親手裡的一顆棋子，改嫁到宮裡去嗎？這些事情聽起來多麼不可思議，可是勇敢無畏、為了達到目的不惜採取任何手段的臧兒會這麼想嗎？

第三節 漢宮新寵

王娡改嫁

提起改嫁，歷史上最成功的改嫁莫過於王娡了。她回娘家相面，相士說出了她尊貴無比的命運之數，使她不甘沒落的母親看到了充滿希望的未來，燃起了熊熊欲望之火。她母親臧兒不再等待，決定儘快為女兒們尋找到實現夢想的處所，既然相士說她們都是貴及天家，那麼就可以從皇室入手了，宮裡進不去，不是還有太子嗎？未來的皇帝一樣可以實現相士的預言，實現她多年的夙願。

臧兒施展手段，很快買通了太子身邊的奴僕，希望能夠實現自己的這個願望。太子劉啟是漢文帝劉恒與竇皇后的長子，受封太子已經許多年了。他年方二十幾歲，姬妾成群，兒女也很多，做為身分高貴的皇太子，他會接納再醮的王娡嗎？

再說王娡家裡，她丈夫金王孫聽說妻子要離棄他，進太子府邸尋找新的未來，惱恨異常，

漢景帝像。

跑到丈人家裡鬧事。臧兒可不吃他這一套，軟硬兼施，把他整治得無言以對。金王孫無奈，只好抱著幼女回家。臧兒安慰他說：「如果王娡富貴了，她不會忘記你們父女，你們也會跟著沾光的。」

王娡不願意撇下幼女離家，在母親面前免不了流淚哭泣，臧兒訓斥她說：「兒女情長能做什麼大事？你想想，放著錦繡前程不要，難道你要像母親一樣窩窩囊囊地生活一輩子嗎？生兒育女，每日洗衣做飯，有什麼好的?!」

她以身說教，自然打動了王娡年輕好奇的心懷，她自幼就聽母親講述貴族人家的生活，母親無限神往的表情深深地印在她的腦海裡。如今，坦途就在眼前，如果放棄了，就再也沒有機會了，想到這裡，王娡毅然擦掉淚水，跪在母親身邊說：「女兒一切都聽母親安排。」王娡就這樣結束了將近兩年已為人婦的生活，冒充新人來到了太子劉啟的身邊。

王娡姐妹以普通使女身分進入了太子府邸。很快，她們的美貌引起了劉啟關注，王娡姐妹先後受到太子寵幸，成為太子身邊新的寵愛女人。令人無法理解的是，劉啟特別喜歡王娡，而對於她妹妹卻表現出一般關愛。王娡非常爭氣，再嫁太子後，接連生了三個女兒，一個個靈秀可愛，聰慧喜人，深受劉啟喜愛，由此，王娡地位逐漸提高，由普通姬妾晉封為夫人級別，可算是貴寵有加。

轉眼間，王娡嫁給太子劉啟近十年了，西元前156年夏天，漢文帝劉恒去世，劉啟順利即位，史稱漢景帝。丈夫做了皇帝，王娡入住未央宮漪蘭殿，被正式冊封為美人。漢室嬪妃的封號有皇后、美人、婕妤等等，除了皇后，其次就數美人了，可見王娡的地位之高。

漢景帝少年時期就奉祖母薄太后之命迎娶了薄氏為太子妃，如今薄氏自然順理成章做了皇后。可是漢景帝與結髮妻子薄氏的感情並不好，而且薄氏一直沒有生育，他不過礙於祖母的面子虛與委蛇、勉強承認她的皇后之位罷了。王娡嫁給太子以前，漢景帝特別寵愛栗夫人，栗夫人為他生育了三個兒子，其中劉榮就是皇長子。栗夫人出身貴族，娘家父兄都在朝廷為官。所以，她在宮中的地位如日中天，不可小覷。

王娡聰明機智，她很快看清了眼前形勢，在後宮過著謹慎小心的生活。多年生活在民間以及二度嫁夫

的經歷，讓她不同於宮內其他嬪妃，她善於察言觀色，懂得伺機而動，所以不管後宮有什麼風吹草動，這位夫人總能應付自如，從不做出過分的舉動。由於她合適的言談舉止、謙遜和善的表現，贏得了後宮的一致好評。

此時的未央宮內，不僅有諸多嬪妃，還有兩位至尊人物，一位是漢景帝的祖母薄太皇太后，一位就是他的母親竇太后。兩位太后身居後宮，統攝著皇室家族。漢時特別強調孝道，漢景帝效法父親劉恒，也是位孝子，他對於兩位太后非常孝敬。王娡看在眼裡，記在心上，對於太后們也是極盡孝道，毫不含糊。

竇太后患有眼病，眼睛看不清東西，為此，王娡經常伺候在她身邊，噓寒問暖，如同親生女兒。有一次，竇太后聽宮女們議論御園裡鮮花盛開，不無嘆息地說：「哎，可惜再好的花也看不見了。」王娡聽說後，即刻命令宮女們以後不要隨便談論鮮花之事，而要學習竇太后，多讀黃老之書，以求清靜無為。她自幼跟隨母親學會了寫字，所以，只要有時間就到竇太后宮中，幫她料理黃老學說的書籍。由此，竇太后非常喜歡這位能幹孝敬的兒媳婦，在兒子面前沒少誇獎她。

王娡依靠個人的努力在宮中站穩了腳，她聽從母親臧兒的教導，並沒有停下前進的步伐，就在漢景帝即位不久，西元前156年7月7日，她的地位再次得到提高，並且這天被永久地載入史冊，成為她本人也是整個漢室為之驕傲的一天。

夢日入懷

七月七日是中國傳統的節日——七夕節，傳說這天牛郎與織女在鵲橋相會。農曆7月7日，適逢夏秋交替時節，天氣溫暖，果木飄香。夜晚，天上繁星閃耀，一道白茫茫的銀河橫貫南北，銀河的東西兩岸，各有一顆閃亮的星星，隔河相望，遙遙相對，那就是著名的牽牛星和織女星，分別代表傳說中的牛郎和織女。牛郎是一位普通的農家子弟，因為受到兄嫂虐待，獨自過著孤苦伶仃的日子。天上的織女美麗聰明、心靈手巧，她下凡來到人間，與牛郎結為夫婦，兩人過上了美滿和諧的日子。可是織女下凡違反天條，王母娘娘知道後，下令將她捉拿回天庭，這對恩愛夫妻被迫分離。到了七夕這天，天下所有的喜鵲都會飛到銀河上搭築一座天橋，讓牛郎和織女得以在此相會。美麗的傳說深受人們喜愛，成為中華傳統文化的一部分。

西元前156年的七月七日卻非比尋常，在大漢未央宮漪蘭殿內，一直到了深夜，宮女內監們依然穿梭往來，忙碌不停，他們不是為了乞巧，也不是為了觀賞牛郎織女相會，而是等待著夫人王娡生產。終於，一聲嬰兒響亮的啼哭傳遍了宮殿內外，哭聲掃除人們臉上的倦容，霎時間，整個漪蘭殿洋溢在喜悅之中。嬰兒不停地啼哭著，聲音似乎穿透了浩浩未央宮，直達浩繁的星空，令人無不驚嘆這位新生皇子的力量之大，氣魄之偉。而這位新生皇子正是後來震驚海內外、史傳千百年的漢武帝劉徹。

劉徹誕生了，他出生在暖風襲人、星光燦爛的美麗夜晚，他的誕生給母親帶來了無限喜悅，給父親帶了不小的驚喜。漢景帝已經有九個兒子了，可是他們都是自己做太子時出生的，偏偏這個兒子在自己即位初年就來到了人間，也算是喜上添喜了。漢景帝為了等待兒子出生，一直在前殿內靜靜等候著，這時，內監們飛快地跑進來，氣喘吁吁地說：「恭喜皇上，王夫人生了位皇子。」

漢景帝劉啟掩飾不住臉上的笑意，輕輕地說道：「應驗了，果然如此。這個孩子來得可真是時候啊，生下來就是皇子，比起他的哥哥們又是不同了。」他說著，邁步跟隨內監走向漪蘭殿。漢景帝剛滿三十二歲，春秋鼎盛歲月登上皇位，良辰佳節喜得貴子，心情自然十分愜意。

漪蘭殿內，王娡已經從床榻上坐立起來，她望著剛剛降生的嬰孩，內心的幸福完全表現在臉上。她已經快要三十歲了，先後生育了四個女兒，如今，恰逢丈夫即位，自己就生了個兒子，這個孩子生下來就是皇子，前程錦繡，起碼也會被封為王爺，母以子貴，自己就是未來的王太后，終生算是有指靠了，真是應驗了相士的話，也算對得起母親的一番苦心了，母親知道自己喜得貴子又會怎麼高興呢？這樣想來想去，她越發激動，伸手輕輕撫摸著嬰孩圓潤的小臉龐。

漢景帝劉啟走進漪蘭殿，看到王娡毫無倦意，正在愛撫著剛剛出生的兒子，一副和樂親暱的景象。他笑吟吟地走過來，拉著王娡的手說：「夫人辛苦了。」

王娡輕聲說：「妾妃多謝皇上記掛。皇上，您看這個孩子多壯實。」

漢景帝早就盯著新生的兒子了，他仔細地打量著，看他不停地伸胳膊蹬腿，非常活潑好動，點頭說：「嗯，哭聲很響，身體夠結實。」

王娡笑著說：「這個孩子胖胖的，一看就是有福的面相。對了，皇上，剛才妾妃迷迷糊糊睡著了，夢見天上的太陽像個火紅的大球，突然滾落到妾妃的懷裡。妾妃驚醒了，接著孩子就降落出世了，您說奇怪吧？」

茂陵。

漢景帝聽聞，吃驚異常，他緊跟著問了一句：「夫人果真夢見太陽滾進了懷裡？」

「真的。」王娡肯定地說：「妾妃還很奇怪呢，皇上您看其中有什麼預兆嗎？」

漢景帝並不搭話，王娡夢日入懷誕生皇子，可以看做吉兆，因為太陽代表上天，代表尊貴，這個新生的兒子難道是太陽的化身？他略一沉思，王娡看在眼裡，接著說道：「妾妃聽人說生孩子前夢到什麼，孩子就是什麼所托生的，難道這個孩子會是太陽轉世？」

她似乎漫不經心地一說，殿內諸人都露出驚異神色，太陽普照天地，孕育萬物，令天下生靈敬仰，新生皇子如果真是太陽轉世，那麼他的命運可算是至貴了。

為王娡接生的老宮人不失時機地進言說：「小皇子生得壯實，哭聲洪亮，將來一定會成為了不起的人物。」

王娡聽了，連忙說：「皇上，請您給孩子取個名字吧。」

漢景帝來回踱了幾步，他心裡早就有了打算，原來就在孩子出生前一刻，他坐在前殿內竟然也做了一個夢，而且這個夢比起王娡夢日入懷更是神奇，所以他聽說生了皇子，才如此興奮地來到漪蘭殿看望王娡和孩子。此刻，他看到胖乎乎可愛的兒子，聽王娡說出夢日入懷的奇夢，不由更加驚奇自己的那個夢了。他究竟夢到了什麼？他又會為新生皇子取什麼名字呢？

高祖托夢

原來，漢景帝在孩子降生前一直坐在前殿內，夜色漸深時他坐著睡著了。睡夢中，他看到一隻紅色的小豬飄蕩蕩降落在了未央宮。小豬健壯可愛，渾身散發著紅色祥光，將天地都照亮

了，未央宮內呈現前所未有的祥瑞之象。他驚愕地看著眼前景象，完全不知所措。就在這時，高祖劉邦突然出現了，他望著呆立無語的漢景帝緩緩說道：「孫兒，我是你的祖父劉邦，你的王夫人就要生產了，她會生個男孩，你就為他取名劉彘。」說完，紅色的小豬不見了，高祖劉邦也消逝了，漢景帝愕然無措，喊叫一聲從夢中醒來了。

醒來後，漢景帝回想夢中所見，不免心生疑惑，不明白這個夢到底代表了什麼。古人非常迷信，認為夢是預兆，會暗示什麼，所以他仔細思索著，自己從來沒有見過高祖劉邦，他怎麼突然托夢給自己呢，而且他清楚地指明王娡就要生男孩了，這又是怎麼回事？就在他苦思冥想之際，內監們匆忙趕來向他奏報，王夫人順利地產下一個健康男嬰。他來不及細想跟著內監去了漪蘭殿。這也就是剛才他去漪蘭殿以前的事情。他去了漪蘭殿，見到初生的兒子後，聽說了夢日入懷的奇事，聯想高祖托夢，心裡更感奇異。

漢景帝暗自驚奇，卻沒有把高祖托夢的事說出來。這時，王娡請他為新生兒子取名，他腦子裡激烈地鬥爭著，高祖托夢為這個孩子取名劉彘，「彘」是豬的意思，堂堂皇子取這麼個名字是否不雅呢？他轉而一想，自己跟隨父親在代地時，常常聽說普通百姓為自家的孩子起個低賤的小名，據說這樣孩子會有個富貴的將來，而且，小孩子就如同小動物，越是低賤就越容易養活，身體健康無病。這麼看來，這個新生的皇子壯實可愛，倒也如同一頭逗人喜愛的小豬，如果為他取名彘，說不定他會如夢中紅色的豬一樣光耀四方呢。況且「彘」音同「智」，也許高祖的意思暗示這個孩子聰明智慧，將來長大成人能為漢室江山做出貢獻。這麼反覆一想，漢景帝心裡坦然了，他轉身望著粉嘟嘟的新生皇子，大聲說：「孩子白白胖胖，著實可愛，就叫他彘吧。」

此話一出，殿內人全嚇呆了，宮女內監們不明白，皇家子弟都是龍種再世，怎麼會起這麼個低賤的名字呢？但是他們誰也不敢多言，只是互相疑惑地交換著不解的目光，不知道該不該向新生皇子祝賀。還是王娡機靈，她察言觀色，從漢景帝的話語舉動中看出他對於兒子的喜愛，也看出他認真思索為兒子起名，而最終漢景帝高興地宣佈兒子叫彘，她心裡明白，劉啟一定費了很大心思，也許兒子這個看似低賤的名字裡蘊含著無窮深意。想到這裡，王娡急忙帶頭說：「多謝皇上為皇子起名。彘兒，多好的名字。」她一邊說著，一邊拍打著新生兒高興地說：「彘兒，聽見了嗎？父皇給你起名字了，你一定要像父親期盼的一樣健健康康、無憂無慮地快快長大。」

諸宮女內監們聽了她的話，方才醒悟過來，明白皇上為

兒子取名彘，無非盼望孩子健康快樂地長大，可見愛子情深，於是他們一起祝賀說：「恭祝新皇子健康多福，快樂無憂！」

漢景帝見王娡能夠領會自己的一片深意，高興地接納了彘這個名字，心情暢快，連夜傳下詔書，給王夫人大量封賞。王娡切實感受到了母以子貴的實惠，以前她接連生了三個公主，哪一個受到漢景帝如此重視？劉彘剛剛誕生就給母親帶來榮耀，讓王娡在未央宮內的地位進一步穩固了。

劉彘出生，未央宮內多了一位可愛的皇子，兩位太后派人為王娡送來了補品和衣物，關照她安心養育皇子。漢景帝的兒女很多，其中能夠得到太后悉心關懷的卻不多，如今，王娡生子受寵，可見她在宮內地位不同一般。

此時，為王娡重新設計人生的臧兒已經貴為皇親國戚，過上了比先前富貴的日子，她聽說女兒終於生了皇子，而且受到皇帝寵愛，再次聯想起多年前的那次相面，內心不無激動地想，相士說王娡貴不可言，生龍育鳳，現在當真都實現了。憑藉不甘沒落的心懷、大膽無畏的舉動實現常人難以想像的理想，臧兒的成功不僅為她帶來了榮華富貴，也將要改變許多人的命運，將要在歷史上留下不可磨滅的一筆，這位傳奇女性用實際行動向世人展示了什麼叫做神奇。也許臧兒並沒有想到，她的富貴不止於此，神奇的事情接二連三地發生著，漸漸超出了她最早期盼的結果。

前面說過，漢景帝兒子很多，劉彘是他的第十個兒子，而且，劉彘的母親雖然貴幸，也不過只是夫人，娘家勢力微薄，按照常理來看，身為普通皇子的劉彘要想登上儲位並不是想像中那麼容易。儘管如此，劉彘還是實現了這個充滿困難的理想，他神奇地登上了儲位。

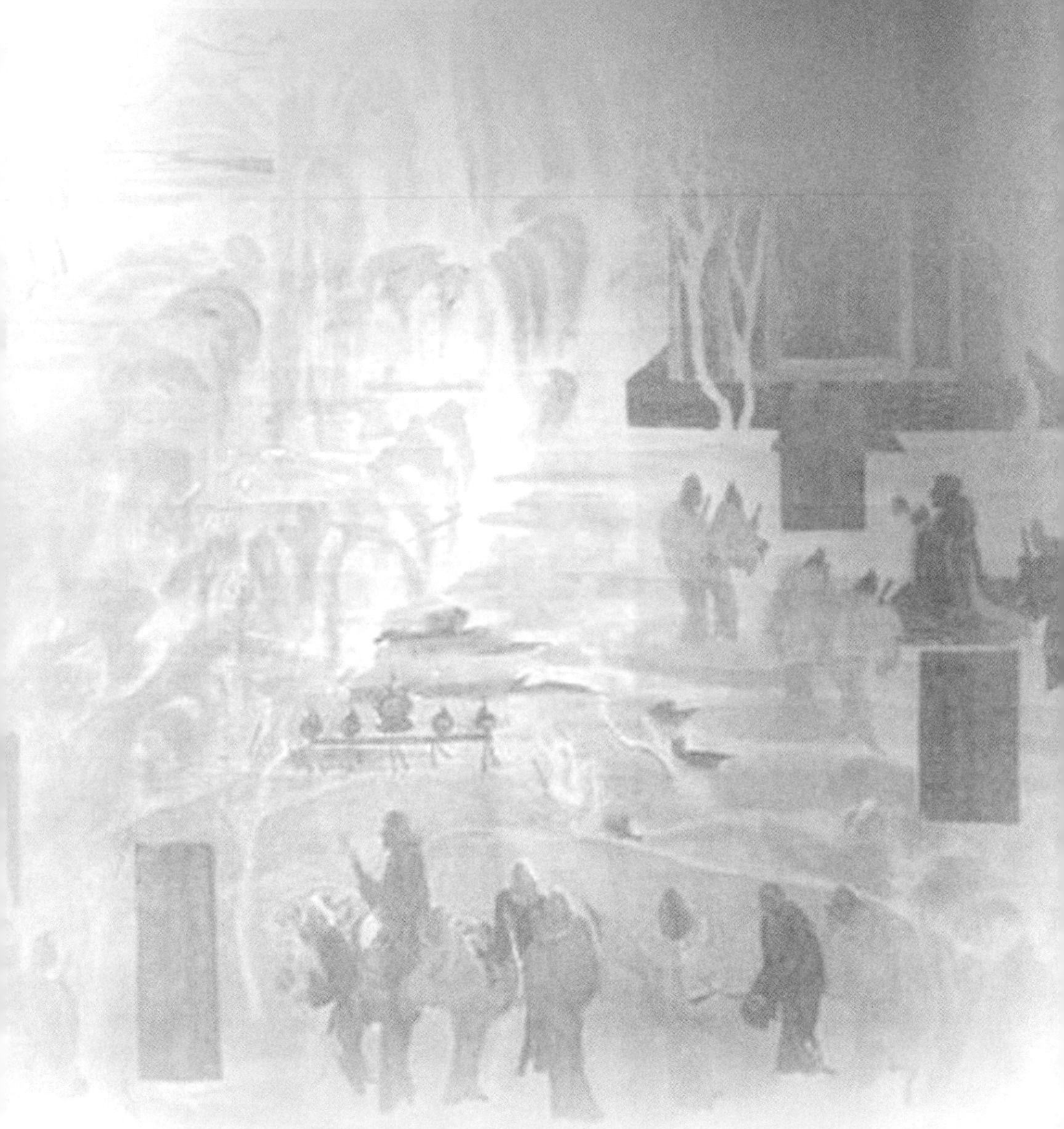

第二章

一波三折的儲位之爭

傳奇故事已經開始了，接下來誰會繼續將神奇續演下去呢？皇子劉彘來到人間，他降生於錦衣玉食的皇家，是恩愛父母的寵兒，看起來他的前途非常光明，巍巍漢宮內他不會受到任何風吹雨打，他完全可以度過衣食無憂的一生。然而，儲位之爭詭波叢生，歷來都是皇家最機密重大的事情，關係社稷安危，劉彘是如何勝出的呢？在第一輪儲位爭奪中，漢景帝立長子劉榮為太子，只封了四歲的劉彘一個膠東王。名分既定，還有改變的機會嗎？

第一節

首戰失利

劉榮被立為太子

劉彘出生有些日子了，關於夢日入懷的說法早就傳遍了後宮，上至太后下至普通宮女無人不知劉彘生來貴重，是天意送給皇家的兒子。王娡見此，暗暗為自己的夢得意不已，她早就明白皇家特別信奉皇權神授，看來這個夢對自己和劉彘的未來將會產生很大影響。

果然，隨著時間推移，隨著劉彘一日日長大，他虎頭虎腦、聰明活潑的樣子越來越引起父親漢景帝關注，也越來越引起另一個人不安。這個人不是別人，正是漢景帝的寵妃栗夫人。栗夫人是皇長子劉榮的母親，她嫁給漢景帝多年了，一直受到丈夫寵愛，因為生育皇長子，地位比其她嬪妃更顯貴，也受到漢景帝格外關照。漢景帝即位初年，栗夫人就纏著丈夫早日立儲。立儲一般選擇嫡子，可是照當時的情況看，漢景帝的皇后薄氏沒有生育，那麼儲君只有從諸位皇子中選拔，按照長幼有序的常理，皇長子劉榮最有可能立為儲君了。栗夫人常常對漢景帝說起這件事，希望立自己的兒子劉榮為儲君。劉榮只有十幾歲，正是翩翩美少年，他相貌英俊，文雅好學，敦厚持重，要是立為儲君，也是非常合情合理的事情。

漢景帝卻沒有急於立儲，也許他考慮到薄皇后，考慮到祖母對他的影響，決定等等再說。就這樣，三年過去了，薄太皇太后去世，漢景帝立刻毫不猶豫地廢掉了有名無實的薄皇后，把這個可憐的女子打入冷宮，獨自忍受歲月的煎熬。廢掉薄皇后，必定要立新的皇后。此時，皇后之爭和儲位之爭同時擺在了後宮諸妾面前，新一輪後宮爭奪戰就要如火如荼地上演了。

栗夫人首當其衝、極盡其能勸說漢景帝立劉榮為太子。此時，朝廷剛剛經歷了七國之亂，漢景帝倚重的大臣們也紛紛上言，建議漢景帝早日立太子，以此安定人心，穩固社稷。

到底立誰為太子呢？漢景帝對兒子們多方觀察，覺得小皇子劉彘聰慧可愛，聯想他出生時自己夢到高祖所托，他的心不免時時偏向這個幼子。

此時的劉彘已經四歲了，整日追逐戲耍宮內，言談舉止引人矚目，人人都喊他「小大人」。有一次，母親王娡帶他給太后請安，他竟然拿起祖母的《老子》一書就讀。竇太后歡喜地說：「這個孩子也喜歡黃老之術？」那時，漢景帝遵從先帝們的政策以黃老學說治國安邦，竇太后是堅定的黃老學說崇拜者，也是黃老學說堅定的推行者。

劉彘稚氣地說：「什麼是黃老之術？祖母，我以後為您讀書好嗎？」

竇太后雙眼失明，聽到劉彘這麼說，激動地摟過他說：「好，好，祖母有這麼孝順的孫子真是太高興了。」說完，命人賞賜劉彘一塊精緻的佩玉。

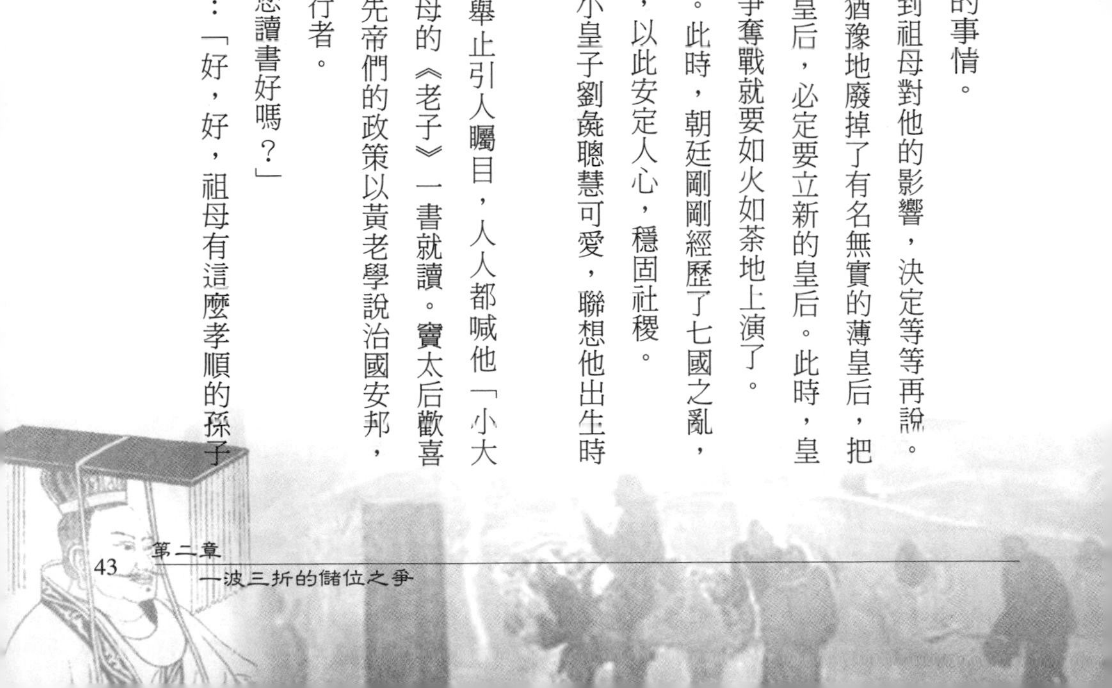

劉彘玩賞了一會兒佩玉，還給竇太后說：「祖母，我不要佩玉，我想學習寫字看書。」

竇太后聽了，眉開眼笑地說：「跟你父皇一樣愛好學習，將來也是個有出息的。這一定是你母親教導的，對不對？」

王娡忙上前說：「太后過獎了，彘兒受他父親影響，受太后關愛才有這樣的出息。」

他們其樂融融地交談著，消息卻不脛而走，傳到了栗夫人耳中。栗夫人氣惱地說：「跟個豬一樣的毛孩子，能有多大出息？哼，我看太后老糊塗了。」她不再等待，跑到漢景帝跟前，軟磨硬泡請求立劉榮為太子。這時，栗夫人的兄弟們也開始在朝廷活動，請大臣們上奏漢景帝，立劉榮為太子。

漢景帝左右為難，一時難以決定立儲大事。這天，他特意召見竇嬰，向他徵詢立儲之事。竇嬰是竇太后的內侄，與漢景帝是表兄弟，早在漢文帝時就負責太子劉啟的家事，為人豪爽俠義，信奉儒家學說，七國之亂時立下戰功，被封為魏其侯。他進言說：「皇長子劉榮十幾歲了，知書識理，這些年來言談舉止都很得體，非常孝順，是個難得的好孩子。聖人說，長幼有序。既然大臣們建議冊立長子，臣也以為應該立劉榮為太子。」

漢景帝清楚，栗夫人性情高傲，為人有些刻薄，不過劉榮確實無錯，不能因為母親而貶低皇子，更不能因為栗夫人的一些小毛病就壞了朝廷大事，影響江山社稷。他聽了竇嬰這番話，當即決定，答應栗夫人和大臣們，立劉榮為太子。詔書一下，有人歡喜有人憂。栗夫人如願以償，歡天喜地地慶祝兒子立為儲君；王娡卻黯然傷神，默默地坐在漪蘭殿內望著劉彘爬上爬下、玩耍嬉鬧。人往高處走，人心難知足，此時的王娡也許想到了這些，可是她怎麼甘心就這樣看著太子之位落到他人頭上，與自己可愛的彘兒無緣呢？兩次懸殊迥異的婚姻讓她學會了很多，認識到了大膽進取就是成功的一半，敢想才會敢做，敢做才能有為，這是千古不變的定理。如今，她已經實現了連想都不敢想的事情，離儲位只有一步之遙了，難道就這樣放棄嗎？

劉彘玩耍一會兒，轉身望著呆呆的母親，不解地問：「母親，您怎麼啦？是不是不高興了？」

兒子像個大人似的關懷自己，王娡心裡一陣激動，喃喃自語：「這麼懂事的孩子為什麼不立為太子？」

沒有想到她的話被劉彘聽到了，他跑過來說：「母親，您不要擔心，父皇已經封我為膠東王了。」

漢景帝冊立劉榮為太子的同時，封劉彘為膠東王，也許是為了安撫自己的心吧。四歲的劉彘受封諸侯王，也算是件喜慶事了。王娡見兒子這麼說，遂輕輕笑了，命令宮女說：「去，擺上酒宴，咱們也慶祝一下。小彘兒現在可是大國王了。」

名分既定，照常理，劉彘只能安分守己當一輩子諸侯王了。可是命運變化不定，沒有到眼前，一切都還很難說。

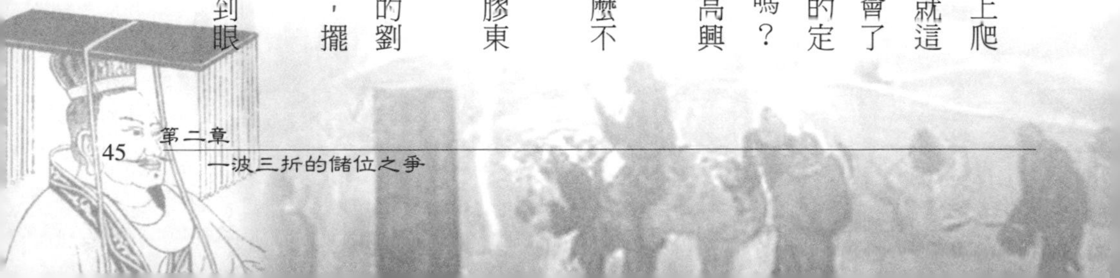

栗夫人拒婚

儲位既定，朝政趨於安定，漢景帝任用竇嬰做太子太傅，負責太子劉榮的學習教育情況。竇嬰與竇太后雖為姑侄，對於朝政卻有不同見解，這為他的人生埋下了第一顆悲劇的種子。不過，此時他身為侯爺，兼太子太傅，地位勢力蒸蒸日上。

自從劉榮做了太子，栗夫人一天比一天驕橫起來，她心想，兒子終於做了太子，自己多年的夙願總算達成了，後宮嬪妃誰比太子的母親更尊貴？她眼巴巴地一心等待漢景帝立自己為皇后。在她看來，皇后之位已經非她莫屬了。這個驕傲的女人高興得太早了，所謂得意忘形，她很快就要嚐到過分傲慢帶給自己的苦果了。

漢景帝有個同胞姐姐，名叫劉嫖，被封為長公主。她是竇太后唯一的女兒，嫁給了功臣陳嬰的孫子陳午為妻。劉嫖雖然出嫁了，卻因為竇太后的寵愛，經常出入宮闈，來去隨便。劉嫖與劉啟自幼一起跟隨父母在代地（漢文帝早年的屬國）長大，姐弟倆感情深厚，非比尋常。藉著這層關係，劉嫖在宮中的地位更是尊貴，除了太后，幾乎無人敢與她相比。劉嫖性情活躍，是個閒不住的人，她穿梭在後宮嬪妃之間，竟然經常為自己的弟弟品論嬪妃的優劣。這些嬪妃都是劉啟的妃子，才情相貌全是國內首屈一指的人物，她們眼見漢景帝善於採納劉嫖的建議，根據劉嫖的喜好寵愛妃子們，也就紛紛來巴結這位皇姐，希望自己能夠得到她的推薦，承受皇帝的雨露恩澤。

由此看來，劉嫖在後宮之中位尊權重，不可得罪。偏偏就有看不慣她所作所為的人，於是，一場不見煙火的鬥爭開始了。

栗夫人向來受寵，她看到有些嬪妃憑藉劉嫖的引薦得以親近皇帝，與自己爭寵奪愛，心裡早就十二萬分討厭。她恨恨地想，劉嫖為劉啟拉掮保媒般推薦嬪妃，無非為了巴結皇帝，穩固地位，真是太可惡了。她越想越氣，對劉嫖深懷不滿，可是礙於太后和漢景帝的面子，她又怎麼敢輕易發作呢？

陳阿嬌像。

栗夫人無法容忍劉嫖的作為，卻又敢怒不敢言，這種情形持續了好幾年。直到有一天，劉榮被正式冊立太子，她覺得揚眉吐氣一般，立刻對劉嫖不屑一顧，發誓要對她進行報復。事情就是這樣，她正有這般心思，劉嫖就適時地送來了機會。

劉嫖多年生活在皇宮，出嫁後也時常出入後宮，對宮內生活念念不忘，可是既已出嫁，怎麼能永久保留皇家尊貴呢？她有個女兒，名叫阿嬌，這阿嬌生得體態豐盈，身材高挑，倒也算個美女，她自幼受到母親溺愛，嬌貴無比，性情傲慢。劉嫖又是個功利心極強的人，於是常常帶著女兒進宮，目的只有一個，那就是希望阿嬌有朝一日能夠做皇后。

自從劉榮做了太子，劉嫖的目的明確了，她讓阿嬌多多接觸劉榮，打算從小培養他們的感情。劉榮年長阿嬌好幾歲，兩人又是表兄妹關係，所以事事處處都讓著阿嬌，兩人玩得倒也開心。這件事情很快引起栗夫人注意，她怨恨劉嫖，自然對她的女兒也不懷好感，尤其看她嬌滴滴纏著劉榮，聯想那些奪去自己寵愛的嬪妃，惡向膽邊生，惡狠狠地訓斥劉榮說：「你也老大不小了，身為太子，不好好用功讀書長進，整日跟小孩子泡在一起幹什麼?!」從此，她總是親自監督劉榮，不讓他與阿嬌接近。

劉嫖一計不成，並沒有死心，她覺得自己的女兒身分高貴，除了做皇后，其他人不能嫁。劉榮十來歲了，必須儘快決定此事。既然有了這樣的決心，她決定正式提出此事，以確定女兒未來的皇后地位。

為了慎重，劉嫖與母親竇太后商量後，派遣地位尊貴的朝臣做媒，前去向栗夫人提親。本來皇室婚姻應該由太后作主，劉嫖與竇太后這麼做，無非為了向栗夫人示好，表示謙謹重視、看重栗夫人之意。

如果栗夫人稍加思索，一定明白劉嫖的用意，也一定看清與她聯姻的重要性。可是，她太衝動了，也過於心胸狹窄、目光短淺，這位太子的親生母親以為只要兒子得勢，自己就可以為所欲為、目空一切，可以把他人踩在腳下任意踐踏。她見到前來提親的人，聽他說出劉嫖的主意，竟然哈哈大笑，得意洋洋地說：「呵，堂堂長公主也求到我的門下了，這可是天下奇事！長公主出入宮闈，左右皇帝，備受太后寵愛，從來不把我放在眼裡，怎麼，今日聽說榮兒做了太子，她來求我了！」

媒人聽她話語含有諷刺之意，忙恭敬地說：「夫人，長公主有意與您修好，主動提出把女兒嫁給太子，這可是難得的好姻緣。夫人您看，是不是同意他們的婚事呢？」

「同意？」栗夫人冷眼瞅瞅媒人，沒好氣地說，「要阿嬌嫁給榮兒嗎？我看你是不是受了長公主什麼恩惠，竟敢跑到這裡來胡說八道！你也不睜眼看看，那個阿嬌生性乖僻、長相粗鄙，哪一點配得上我的榮兒？哪一點配得上做大漢皇妃？」

媒人沒有想到栗夫人說出這樣侮辱人的話來，大吃一驚，定定神說：「夫人可不要這樣說！阿嬌是長公主的獨生女，又是太后唯一的外孫女，身分尊貴，怎麼配不上太子呢？就是從她父親方面來說，她也是功臣之後，非比常人啊。」

「哼，」栗夫人顯然在藉機撒氣，準備把多年對劉嫖的憤恨全部發洩殆盡，想也沒想就對媒人說：「好，你說阿嬌尊貴，那我就明白告訴你，只要我有一口氣在，榮兒就絕不會娶阿嬌！你回去告訴劉嫖，不要做夢了，她女兒此生不會坐上皇后寶座，她以後也不會長久地往來宮廷了。」

真是把話說絕了。栗夫人只圖一時痛快，肆無忌憚地發洩胸中憤懣，完全沒有想到她正在為自己挖掘墳墓，並且把兒子劉榮的前程一併葬送了。

媒人受了侮辱，回到劉嫖那裡，把栗夫人傲慢無禮的態度和話語一五一十全部轉告了她。劉嫖聽聞，勃然大怒，她強忍心頭怒火，打發了媒人，暗暗地想，哼，真是小人得志，怎麼，兒子做了太子就不可一世了，看著吧，我會讓妳後悔的！

長公主劉嫖提親受辱，不肯咽下這口惡氣，她當即決定，阿嬌不嫁給劉榮，也一定要嫁給其他皇子。她甚至不安分地想，劉榮可以做太子，也可以被廢掉，說不定憑我的努力能夠勸動皇上改立他人為太子呢。

劉嫖相中了誰呢？她有沒有幫助未來的女婿成功登上儲位呢？

第二節 長公主的作用

長公主再提親

栗夫人有恃無恐，斷然拒絕了長公主提親，她這麼做雖然冒昧生硬，卻也自有她的道理。向來國家立儲非同小可，動輒關係社稷安危，不會隨意更改冊立。既然劉啟明詔天下，冊立劉榮為太子，那麼栗夫人當然可以自視甚高，不把其他皇親們放在眼裡。但栗夫人萬萬沒有料到，自己一時逞強，竟然斷送了自己和兒子的輝煌前程。看來，她只有美麗的姿容，缺乏寬廣的胸懷和機智的頭腦，這樣，這個自以為了不起的女人必定在複雜殘酷的宮廷鬥爭中敗下陣來，將唾手可得的江山拱手送人。

再說劉嫖，她沒有攀上太子，立即將目光轉向了其他皇子。她多年出入宮闈，對皇子們的情況瞭若指掌，很快把目光放在了劉彘身上。她早就聽說了關於劉彘出生時的種種傳聞，眼見皇帝對這個孩子寵愛有加，加上劉彘聰明異常，招人喜愛，她決定向王娡提親，把女兒阿嬌嫁

給劉彘。

這次提親就沒有上次隆重了，劉嫖是個明白人，她分得清劉彘與劉榮身分懸殊，為了避免再次出現尷尬，她趁進宮時來到漪蘭殿親自找到王娡聊天。長公主駕臨，王娡小心陪著言笑，她十分清楚劉嫖在宮裡的地位，這些年也沒少巴結討好她。

長樂宮遺址。

劉嫖大模大樣走進殿裡，拿起王娡親手縫製的衣服誇讚說：「哎呀，夫人還會做衣服呢，真是心靈手巧，怪不得太后時常誇妳能幹呢。」

王娡謙遜地說：「我閒著無事，縫縫補補打發時間罷了。公主，阿嬌沒有一起來嗎？我可一直惦記著她呢。」說著，她拿出一個精緻的荷包說：「這是阿嬌上次向我討要的，我做好了就等她來呢。」

劉嫖驚訝地接過錦繡荷包，左看右看，欣喜地說：「妳可真是有心人，小孩子的一句話也記在心上。妳做的荷包真是美極了，比宮內最好的織女做的都好。」

王娡笑笑，剛想說什麼，就見劉彘一蹦一跳跑了進來。劉彘進殿，看見劉嫖急忙施禮說：「彘兒見過皇姑姑。」

「哎呀，不要多禮。」劉嫖一手扶著劉彘，一手攥著荷包說，「彘兒，想阿嬌姐姐了嗎？」

「想，」劉彘大聲說，「姐姐怎麼不來玩了？」劉彘年幼，像許多小孩子一樣，喜歡跟比自己年齡大的孩子玩耍，從而模仿他們認識世界，熟悉社會行為規範。平時，阿嬌總跟在劉榮身後，很少搭理劉彘這個小不點，越是如此，劉彘越把他們看得神奇，也就更加渴望與阿嬌他們交朋友。

劉嫖聽劉彘這麼說，多日來沉積在內心的陰雲一閃而光，抱起劉彘高興地說：「還是彘兒好，是姑姑的好寶寶。」

王娡已經耳聞劉嫖向栗夫人提親遭到拒絕的事，不過她精明懂事，不會主動提及此事。這時，她看到劉嫖抱著劉彘有說有笑，心裡突然一動，想了想說：「公主，彘兒也四五歲了，將來要去膠東為王，我孤陋寡聞的，不懂宮廷禮儀，你說咱們是不是早點為他說妥親事？」

劉嫖一聽，正中下懷，抱著劉彘半開玩笑地說：「親事？姑姑喜歡彘兒，我看就把阿嬌嫁給他好了，這叫親上加親。」

王娡聽了這話，驚喜地說：「公主此話當真嗎？這可是彘兒天大的福氣！只是彘兒身為普

通皇子，將來還要到遙遠的膠東去，阿嬌嫁給他，恐怕會受委屈。」

劉嫖忙回答：「婚姻大事豈能兒戲？以後的事誰也說不準，你擔心什麼！如果妳同意了，咱們就這麼說定了吧。」

兩人一拍即合，當即答應下劉彘與阿嬌的婚事。

劉彘側頭聽著，聽她們高興地談論自己與阿嬌，以為阿嬌不日就要進宮來玩，興奮地喊起來：「太好了，太好了，阿嬌姐姐又要來玩了。」

劉嫖和王娡看看劉彘，聽他稚氣的話語，相視一下，笑得更開心了。

王娡答應婚事，總算給劉嫖挽回了面子。此後，她一如既往地進出宮闈，而且開始積極策劃為劉彘謀取更高的位子、更大的利益。而王娡呢，自從與劉嫖攀上婚事，她那顆不甘落後的心又加速了跳動，對於太子一位的幻想重新燃起，恰如星火燎原，很快，這場持續許久的儲位之爭波折再起，將要引發一場驚人巨變。

劉嫖既然選中了劉彘，就要為未來女婿謀劃前程，她憑藉自己對景帝劉啟獨一無二的影響，決定為劉彘，也是為阿嬌，同時伴隨著對栗夫人的報復心理，做一次大膽的嘗試。她當然沒有想到，自己這次的努力直接促成了劉彘登上太子位，間接影響了歷史的發展。真是奇中生奇，巧上添巧，劉彘的人生充滿了神奇的力量，他也為歷史創造了許多神奇，這彷彿是相輔相成的道理。

進言定君心

就在劉嫖與王娡暗地裡決定兒女婚事的時候，宮廷裡又發生了一件事。漢景帝劉啟立了太子後，一直沒有冊立皇后，這件事引起朝臣關注，不斷有人催促皇上早日立后。事情明擺著，劉榮是太子，他的母親立為皇后最合適了，但漢景帝之所以遲遲沒有再次立后，是因為他深知皇后之位的重要性，他瞭解栗夫人為人心胸狹窄，行為刁鑽古怪，後宮嬪妃們對她多有微詞，一旦立后出現失誤，那可是關係社稷的大事。就在漢景帝思慮不定的時候，栗夫人的一次次過激舉動終於促使自己走向了絕路。

這天，漢景帝決定試探一下栗夫人，看看她有沒有資格做皇后。他來到栗夫人寢宮，見栗夫人正坐在梳妝鏡前打扮。栗夫人天生麗質，善於化妝穿著，三十多歲的人了依然光彩照人，風韻迷人。劉啟激動地走上前，一邊觀賞銅鏡中的栗夫人，一邊輕聲說：「夫人風采不減當年，越發讓朕喜愛了。」

栗夫人心裡高興，嘴上卻說：「皇上左擁右抱，哪裡還記得妾妃這半老徐娘！你說說，你都多少天沒有來我這裡了？」

漢景帝知道她心高氣傲，目中無人，陪笑說：「朕這不是來了嗎？如今，妳是太子的生母，不比一般嬪妃，難道還要跟她們爭寵吃醋嗎？」

栗夫人有些惱怒地說：「太子的生母應該是皇后，皇上為什麼不趕緊冊封我呢？」她只顧使小性耍脾氣，完全沒有注意到劉啟此次前來的目的。

漢景帝碰了釘子，很不自在，他想了想拿起一根銀釵說：「夫人別生氣了，冊封皇后是大事，容朕慢慢來。好了，朕記得做太子時經常為妳插簪別釵，情趣昂然，今日再為妳效勞一次如何？」

栗夫人多日見不到漢景帝，今日見他盡力討好自己，錯誤地以為這是請求冊封皇后的良機，遂得寸進尺地說：「皇上，你貴為國君，難道管不了幾個大臣嗎？什麼冊封皇后是大事，我看明明是你心懷鬼胎，不知道打算冊立什麼人為皇后呢？」

這下，漢景帝生氣了，他擲下銀釵狠狠地說：「妳也太不懂事了！」說完，頭也不回，轉身離去了。

栗夫人望著漢景帝遠去的背影，羞愧惱恨一股腦湧上心頭，她也不描眉塗脂了，倒頭趴在案几上失聲大哭。

這件事以後，漢景帝與栗夫人關係明顯冷淡，不過漢景帝依然沒有放棄她。又過了些日子，漢景帝身體染病，在床榻上躺了好幾天。他的嬪妃們聽說了，紛紛趕來照顧他。王娡更是衣不解帶、日夜守護，親自服侍漢景帝進藥吃飯，比他人更顯成熟和關切。一開始，栗夫人端著架子，不願意屈就與其她嬪妃一起服侍漢景帝，後來，她聽說漢景帝病得厲害，放心不下，這才趕了過來。一天，漢景帝單獨留下栗夫人，讓她照顧自己。栗夫人身邊宮女內監環繞，哪裡幹過粗活，她既不會煎藥更不懂如何伺候病人，看到漢景帝躺在床榻，只會遠遠地站著指揮下人幹活。漢景帝看在眼裡，心裡十分不爽，他故意說：「朕的身體日漸虛弱，皇子們年幼無知，真是令人不放心啊。」

栗夫人聽了，看了漢景帝一眼，什麼也不說。漢景帝繼續說：「夫人，朕百年之後，妳照顧這些孩子們可好？」言外之意，打算讓她入主後宮，管理家事。

聰明人聽了這話一定非常高興，急忙答應下來。可是這位栗夫人真是令人著急，她聽漢景帝要她照顧皇子，不由醋意大發，要知道，漢景帝的皇子十幾人，出自不同的母親，就是說，以前這些女人與自己爭風吃醋，如今，她們的孩子卻要自己來照顧，天下哪有這樣不公平的事情！栗夫人還沒有走出受冷落的陰影，心思全部用在這上面了，為此，她就要走進自我挖掘的墳墓裡去了。

栗夫人暗自惱恨，對於漢景帝的問話置之不理。漢景帝有意試探她的胸懷和肚量，哪肯就此甘休，接著催問道：「怎麼樣？妳願意替朕照料這些年幼皇子嗎？」

這一聲催問，激發了栗夫人強烈不滿和反抗，她竟然說出了一句令她後悔終生的話：「怎麼樣？我覺得沒什麼商量的，我是皇妃不是奶母，再說了，我自己的三個兒子還照顧不過來呢，怎麼去照料他們？」

真是一語驚煞病中人！漢景帝瞪著一雙眼睛呆在當場，栗夫人鼠肚雞腸難容皇子，一旦立為皇后那還得了？栗夫人率性而為、吐露內心真實想法也成為後宮新聞。

很快，這件事傳到了劉嫖的耳中，她暗暗得意，好啊，栗夫人，妳前番侮辱我，這次竟然大膽妄為說出這等失德的話，真是自找難看。好，我就成全妳。想到做到，她立即藉機見了漢景帝，對他說：「皇上，栗夫人胸懷狹小，在後宮中人緣極差，她早年憑藉你的寵幸慢視他人，如今又以太子生母的身分自視高人一等，對後宮嬪妃謾罵侮辱，品德低劣。特別對於王娡母子，更是橫挑鼻子豎挑眼，一百個看不上。姐姐我真替你擔心，一旦立栗夫人為皇后，恐怕後宮又要出現『人彘』的事件啊。」

說起人彘，人人變色心驚，這是指呂后殘害戚夫人的事情。劉邦寵幸戚夫人和她生的兒子劉如意，為此，呂后懷恨在心。劉邦去世後，呂后的兒子劉盈即位，劉盈年少，大權被呂后掌握。呂后為了報復戚夫人母子，設計毒死了劉如意，又把戚夫人關押起來，砍去她的四肢，挖掉她的雙眼，毒啞她的嗓子，謾罵她為「人彘」，把她扔進糞池折磨而死。這件事情想起來都毛骨悚然，劉嫖把它與當今的栗夫人聯繫一起，漢景帝聽了，心裡一陣陣惶恐難安。由此，他下決心絕不立栗夫人為皇后。

漢景帝像。

第三節 劉榮的悲劇

王娡的計謀

劉嫖以「人彘」之說進言漢景帝後，觀察到漢景帝心有所動，即時把這個消息告訴了王娡。王娡見時機來了，絕不肯再次放過。她確實富有心機，在關鍵時刻大膽採取超出常人想像的計策，幫助她順利剷除了栗夫人和劉榮。

王娡明白栗夫人雖然無望立后，可是漢景帝不會輕易廢掉劉榮。因為廢立儲君關係重大，必須經過朝臣同意。當時，竇嬰是劉榮的太子太傅，他的地位顯赫，是朝廷上說一不二的人物，就連漢景帝也讓他三分。他一心輔佐劉榮，打算做佐命大臣，藉此穩固提高自己的權勢，當然不會同意廢掉劉榮。還有丞相周亞夫，他是文帝時期丞相周勃的兒子。周勃平諸呂，安劉氏，迎立劉恒為帝，是漢家頭號功臣。周亞夫平定七國之亂立下大功後，也被拜為丞相，他家的權勢如日中天，不容忽視。周亞夫認為太子不能輕易廢立，也堅決支持劉榮，不會同意漢景

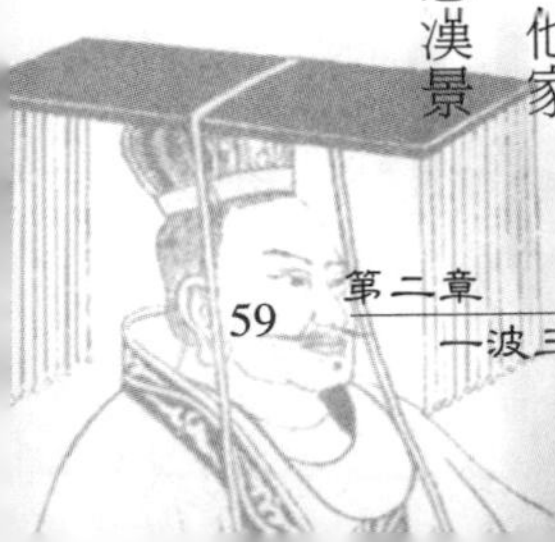

帝廢太子。有這兩位重臣強烈反對，劉榮幾乎不可能被廢。這一切，王娡了然於心，怎麼樣才能促使皇上痛下決心廢掉劉榮呢？看來還要從他的母親身上下手。

聰明多智的王娡想出了好辦法。

當時，掌管賓客禮儀的官員稱作大行，負責宮廷禮儀事宜。王娡多方觀察，覺得此人可以利用，於是她暗地裡讓人調唆大行，說劉榮冊立太子時間久了，可是他的母親一直沒有被立為皇后，這樣不合朝廷禮儀，應該建議皇上早日立栗夫人為皇后，以此安定人心。大行聽了這話，覺得有道理，認為這是自己職責內部的事情，於是急忙上奏摺請求皇上劉啟說：「母以子貴，母愛而子榮，如今太子已經冊立一段時間了，請皇上早日立栗夫人為后。如果一再拖延立后，不合朝廷禮儀。」

漢景帝正在為廢掉栗夫人和劉榮傷神呢，猛不定見到這樣一份奏章，怒火燃燒，指著大行的鼻子罵道：「廢立皇后的大事也要你來操心嗎？你管得也太寬了！」不由分說，讓人拉下去把他關進大牢，不久下令將他處斬了。

漢景帝斬了大行依然不放心，他看到朝中大臣為劉榮和栗夫人說話，擔心長此下去，劉榮年齡大了就會形成太子勢力，這樣必定威脅自己的皇權，到那時難以控制局面，說不定會發生什麼事情。想到這裡，他終於下了決心，於西元前150年，也就是劉榮立為太子的第三年正月，他下詔書廢掉劉榮，改封他為臨江王。

劉榮被廢，朝野震驚，周亞夫和竇嬰眼見既成事實，頓感無力回天，看到漢景帝怒不可遏、不可接近的樣子，只好默認這個事實，不敢強行進言。

此時，劉榮的舅舅栗卿不甘心外甥被廢，冒死進諫。漢景帝既已下了決心，哪會輕易放棄，他訓斥栗卿顧念兒女私情，不顧朝廷大局，並且下令讓人審查他。栗卿被關進大獄，最終被判為死刑。栗夫人也被打進冷宮，再也難見聖顏，鬱鬱憤懣，不久就死去了。由於她一人的過失，害得兒子被廢，兄弟慘死，家族敗落，真是可悲可嘆。這個容貌超人卻驕橫少禮的女人嚐到了親手炮製的苦酒，她至死都沒有明白，如果沒有王娡這個聰明的女人與她對抗，她的命運也許不會如此淒慘。

王娡施計除掉擋在自己和兒子面前的兩大障礙，心中大悅，她知道當下儲位空缺，新一輪太子爭奪戰又要緊鑼密鼓地開始了，憑個人的力量畢竟太淡薄了，必須儘快確定與長公主劉嫖的親家關係，好讓她更加積極地為自己和兒子活動。這樣，劉彘做為普通皇子，已經被冊封膠東王，本來已經無望參與儲位之爭，卻由於母親的積極運作，將自己最大的競爭對手淘汰出局，他爭儲的希望頃刻間大大提高，宛如旭日東昇，冉冉照亮了他前方的道路。

劉榮和劉彘，同為皇子，差別在哪裡？一個立了太子卻被廢，一個本無希望爭儲卻機遇降臨，隨著他們背後女人的操縱，兩人的命運發生了巨大的變化。

劉榮的結局

劉榮由太子降為臨江王，很快離開長安皇宮，遠赴屬地臨江的都城江陵。繁華京師已經沒有他留戀之處，浩浩未央宮也沒有他的立足之地，這個年輕的皇子捲起行李，備好馬車，輕裝簡行直奔江陵。

江陵遠離長安，劉榮暫時獲得了安穩的生活。他秉承父祖信奉的黃老學說，寬政安民，在臨江博得了百姓們一致讚譽。這本來是件好事，卻觸怒了父親漢景帝敏感的神經。父子不相容，漢景帝擔心劉榮不死心，博取好名意圖他日再次爭位，東山再起。帝王家族權勢傾天下，對於「鳥為食亡，人為財死」的人類來說，畢竟難以抵抗富有天下的巨大誘惑。

古江陵。

終於，漢景帝抓住了兒子劉榮的把柄。劉榮久居長安，生活在浩大繁榮的未央宮內，不習慣江陵的小宮殿，打算重新擴建宮舍。可是，江陵地偏物薄，舊有的宮殿四周無地可擴。這可怎麼辦？

劉榮也是鬼迷心竅，他發現宮殿不遠處就是祖父漢文帝的太廟，心想，正好藉助太廟的一面牆，這樣兩處結合，不就可以擴大宮殿了嗎？他想得幼稚，做得也迅速，卻萬萬沒有料到這一舉動將自己送上了不歸路。

劉榮藉太廟修建宮殿，消息很快傳到長安，引起漢景帝大怒。他當即傳旨，讓劉榮火速回京，承擔有辱祖宗的罪行。

年輕的劉榮踏上回京之路，江陵百姓湧上街頭，與他揮淚作別。人們清楚，劉榮此去凶多吉少，恐怕難以再回江陵了。

果然，劉榮回京後連父親的面都沒有見到，就被交到中尉郅都手裡。郅都是有名的酷吏，他本來只是宮廷侍衛官員，因為敢於直諫，受到漢景帝信任賞識，提拔他做了中尉。他為人極其嚴厲，做事認真，向來秉公辦事，從不徇私枉法，有的親戚想讓他為自己辦事，又不敢當面向他提出，就用書信的方式告訴他。郅都知道後，竟然再也不拆閱私人信件。他的行為幾近刻薄，對於罪犯不論出身如何，哪怕是皇親國戚、公主王侯，他都一視同仁，按罪論刑。他主張輕罪重判、使用酷刑等等策略，認為只有嚴刑酷法才能足以警戒世人。當時人們都十分怕他，擔心不小心落到他的手裡，後果將不堪設想，所以有人給他起外號「蒼鷹」，可見他多麼令人恐懼。

漢景帝讓郅都接管劉榮一案，足以看出父子之間感情蕩然無存。劉榮被關進大獄，他請求

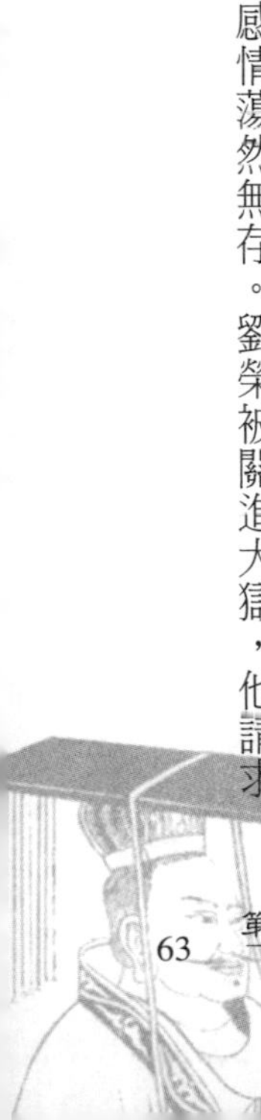

郅都給他一副刀筆，他想給父皇寫封信，請求他的原諒。昔日皇太子，今日階下囚，「蒼鷹」郅都拒絕了劉榮的要求，不給他任何機會。

竇嬰來到獄中看望劉榮，師生二人抱頭痛哭。劉榮哭畢，哽咽著說：「我辜負了太傅的教導之恩，今日相見恐怕是訣別了。」

竇嬰安慰他說：「王爺不要灰心，臣相信皇上會明斷此案的。你等著，我讓他們給你送副刀筆來，您盡可以把實情一一奏明皇上。」

一副刀筆都要費如此周折，竟然要堂堂王侯偷偷傳遞，劉榮聽了，悲切心中起，長嘆幾聲，再也沒有言語。

過了幾天，竇嬰透過獄吏偷偷送來了刀筆，交給了劉榮。此時的劉榮，經歷人生大喜大悲，尤其是近幾日獄中淒慘生活，他看清了自己已經沒有希望繼續生存下去，父親不會放過他。他想起郅都殘酷的刑法，不願在大堂上忍受侮辱性的懲罰，給父親寫了封絕命信，然後悲切地自殺身亡了。

劉榮自殺，傳遍朝野內外，深居後宮中的竇太后聽說孫子死在了郅都的手裡，哭得死去活來，她一邊大罵郅都，一邊迅速召見劉啟，讓他即刻處死郅都，以解心頭大恨。

漢景帝看到劉榮的絕命信，心裡也十分難過，不過郅都是他信任的大臣，怎麼隨便處死呢？情急之下，他只好免了郅都的職務，調任他為雁門太守，守衛北方邊境。當時，漢廷和匈

奴聯姻修好，雙方簽訂和約，在邊境上互有來往。後來郅都到任後，做事嚴厲，不管漢人還是
匈奴人都一律對待，誰違反了律令都要受到嚴酷刑罰。這樣，郅都又得罪了匈奴。匈奴人見他
厲害難對付，於是派使者向漢廷提出抗議，說郅都虐待他們，不遵守和約。

一直記恨郅都的竇太后聽說此事，藉機再次逼迫漢景帝殺了郅都。漢景帝為郅都辯解說：
「郅都是忠臣，這些年來為朕做了不少事，為朝廷出了不少力。」

「哼，」竇太后訓斥漢景帝說，「他是忠臣，臨江王劉榮就不是忠臣了？榮兒到底做錯了
什麼，為什麼遭到這樣的厄運？」說著，她淚流滿面，再也無法控制自己的情緒。

漢景帝看到母親傷心，嚇得急忙跪下說：「兒子不孝，讓母親為難了。母親，您放心吧，
兒子一定嚴懲郅都。」

竇太后這才止住哭泣，拉起漢景帝說：「兒啊，母親心疼孫子，難道您就不心疼兒子嗎？
郅都嚴酷無比，人人把他比做空中『蒼鷹』，這樣的人做官，只會殘害生靈，荼毒百姓，留著
有什麼用？」她信奉黃老無為而治的思想，對於郅都這種積極進取、幾近苛刻的做法很不贊
同。

其實，文景之治後期，由於國富民強，經濟條件好轉，社會矛盾也日漸突出，主要是貴族
階級強大並且逐漸影響政權統一，為此，身為封建政權的最高統治者必須採取相應措施來應
對。竇太后是黃老學說的受益者，她跟隨文帝多年一直全心全意推行無為而治的思想，這些學

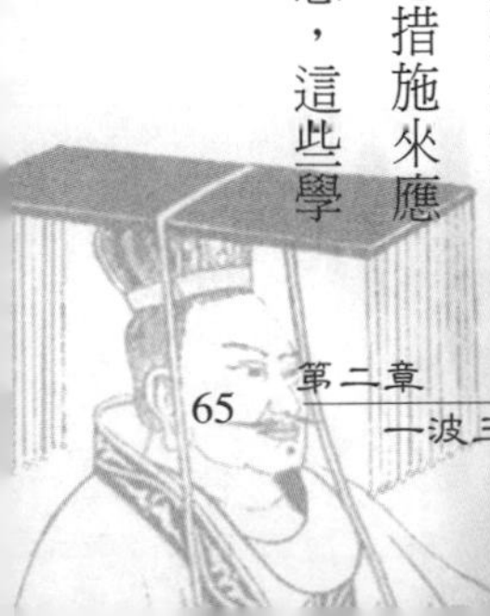

說已經固化了她的思想。後來，以她為代表的黃老學派與以漢武帝劉徹為首的儒家學派展開了多次鬥爭，差點影響了劉徹的皇位。

漢景帝恭敬地站在母親身邊，囁嚅著說：「母親，您不要太難過了，兒子這就下旨承辦郅都。」最終下令處死了郅都。這是後話。

劉榮死後，大家重新把眼光投向了空置的太子之位。這時，一位爭儲黑馬又殺了出來，他就是漢景帝的弟弟，竇太后最寵愛的小兒子，梁王劉武。

第三章

七歲登儲位

劉榮死後，儲位之爭又如火如荼起來。如今的梁王劉武可不同於諸多幼年皇子，他風華正茂，雖為梁王，富比天子，身邊團結了許多賢臣能將，在七國之亂中堅決平叛，立下赫赫功績，這樣一位諸侯王在竇太后支持下爭奪儲位，會給劉彘造成什麼壓力呢？七歲的劉彘在第二輪儲位爭奪中又有什麼表現呢？

第一節 爭儲黑馬

竇太后的心願

說起竇太后，可不簡單，她名叫竇漪房，少年時本是未央宮普通宮女。呂后當政時，為了向各地諸侯示好，把後宮部分宮女分送各地。竇漪房由此被分送到了北疆代地，文帝劉恒是代地諸侯王，兩人一見鍾情，竇漪房成為王妃。

竇漪房自幼家境貧寒，為人勤勞能幹、孝賢懂事，得到劉恒和薄太后喜愛。後來，她接連生了一女四男，地位得以穩固。她的長子劉啟封為太子後，她也就被立為皇后，完成了人生最重要的蛻變。

現在，劉啟做了皇帝，竇太后地位更尊貴了，她身經三朝，瞭解朝政大事，在朝中的作用不容忽視。

竇太后的女兒就是前面提到的長公主劉嫖，她的四個兒子一個做皇帝，其他三個都被封做

曾參母子連心

諸侯王。其中兩人年紀輕輕就去世了，如今在世的只有梁王劉武。

劉武是竇太后最年幼的兒子，從小特別討人喜愛，是父母的心頭肉，也是兄長們和姐姐的愛弟。劉武非常孝順，每當竇太后身體不適的時候，他總能同時感覺到，從而茶飯不思，寢食難安，一直陪伴在竇太后的身邊，直到母親身體好轉，他才安心地吃喝玩樂。因此竇太后常常誇獎劉武，說他簡直就是曾參在世。

曾參是個勤奮好學、德行極高的人，他小時候對母親百依百順，經常幫助母親勞動。有一次，他正在院門口玩，突然覺得心裡一震，不知什麼原因，扭頭一看，母親的胳膊正碰在門框上，疼得厲害。他馬上想，母親胳膊疼，所以兒子能有感覺，這叫母子連心。後來這種情況出現好幾次，母子倆都記在心裡。從此，曾參只要感覺心裡不舒服，不管在什麼地方，都知道母親遇到了麻煩。母親呢，也常常以這種方法喚回出門在外的兒子。一次，家裡有急事，卻找不到曾參了。他母親說，我把他叫回來。說著，自己擰了一下胳膊，很快，曾參就跑回家來。人們非常奇怪，紛紛探尋其中原因，曾參的母親就說出了扼臂兒子心疼的道理，人們恍然大悟，這正是母子心連心啊！從此，這個故事一直激勵著天下孝子，他們以曾參做為學習的榜樣。劉武能夠與母親竇太后產生心理感應，當然深得母親喜愛。

劉武受封梁王，地處膏腴之地，國富民強，比漢武帝直接掌管的土地還要多、還要富裕。由於竇太后疼愛，劉武經常回京探親。諸侯王回京是大事，應該徵詢皇上同意，基本上很少有機會回京。劉武卻每年都能回京，而且一住就是幾個月，隨意出入宮闈，儀仗隨行與天子基本相同，還與漢景帝同車共輦，不分上下，依然保持親兄弟的情意，完全忽視君臣尊卑關係。

劉啟即位初年，有一次，劉武回京來了，漢景帝高興地擺下宴席，與弟弟同飲共樂。席間，兄弟二人越喝越多，漸漸酒熱耳酣，話語隨便起來。竇太后坐在一邊，聽到兩個兒子感情深厚，親密無間，由衷欣慰。坐在另一邊的竇嬰卻面露微色，似乎對劉啟兄弟過分親密的舉動不滿。

過了一會兒，剛剛做上皇帝的劉啟拍著劉武的肩膀說：「弟弟，兄長做了皇帝才深知皇位的奧妙啊。你放心，咱們兄弟絕不會出現蕭牆之禍，等我百年後，你就接著做皇帝。」

聞聽此話，滿座皆驚，醉酒的立刻醒了，沒有醉的立刻嚇得全身震顫了。怎麼回事？劉啟身為皇帝，說出的話可是一言九鼎，他今日高興地說要把皇位傳給弟弟，這不是天大的新聞嗎？

劉武聰明，明白漢景帝這麼說不過是酒後之言，也是為了讓母親高興，他並沒有多在意。竇太后卻不然，她眼睛看不見了，不能觀測到他人說話時的表情和神態，只是聽話語聲音辨別是非，她聽劉啟說要傳位劉武，兄弟倆輪流當皇帝，信以為真，面露喜色，暗自想，兩個兒子都做皇帝，我這個太后多麼風光！

她正暗自得意，一邊的竇嬰卻坐不住了。竇嬰斟滿一杯酒，端到漢景帝面前說：「皇上，高祖平天下，曾經約法皇位應該傳給嫡子嫡孫。如今天下是皇上的天下，按照祖法應該傳位皇子，不可更改，怎麼能夠傳位梁王呢？皇上說錯了話，理應罰酒一杯。」

漢景帝聽了這話，對自己剛才的失誤深有反悔，忙接過酒杯說：「朕一時說笑，應該罰酒。」說完，端起酒杯一飲而盡。

竇嬰認真地說：「皇上金口玉言，怎麼能夠隨意說笑呢？」他舉出成王削桐封弟的故事來勸諫劉啟。劉啟默認無語，其他人也只好靜靜地聽著。竇太后由喜轉怒，對侄子竇嬰心存不滿，她聽不下去了，站立起身拂袖離席。

這件事以後，竇嬰深知得罪了竇太后，不敢久留朝廷，辭官回家修養去了。

有了這次事件，竇太后意欲讓梁王做皇帝的心思被點燃了，她想，既然皇上有這樣的打算，為什麼不能傳位劉武呢？他們都是先帝的兒子，依次做皇帝也是合情合理的事情，再說了，劉武這些年居住外邊，難得回來一次，如果做了皇帝，可以日日陪在我的身邊，彌補這些年來對他缺少的關愛。她一門心思想著自己的心事，竟然不顧朝廷大局。此時的漢宮內，皇子們爭儲的鬥爭就非常緊張了，又多了位皇弟參與進來，可真是複雜莫測。就在這時，國內發生了諸侯叛亂，暫時推遲了太子冊立速度。

七國之亂

這次叛亂就是歷史上有名的七國之亂，指的是以吳王劉濞為首，夥同楚王、趙王、膠西王、膠東王、菑川王和濟南王六國發動的叛亂。他們打著「誅晁錯，清君側」的旗號發兵朝廷，準備推翻漢景帝的統治。

說起七國叛亂，還要追溯到高祖劉邦建國初年，當時，在實行郡縣制的同時，他為了加強統治，分封劉姓子弟到各地做諸侯王。諸侯王在封地內可以任免官吏，收取租稅，鑄造錢幣，還擁有兵權。到了漢景帝劉啟時期，諸侯各國分封了全國大部分領土，比皇帝的權勢都要大，形成了尾大不掉的局面。這時，漢景帝做太子時的管家晁錯提議削弱諸侯勢力，鞏固中央權力。漢景帝對於晁錯向來信任尊重，十分高興地採納了他的意見，從膠西、楚國、趙國幾個藩國開始，逐漸削弱他們的勢力。

南方的吳王劉濞得到消息後，非常不滿，他與漢景帝早就結下怨仇。原來，漢景帝做太子時，劉濞的王太子劉賢來京師居住，一次，兩個人下棋玩耍，話不投機打了起來。漢景帝隨手抓起棋盤，劈頭蓋臉砸向劉賢，不偏不斜正好砸中了腦門，劉賢一命嗚呼，從此劉濞就對漢景帝心存恨意。現在，漢景帝又要憑藉自己的權力削弱他的地盤，新仇舊怨湧上心頭，劉濞決定不再坐以待斃，於是他聯合其他六王，發動了這次叛亂。

諸侯兵馬聲勢浩大，嚇壞了朝中大臣們。他們疏於戰事日久，怎麼應對這場突如其來的叛亂呢？有一個大臣名叫袁盎，與晁錯之間有矛盾，他藉機進言說：「諸侯並非真造反，他們無非為了捉拿晁錯，希望皇上停止削藩。如果皇上殺了晁錯，停止削藩，那麼諸侯必定自行退兵。」漢景帝情急之下，聽信了袁盎的建議，果真殺了晁錯。但是，諸侯發兵名為誅晁錯，實則要奪權。他們見晁錯死了，不但不退兵，反而加緊了攻勢，很快攻到了梁國。

梁國是進入長安的通道。梁王劉武一面堅守城池，一面急忙向朝廷申請援兵。漢景帝見叛兵來勢洶洶，慌得六神無主，一時間，大漢江山岌岌可危，竟然無人能夠力攬狂瀾。就在危機時刻，漢景帝記起辭官在家的竇嬰，請他出面平定叛亂。漢景帝瞭解自己的表弟，封他為將軍，賞賜他黃金珠寶，讓他與周亞夫率兵反擊叛軍。周亞夫是前朝丞相周勃的兒子，他身為大將，治軍嚴謹，一絲不苟，所率兵馬作戰勇敢，是當時最厲害的部隊。漢文帝時，有一次皇上

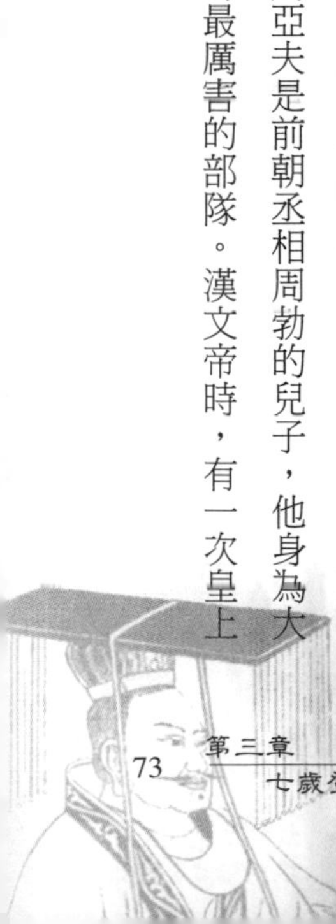

親自去他的軍營視察，結果兵士們嚴格執行軍令，把皇上擋在了營外。漢文帝由衷誇讚周亞夫是「真將軍」，並且囑託太子劉啟說，將來國家有難，可以讓周亞夫統帥軍隊，不必擔心。從此，周亞夫的名聲更加顯赫，屢屢受到朝廷重用。現在，他雖然只是中尉，實際上代行太尉職責，率領朝廷大軍反擊叛兵。

且說劉濞，他從漢初就受封吳王，掌管五十多座城池，多年來他在封地內任免官吏，自行鑄鐵造幣，發展軍隊，儼然一個獨立自主的王國，勢力非常強大，早就超出了朝廷的管轄範圍。為了起兵反叛，他做了精心準備，親自率領二十萬大軍進逼長安。面對如此局勢，周亞夫採取巧妙戰術，避免與叛軍正面作戰。他經過深思熟慮，制訂了先予後取、避實擊虛的策略，堅守滎陽，拒不出戰。叛軍遠道而來，沒有多久就堅持不住了。這時，周亞夫即時派兵斷絕叛軍的糧草，這樣，叛軍不戰自敗，只用三個月的時間就平定了叛亂。

平叛過程中，深陷敵人圍困之中的梁王劉武多次向周亞夫請求救援，可是周亞夫堅持自己的策略，一兵一卒也不派到前線去。結果，劉武的國家和士兵受到很大損失，為此，劉武對他產生了怨恨。

平叛結束後，漢景帝論功行賞，正式任命周亞夫為丞相，封竇嬰為魏其侯，對於劉武忠心不二和孤軍阻擊叛軍的戰功，更是給予了特別的賞賜，准許他使用天子的旌旗，撥出戰車一千輛、騎兵一萬人給劉武做警衛之用。劉武自此更加驕橫，比漢景帝還要奢侈放縱。他的屬國豐饒富裕，他的軍隊強大無比，他的珍奇異寶世上罕見，他的門人食客來自四面八方，他的威儀榮耀超過了所有人。劉武窮奢極欲，成為時人評論的焦點。為了盡情享樂，他下令修築了一個巨大的花園，取名兔園，後人稱之為梁園。梁園內樓臺亭榭、曲徑流水，美不勝收；奇花異草、美人佳客，數不勝數。梁王每日在侍女的陪伴下釣魚賞景，或者與食客們飲酒賦詩，過著浮華驕奢的日子。

如果劉武能夠安於現狀，也許會永久地享樂下去，可是，他對於目前的生活仍然不滿足，他念念不忘漢景帝曾經說過的讓位於他的話。如今，他立下戰功，獲得與皇上差不多的權勢榮耀了，是不是更有資格參與爭儲了呢？

第二節 梁王落敗

梁王爭儲

劉武日益驕縱，在儲位爭奪上漸漸顯露身手，可是漢景帝也非等閒之輩，當初拉攏劉武，也許考慮到皇子們年幼，為了讓弟弟死心塌地忠誠自己，精心竭力拱衛京城。七國之亂平定後，漢景帝即接受朝臣的建議冊封劉榮做了太子。劉榮被立為太子，劉武和竇太后蠢蠢欲動的心神才稍微安穩了些。

事實多變，三年後，劉榮被廢了，而且自殺身亡，炙手可熱的儲位出現空缺，竇太后和劉武的心思又被點燃了。這時，漢宮內忙壞了兩個女人，一個是王娡，她積極策劃兒子劉彘爭儲；一個是竇太后，她也積極策劃為自己的另一個兒子劉武爭奪皇位。這樣一來，舊的儲位之爭剛剛煙消雲散，新的爭奪戰又開始了。

王娡本來以為除掉栗夫人和劉榮後，儲位自然而然落到劉彘的頭上，哪曾想半路裡殺出個程咬金，梁王咄咄逼人意欲爭儲，這可非同小可，她深知竇太后對朝廷和漢景帝的影響，如果劉武被冊立為儲君，那麼劉彘對於儲位就只好望洋興嘆了。

不說王娡如何焦急地想辦法，且說劉武和竇太后。劉武手下有很多為他出謀劃策的謀士，其中有兩個人分別叫羊勝和公孫詭，這兩個人見劉榮死了，急忙向劉武獻計，讓他求見竇太后，謀取儲位。

劉武聽從他們的意見積極活動，請竇太后給漢景帝施加壓力。竇太后心疼小兒子，也有意看到兩個兒子先後做皇帝，就設宴請兩個兒子一起吃飯，吃完飯，母子三人說說笑笑，好不親熱。竇太后突然對漢景帝說：「我聽說殷道親親，周道尊尊，都是天下大義。皇上是兄長，您一定要好好照顧弟弟。」

漢景帝忙說：「兒子知道。」

宴席結束，漢景帝召見袁盎等精通經術的大臣問道：「太后所言殷道親親，周道尊尊，是什麼意

景帝陵園。

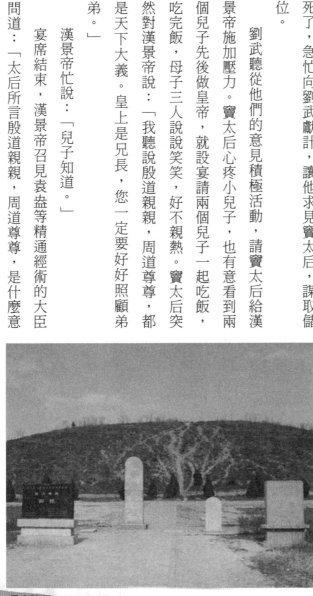

思？」

袁盎等人說：「太后打算冊立梁王做太子。」

漢景帝不解地詢問其中緣故。

袁盎說：「殷道親親，指的是冊立弟弟為儲；周道尊尊，指的是冊立兒子為儲。商殷時期，講究敬天，親其所親，所以立弟；到了周朝，講究敬地，敬其本始，所以立長子，長子死，立長孫，以此類推。而殷朝則是太子死，立弟弟。」

漢景帝恍然大悟，聯想多年來劉武所為，以及太后正側面多次施壓，他知道他們對於儲位謀劃已久，自己該如何應對呢？他沉思著問大臣們：「你們看立梁王為儲怎麼樣？」

眾臣慌忙回答：「萬萬不可。皇上，漢朝制度遵循周道，周道不主張立弟，應當立皇子。《春秋》為什麼責備宋宣公？就是因為他立弟不立子，導致國家禍亂，親人互相殘殺。」宋宣公傳位給弟弟，後來，弟弟死了，就把皇位還給了宋宣公的兒子。可是他自己的兒子卻不同意，認為應該由自己繼承父王的王位，於是刺殺宋宣公的兒子。如此一來，雙方互不相讓，殘殺成仇，造成多年戰亂，差點亡國。因此《春秋》明白地指出：「君子大居正，宋之禍宣公為之。」

漢景帝聽了宋宣公的故事，愕然不語。袁盎接著說：「皇上不要憂愁，臣願去說服太后。」漢景帝立刻叫他去見竇太后。袁盎見到竇太后，單刀直入地問：「臣聽說太后打算冊立梁王，那麼請問梁王百年之後，又傳位給誰呢？」

竇太后當即痛快地說：「到時候我再冊立皇帝的兒子，把權位還給他們。」看來，她的想法不過是看著兩個兒子都能做皇帝，讓自己心疼的小兒子也享受一下做皇帝的威風。

袁盎有備而來，聽竇太后這麼說，馬上侃侃而談，對她言說了宋宣公不立子，導致禍亂五代，差點造成亡國的事情。他勸說太后，小不忍就會危害大義，如果不能擺脫親情的干擾，那麼國家大局必定受到損害，而且禍及子孫後代，實在不可取。

竇太后默默聽完，心裡豁然明白了其中利害，自己一味心疼兒子，盼著他們都能過過當皇帝的癮。可是，如果他們百年之後，他們身後的諸多子孫為了爭奪皇位展開生死大戰，豈不是害了他們？也害了漢室江山？這樣的罪過自己如何承擔得起？於是，她放棄了冊立梁王的念頭，並且讓他儘快回到屬國去了。

但劉武豈能如此輕易死心，一計不成，又生一計。他上奏漢景帝，說自己遠離母親，難盡孝道，為了能夠方便進出京師進諫母親，他打算從自己的國都睢陽到長安之間，修一條馳道，以便隨時見到母親略盡孝心。馳道，就相當於今天的高速公路。漢景帝聽此，心裡老大不快。本來諸侯王不能隨便進京，怎麼，你還想隨時進京？你幾番爭儲不成，如今修馳道無非為了等待時機成熟能夠快速發兵長安，奪取政權。哼，這點把戲豈能瞞過我？

漢景帝心知肚明，卻不願自己言破，召見大臣商量梁王劉武意欲修馳道的奏章。果然，大

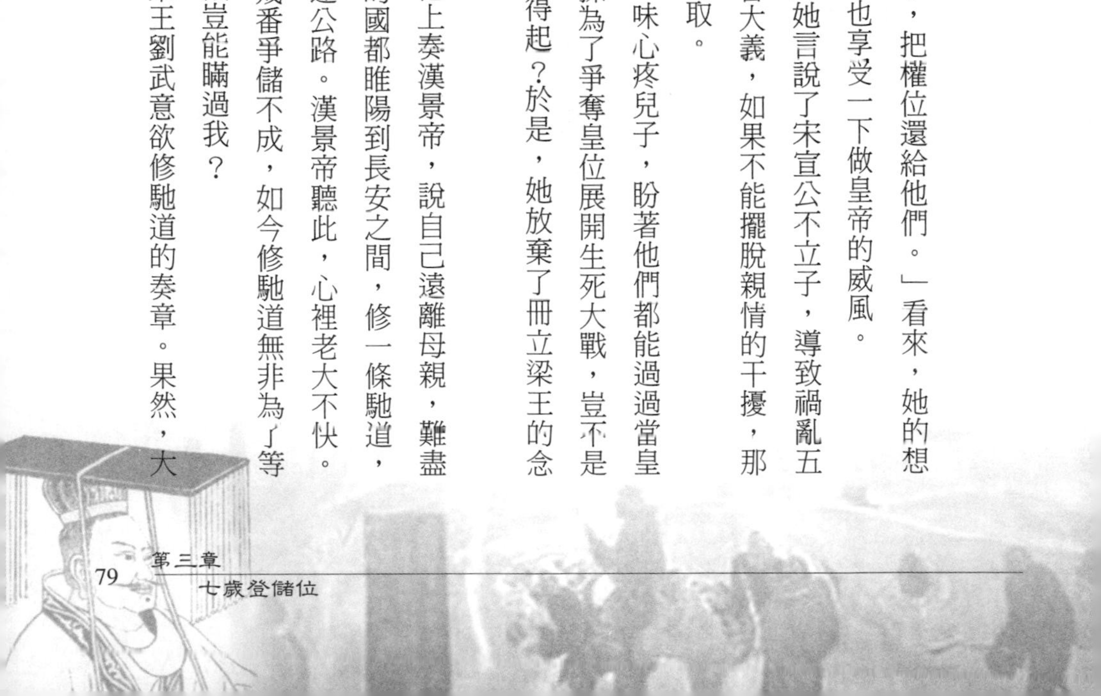

臣們聽了，紛紛表示不妥，其中袁盎言辭激烈地指出修馳道的弊端以及梁王居心叵測，請求漢景帝堅決拒絕此事。漢景帝當然痛快地答應他的進諫，不准梁王劉武修馳道。

劉武的計畫再次落空，而且又是那個袁盎帶頭反對，他氣得牙根癢癢，發誓除掉那些反對自己的人。他召集謀士們商量對策，羊勝、公孫詭獻計，派出了一批刺客，到京師暗殺袁盎等人，以此威嚇群臣。

梁王的報復

刺客依計行事，一夜之間殺死了朝中十幾位大臣。一時間，這個血腥大案轟動京師，震驚海內，引起漢景帝高度重視，他立即下令全力追捕殺人兇手。慢慢一想，景帝發現這些被殺的大臣有一個共同的特點，那就是他們都得罪了梁王劉武。他們多次積極反對冊立劉武，成為劉武心頭大恨，看來，他們的死與梁王有關。

為了徹查清楚，漢景帝派遣德高望重的田叔、呂季主去梁國調查取證，抓捕主犯。田叔和呂季主很快查清了事實真相，可是主犯羊勝、公孫詭躲在梁王的府上，無法抓捕。負責協助查案的梁國內史韓安國知道罪犯就在梁王府邸，他哭著求見劉武說：「大王，主上受辱，臣下該死，我們竭盡全力，卻抓不到羊勝和公孫詭，請大王把我處死吧。」

劉武強做鎮靜地問：「事情這麼嚴重嗎？」

韓安國淚流滿臉地問：「大王，您想想，您與皇上的關係比起臨江王劉榮來，誰更親密？」

「當然是劉榮，」劉武說，「他們是父子，我怎麼能與他們相比呢？」

韓安國這才止住哭泣，重重地說：「劉榮是皇太子，一句話就貶為臨江王。因為藉文帝太廟的牆壁修建宮殿，被郅都關進大獄，被逼自殺，為什麼會這樣？大王，治理國家不能因私廢公，這是天下大義，不可違背。您只是眾多諸侯王中的普通一員，卻聽從佞臣邪說，任意觸犯踐踏律令，冒犯皇上，輕視國家法制，這不是明明和皇上對著幹，和天下人為敵嗎？由於太后的緣故，皇上一再忍讓，不處罰您，可您想過沒有，要是太后百年歸天之後，您又將依靠誰呢？皇上還會和現在一樣照顧您嗎？」

劉武驚得出了一身冷汗，他知道自己所為已經暴露天下，怎麼辦？為了活命，只好丟卒保車。他讓羊勝和公孫詭自殺謝罪，把屍體交給田叔等人回京覆命。

竇太后聽說皇上懷疑劉武，並且派去大臣調查案情，她擔心劉武遭到誅殺，終日痛哭流涕，茶飯不進。聰明的王娡已經派人探聽了整個事情的經過，她暗暗高興，卻假裝傷心地到太后寢宮安慰她，並且向太后保證，自己一定會勸阻漢景帝，不讓他加害劉武。竇太后拉著她的手感激地說：「妳真是仁孝，要是能夠勸阻皇上不殺梁王，我可要謝謝妳啦。哎，說起來，這

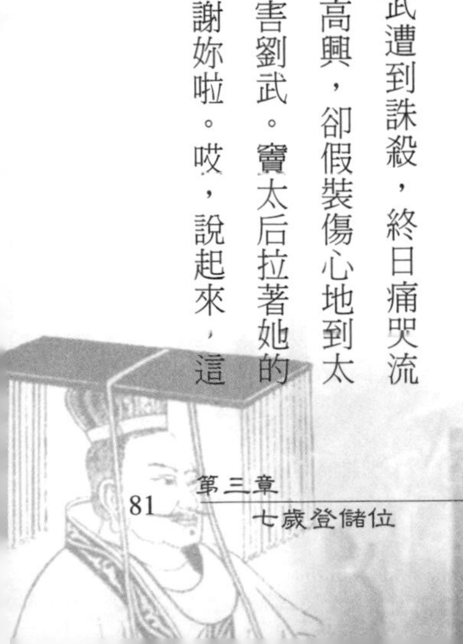

也是我一時糊塗所致，只要武兒平安渡過此劫，我就讓他安安穩穩做他的王爺，再也不要迷戀什麼皇位了。」

王娡心裡一喜，臉上卻平靜地說：「太后不要自責，梁王仁孝有名，天下共知，就是犯點錯誤，只要改了，依舊是皇上的好兄弟，不會因為這件小事受罰的。」

竇太后略感寬慰，抹著眼淚說：「如果皇上也是這樣想的就好了。」她想了想又說，「彘兒呢？最近在幹什麼？這次武兒遇難，要是平安脫險，我看就抓緊時機冊立彘兒為太子吧。要不然，儲位空虛，還是容易引起不必要的麻煩。」她的意思非常明確，只要王娡勸說皇上不殺劉武，那麼她就會站出來支持劉彘。

王娡得到竇太后支持，心裡更加雀躍了，她一面急忙聯繫劉嫖，讓她出面為梁王劉武求情。一面派弟弟田蚡打探田叔等人查案的進展情況。田蚡已經二十多歲了，是竇嬰屬下的官員。他為人機智好學，也是儒家學說的推崇者，極力巴結當時的權貴人物竇嬰，深受竇嬰賞識。

田蚡聽說田叔等人不日即將回京，就在長安城外的驛站設宴迎接他。田叔攜帶記錄劉武犯罪事實的卷宗赴約，田蚡卻說出了一番驚人的話語，令田叔不得不放棄了多日辛苦徹查清楚的案情事實。

席間，田蚡問道：「大人此次去梁國，徹查暗殺事件，不知道結果如何？」

田叔沉吟著沒有回答，他覺得田蚡沒有資格詢問此事。

田蚡並不在意，笑呵呵地說：「我觀大人面相，看你最近必定因為此事受到牽連。不管梁王伏不伏法，你都不會逃脫皇上或者太后的責難。」

「為什麼？」田叔慌忙問道。

「梁王是太后的寵兒，如果你把梁王犯罪的事實筆錄帶回去，皇上一怒之下肯定要殺了梁王，太后豈肯原諒你？你忘了郅都是怎麼死的嗎？皇上至孝，他看到太后盛怒，也會遷怒於你，如此一來，你不是兩面不討好嗎？」

「這——」田叔吃驚不小，細想田蚡所言，頓覺前景一片黯然，沒有想到，自己辛苦幾個月到頭來卻換得膽戰心驚的下場，怎麼辦？

田蚡為他出主意說：「大人不如銷毀筆錄，回去向皇上訴說其中道理，一來皇上賞識你辦事周到，二來太后也會感恩於你，豈不成了兩全其美的事嗎？」

田叔聽從田蚡的意見，把在梁國取到的口供筆錄全部燒掉了，然後空著兩手求見漢景帝。漢景帝忙問道：「梁王有沒有罪？」田叔據實回答說：「梁王犯有死罪。」不過，他又接著說：「皇上最好不要再追究了。」

漢景帝不得其解，忙問其原因，田叔解釋說：「梁王雖然犯有死罪，可是他如果不伏法，那麼漢室法律就無法執行下去了。如果他伏法就要被殺，這樣皇太后必定寢食不安，尋死覓

活，皇上您又將怎麼辦呢？臣大膽地將有關這件案子涉及到梁王的資料都燒掉了，只把事實真相告訴您。」漢景帝聽完後細細思索，長嘆一口氣，連連誇獎田叔這事做得很周到、很妥貼，並且帶上他去見太后。

竇太后宮殿裡，王娡早早過來報安了，告訴她梁王無罪，皇上不會殺害他。兩人正說著，漢景帝和田叔進來了。竇太后忙問田叔查案結果如何，田叔回答說：「臣歷時一個多月，詳細核查，結果表明梁王根本什麼都不知道，犯罪的只是他府內的羊勝和公孫詭等人，臣奉旨已將他們處決了。梁王沒有犯罪，依然如故地好好生活著。」

竇太后這才放下心來，欣喜地起床吃飯，與王娡有說有笑不在話下。漢景帝見此，多日緊懸的心也略微鬆弛下來，看到王娡哄得太后開心，放心地囑咐她說：「妳好好照顧太后，這裡一切交給妳了。」說完，才與田叔離開後宮，去前殿辦事。

再說梁王，他交出羊勝和公孫詭後，依然心有餘悸，擔心漢景帝秋後算帳。於是，他急忙請求進京朝覲，準備親自向皇上請罪謝恩。漢景帝為了讓母親安心，准許了他的要求。

梁王乘車趕往京師長安，路上大夫茅蘭向他獻計，建議他不要先見皇上，而是先去後宮見太后，以保萬無一失。梁王劉武也擔心皇上記恨自己，如果將自己拿獲歸案，那就無法解脫了，自己就會成為第二個劉榮。他聽從茅蘭的意見，改乘小車快輦，帶著兩個貼身侍衛化妝成平民百姓直奔長安，先行來到了他姐姐長公主劉嫖府上。劉嫖多次向漢景帝進言，要他看在太后和姐弟情深的分上不要殺害劉武，今天，劉武狼狽逃匿到自己府上，姐弟相見，抱頭痛哭。劉嫖知道時間緊迫，不容拖延，她按照王娡傳來的口信，向劉武講了廉頗負荊請罪的故事，讓他抓緊時間面見皇上請罪，或許能夠逃脫一劫。

劉武脫光膀子，背著一塊砧板來到未央宮北門，跪在地上向漢景帝請罪。漢景帝來到北門，看到昔日光彩照人的弟弟，今日狼狽至此，不顧身分撲過去抱住弟弟，姐弟三人痛哭失聲。消息傳到後宮，竇太后急忙讓王娡攙扶著也趕到北門，聽到三個孩子哭聲一片，她老淚縱橫，泣不成聲。

自此，梁王劉武再也不敢設想爭儲一事，自覺履行臣下應該遵從的禮儀規範。漢景帝也對他日趨疏遠，撤銷他與天子同樣的儀仗設施，對他進行嚴格約束，不與他共同坐一輛車了。竇太后更是死了立梁王為儲的野心，她積極督促漢景帝，建議她早日立皇子劉彘，以此安定人心，杜絕許多不必要的紛爭和傷害。

劉榮和劉武先後落敗，劉彘是否該出場了呢？他能夠登上儲位，難道僅僅憑藉母親的謀劃嗎？他自己會有什麼表現贏得父親漢景帝和朝臣們共同的肯定呢？

第三節 劉彘勝出

智對父皇提問

漢景帝早就留意劉彘了，這個出生時帶著許多傳奇色彩的孩子，自幼聰明伶俐，表現非凡，雖然處於榮華富貴之中，卻從不驕奢傲慢，行為舉止合乎禮儀，比其他孩子顯得成熟而有謀略，深得後宮老幼尊卑諸人誇讚。早在幾年前，漢景帝冊封他為膠東王時，由於一心偏袒他，曾經私下問過他：「彘兒，你是否也想做天子，當皇上呢？」

這可是個棘手的問題，就是成年人也難以圓滿回答。如果回答不想當皇帝，那麼就顯示你胸無志向，不能繼承大業；如果匆忙回答想當皇帝，那麼就顯得冒然激進，野心勃勃，而且妄言忘形，非常不慎重。要知道，帝位尊貴，哪裡是一般人敢於妄想的呢？所以，漢景帝也許只是出於愛心試探自己的兒子，卻沒有深究其中道理，給小小的劉彘出了個大難題。

劉彘並不慌張，他瞪著一雙天真的大眼睛，恭敬地回答父親的問話：「天子是上天派遣到人間的至尊，兒子以為此事由天不由人。兒子願意天天生活在皇宮裡，在父皇跟前嬉戲玩樂。兒子不願意看到由於自己貪圖安逸而荒廢了天子之道。」

如此回答，乖巧機警，圓滿自然，超乎漢景帝的想像，他驚喜地看著劉彘，高興地哈哈大笑著說：「彘兒果真天降奇才，小小年紀竟能深知天子之道！如果做了皇帝，必定是個有道明君。」

劉彘聽父親誇讚，忙說：「多謝父皇誇獎。」

這時，王娡走過來，看到父子歡快地交談，心裡由衷地高興。過了一會兒，有人進來奏報說匈奴使臣進宮求見。自從高祖劉邦征討匈奴在白登被圍失敗後，漢朝採取聯姻辦法與匈奴修好，多年來，不斷有漢室公主嫁到匈奴，成為維護兩國關係的犧牲品。由於兩國生活習性、地理風貌等等諸多不同，幾乎無人願意遠嫁匈奴，而且嫁去的公主大多生活淒慘，再也沒有機會回國探親，只能鬱鬱而終。這次使臣來見，也是商議兩國聯姻之事的。

漢武帝像。

漢景帝看看王娡說：「匈奴此次聯姻，夫人看派哪位公主合適？」

王娡對此事早就有所耳聞，她胸有成竹地說：「臣妾聽說匈奴單于殘暴駭人，如果把後宮公主嫁給他，豈不是害了公主。臣妾看不如從諸侯王爺府裡選拔公主，這樣也是一樣的。」

漢景帝點頭說：「嗯，朕也有這樣的考慮，只是七國之亂剛剛平定，就從他們的屬國選拔公主，似乎不大妥當。」他擔心諸侯王再次造反，引起國家動亂。

王娡與漢景帝生了三個女兒，分別被封為平陽公主、南宮公主和隆慮公主。大女兒平陽公主十幾歲了，說起來正到了出嫁的年齡，要是景帝提出遠嫁自己的女兒，王娡又怎麼敢表示不同意呢？她為了阻止女兒遠嫁，忙再建議道：「臣妾聽說呂后時期，曾經以宮女代替公主遠嫁，現在，我們就認領普通宮女為乾女兒，晉封她為公主，這樣把她嫁過去也是一樣的。」

漢景帝心疼自己的女兒，不願意看到她們嫁到匈奴吃苦，想了想就同意了這個辦法。劉彘站在一邊玩耍，聽到父母這段談話，突然回頭問：「匈奴那麼殘暴，為什麼要與他們和親？」漢景帝聽到他稚嫩的問話，沉默無語。王娡忙說：「這是國家之間的交往，你小孩子怎麼能懂？只要我們與他和親，他就不侵犯我國邊境了，知道嗎？」

劉彘似懂非懂地說：「他敢侵犯我國，我國可以反擊，把他們打敗，叫他們永遠也不敢再來了。」

「呵呵，你倒有志氣。」漢景帝笑著說：「高祖和先帝都曾經與匈奴交戰，可是結果不盡人意，不是失敗就是無功而返，白白浪費許多錢糧，損傷無數兵馬，得不償失啊。」

劉彘揮舞拳頭，伸展腿腳，豪氣沖天地說：「我要練武功，打敗匈奴。」漢景帝和王娡見此，相視而笑。他們沒有想到，多年後，劉彘果然指揮將士們多次擊敗匈奴，從而徹底改變了這種局面，使得匈奴再也不敢輕易進犯大漢邊境了。

王娡開始從後宮挑選合適的宮女，準備冒充公主嫁到匈奴和親。她幾經考慮，相中了服侍劉彘的宮女玉兒。玉兒年方十五，美貌聰慧，舉止大方，頗有皇家氣派。她服侍劉彘幾年，盡心盡力，無微不至，與劉彘形同姐弟，很討王娡喜歡。玉兒被選中了，被王娡收為義女，受封公主，準備不日就要隨同使臣遠嫁到匈奴。

劉彘聽說這件事後，非常生氣，幼小的他與母親抗爭道：「不能把玉兒嫁走，不能把玉兒嫁到匈奴去。」

王娡見一向懂事的劉彘糾纏不休，呵斥道：「不要鬧了，不嫁玉兒，難道要把你大姐嫁到匈奴去嗎？」

玉兒也趕過來勸阻劉彘說：「大王，這是玉兒的命運，您不要生氣了。玉兒遠嫁他鄉，也是為了國家和朝廷，這是夫人賞賜給我的機會，只是恐怕再也無法見到您了，您要保重。」說著，摘下一塊玉珮交給劉彘，已是淚水盈盈，泣不成聲了。

劉彘手握玉珮，撲到玉兒懷裡失聲大哭。在場人見了，無不感慨唏噓，整個未央宮都被一片真情所感染了。

儘管劉彘不捨得玉兒遠嫁，她還是遵從旨意嫁到了匈奴。此事在小劉彘心裡留下深深的印記，讓他自幼就對遙遠的匈奴產生了恨意，這可以說是他以後堅決抗擊匈奴的最初動因。

劉彘親自護送玉兒登車離宮，直到車輛消失在大路盡頭，他才怏怏不樂地回宮。這件事情一直讓他不快了許久，看上去，這個孩子顯得沉悶許多，彷彿一夜間成熟了不少。他的真情和他的勇敢也再次讓人對他刮目相看，這個小皇子不同凡響的表現贏得越來越多人的稱讚。

金屋藏嬌

劉彘悶悶不樂，在未央宮裡獨自徜徉，他身後跟著成群的宮女內監，一個個小心翼翼，亦步亦趨，生怕他出現意外。可是劉彘多麼孤獨、多麼傷心，這些事情誰能理解，誰來幫他排解呢？

直到有一天，劉彘見到了表姐阿嬌，他才逐漸擺脫玉兒遠嫁的困擾，又變成了一個快樂天真的孩童。

阿嬌出入宮闈，都是母親劉嫖一手安排的，為了讓她接近當時的太子劉榮，以便將來進宮封后。所以，儘管劉彘非常喜歡阿嬌，非常希望跟她一起玩耍，可是阿嬌很快就將注意力集中到劉榮身上，這個九歲的女孩聽從母親安排，一心一意想做皇后。

後來，劉榮的母親栗夫人拒婚，劉嫖不得已改變主意，打算把女兒嫁給劉彘，經過一番折騰，阿嬌和劉彘成為好友，兩人戲耍在未央宮，渡過了無邪的童年時光。接著，劉榮被廢，梁王落敗，新的儲位終於呈現在劉彘面前。他能否抓住機會呢？

王娡一心要讓兒子劉彘做太子，劉嫖一心想讓阿嬌做未來的皇后，這兩個志同道合的女人多年謀劃等待終於看到了曙光，當然不會錯過機會。為了加大勝利的籌碼，她們決定正式向漢景帝提出聯姻的打算。

一天，劉嫖邀請漢景帝和王娡母子到她的府上作客。漢景帝攜帶妻子欣然前往，他對於姐姐還是非常尊敬的。席間，劉嫖正式向漢景帝提出把阿嬌嫁給劉彘的想法。

漢景帝略微皺眉說：「彘兒才七歲，比阿嬌小好幾歲吧，恐怕不大合適。」

阿嬌已經快十二歲了，比劉彘大四歲半，漢景帝覺得他們結合不適當。

劉嫖哪肯放棄，一把攬過劉彘說：「皇上，我喜歡彘兒，就是打算要他做女婿，怎麼，這點願望你也不答應？」

漢景帝見姐姐喜歡自己的兒子，又是開心又是好笑，微微淺笑著不說話。在他心裡，劉彘有可能繼承大業做皇上，那麼迎娶的阿嬌是姑媽的女兒，自然要被封為皇后，這樣的話，比劉彘大四五歲的阿嬌能否勝任皇后一位呢？一旦出現差池對姐姐就不好交代了。

王娡在旁邊進言說：「皇上，長公主喜歡彘兒，這是他的福氣，臣妾看就答應了這門婚事

吧。」

正在這時，幾名侍女端著食物走了過來，她們放好食品，悄悄退到一邊，站立著等候安排。劉嫖抱著劉彘，見漢景帝不說話，就乾脆問道：「彘兒，你告訴姑姑，你想不想娶媳婦？」

劉彘聽大人們討論自己的婚事，雖然不甚明白，多少也有些彆扭，臉色微紅不說話。劉嫖故意指著侍女們問：「將來就給你娶她們做媳婦怎麼樣？讓她們日夜陪伴你，你願意嗎？」

小劉彘當即搖頭說：「不願意。」也許他心裡在想，不是說娶阿嬌嗎？怎麼要給我娶這些素不相識的女人？不管他怎麼想，一句不願意逗得漢景帝等人咧嘴大笑。劉嫖繼續啟發地問他：「彘兒，姑姑要是把阿嬌嫁給你，讓她時刻陪伴你，你樂意娶她嗎？」

「樂意，」劉彘一下子開心地大聲回答：「如果我娶了阿嬌，就蓋一座黃金屋，讓她住在裡面。」

諸人聽到此言，驚訝不已，隨後哈哈大笑起來。這個故

漢文物。

事就是「金屋藏嬌」這個成語的來歷。

劉嫖驚喜地對漢景帝說：「彘兒有這樣的心思，這是天意，你還擔心什麼？皇上，你就同意他們的婚事吧，不要辜負了孩子們的一片情誼。他們自幼一起長大，感情深厚，難道會比以後再找的要強？」

王娡也在一邊催促漢景帝。漢景帝見此，不便再堅持，看看劉彘一臉純真的表情，隨口答應說：「好，就為他倆訂下婚事。」為了顯示鄭重，他讓王娡拔下頭上的金釵交給劉嫖，做為劉彘和阿嬌訂婚的信物。至此，這樁伴隨著權力欲望的婚姻總算達成協定。劉彘本是頑童，渴望阿嬌成為自己的伴侶，還不如說渴望阿嬌能夠時刻與自己一起玩耍。他們的母親以此做為向權力進攻的武器，極力撮合這門婚事，最終為劉彘的第一次婚姻埋下了不幸的種子。

聯姻成功，劉彘登儲的道路更加平坦了，皇親之內誰不贊成他做太子，誰不積極提議王娡做皇后？只要群臣無異議，此事就可以決定了。沒過多久，到了春暖花開的四月，漢景帝為了避免上次冊立太子出現的悲劇，在一個風和日麗的日子，首先提出冊封民婦出身的王娡為皇后試探群臣。果然，丞相周亞夫站出來反對冊封王娡為后，他一貫支持劉榮，現在劉榮已經死了，他依然沒有死心。周亞夫平叛有功，又是功臣之後，身居要位，權勢赫赫，總是在關鍵問題上反對漢景帝。次數多了，漢景帝當然心生反感，這次，雖然周亞夫極力反對，漢景帝卻沒有聽從他的意見。王娡在多年後宮生活中，善於認清形勢，孝敬太后，關愛丈夫，與漢景帝的

諸多嬪妃們也相處平安，所以有賢淑的美名。過了十二天，他看到朝野上下除了周亞夫外，他人對此事異議不大，於是堅決地冊立劉彘為皇太子。

經過母親多年努力，長公主的積極幫助，當然更重要的是劉彘個人聰慧多智的表現留給了父親以及朝臣們良好印象，七歲的劉彘從諸多皇子中脫穎而出，成為新的皇太子。至此，他完成了人生一次至關重要的突飛，新的生活和機遇又擺在他的面前。

第四章 好學求進，文武兼修

在新的身分面前，劉徹會怎麼做？是沾沾自喜還是刻苦求進？他的皇太子歲月裡有些什麼動人的故事呢？對於外界充滿好奇的劉徹拜師求學，接觸到了儒家文化，與他從小熟悉的黃老學說產生矛盾，這種激烈衝突又會對他產生怎樣的影響呢？

第一節

拜師求學

改名劉徹

西元前149年，七歲的劉彘在紛雜殘酷的儲位之戰中脫穎而出，戰勝了前太子劉榮和梁王劉武，登上了大漢皇室儲君之位。這一切來之不易，劉彘雖然幼小，卻隱約有所感觸，特別是他母親王娡多年苦心經營，對於眼前榮耀更是小心呵護。她多次叮囑劉彘，一定要小心行事，不能像劉榮一樣丟掉到手的富貴，成為屈死的鬼魂。

劉彘聽了母親忠告，聯想大哥劉榮的不幸遭遇以及叔父梁王負荊請罪等等事實，少小的他頓感儲位的重要和面臨的危險。他是個悟性極高、敢於向困難挑戰的孩子，既沒有因為登上儲位而沾沾自喜，也沒有被這些事情嚇倒，反而勇敢地面對自己的處境，謹慎地做著一個皇太子應該做好的事情。

劉彘得體的表現當然讓父親喜歡，這天，漢景帝退朝回宮，看到劉彘正蹲在地上，就走過去觀看。原來劉彘手裡拿著一根樹枝，正在畫畫。漢景帝觀察多時，看他畫了一隻可愛的小鳥正要展翅高飛，不由笑著說：「彘兒，你畫的小鳥好像要飛走了。」

劉彘忙起身回頭看著父親說：「兒臣給父皇請安。」

漢景帝拉著劉彘，父子倆一起向太后宮殿走去。路上，漢景帝邊走邊說：「彘兒，你喜歡讀書嗎？」當時，社會上還沒有形成完整的學習體系和制度，國家選拔人才都是透過推薦取士，讀書學習的人只有極少數，就是皇室子弟讀書也很隨意，不像後世那樣規整嚴格。劉彘即位後，廣泛取士選才，透過「罷黜百家、獨尊儒術」的政策，才慢慢確定了儒學的地位，並且設置太學，做為國家正式學校培養人才。

劉彘聽父親問他愛不愛讀書，當即回答：「父皇，兒臣樂意讀書，兒臣還要學習寫字，將來能夠書寫詔書，傳達旨意。」

漢景帝高興地說：「好啊，應該為以後做準備了。」

父子倆說著很快來到太后宮前，恰好聽到宮裡傳來吵罵聲。他們趕緊快走幾步，走進宮去。原來太后正在叱罵宮女，不知道誰把梁王送給她的一串珍珠偷走了。宮女們噤若寒蟬，大氣都不敢出。漢景帝聽說事情原委，一邊勸說太后息怒，一邊回頭就要責罵宮女，劉彘卻攔住父親說：「兒臣看她們未必知情，讓我來問問她們。」

漢景帝聽此，有意考察劉彘，就同意了他的要求。

劉彘問了問太后，知道她總是把珍珠放在床頭的箱子裡，想念兒子時就拿出來。劉彘轉身像個大人一樣看看諸多宮女，開口問道：「今天妳們誰負責太后的起居？」

宮女們立刻把目光集中到其中兩人的身上，這兩個宮女慌忙站出來說：「太子，是我們負責，可是我們並沒有偷東西啊。」

竇太后聽她倆巧辯，申斥說：「沒偷？難道它自己跑了？」

劉彘平靜地問道：「妳們說沒有偷，可是珍珠不見了，妳們說是怎麼回事呢？」

一個宮女大著膽子說：「太子，奴婢服侍太后，知道宮裡規矩，總是小心謹慎，哪裡敢偷東西？奴婢看到太后今天還打開過箱子，奴婢大膽說一句，有時候太后會把珍珠戴在身上，不知道今天是不是這樣？」

她這麼一說，竇太后不自覺地摸摸手腕，可不，一串珍珠正安然無恙地戴在手腕上呢。一時間，竇太后反而不好意思了，找不到臺階可下。劉彘三言兩語問清事情真相，並沒有因此得意，他看著宮女說：「妳負責太后起居，不能隨時提醒太后，還要巧言善辯，即使沒有偷竊，也是對太后不敬。如今看妳老實，幫助太后尋回珍珠，就將功抵罪，暫且饒恕妳一次。以後可要認真做事，不要大意了。」

一番話說得頭頭是道，既安慰了太后，又為宮女們解了圍，可謂面面俱到。漢景帝一直靜靜地看著劉彘問案，見他處理得妥貼，心裡十分滿意。竇太后呢，找回珍珠已經很開心了，孫子又懂事地替自己警告了宮女，給足了自己面子，當然心情舒暢。她拉過劉堯，賞賜他各種點心果子，祖孫倆吃喝說笑，好不熱鬧。

漢景帝湊趣說：「能討得太后如此喜歡，朕也要羨慕堯兒了。」

竇太后樂呵呵地笑著，突然想起什麼，轉過臉面向漢景帝說：「皇上，我正有一事要說呢。堯兒已經是皇太子，身分地位尊貴，將來要統攝江山社稷，應該學習讀書寫字了。先帝時期，大文學家賈誼上了一個奏本，說皇太子要想成材，就要抓緊早期教育，應該為他選些賢良的人才做老師，只要教育得法，老師品行端正，皇太子也能品行端正，成為博學多才的人，這樣天下何愁不安定？先帝採納他的建議，對皇上進行了良好教育，現在你是不是受益匪淺？」

「朕也是為了這件事來的，」漢景帝笑著說，「有人向朕推薦了衛綰，他為人忠厚老實，學識淵博，原是河間獻王劉德的太傅，由於教導劉德有方，得到眾人推薦。朕已經同意從明天開始就讓堯兒跟隨他讀書了。」

「衛綰？」竇太后略作沉吟，她對此人瞭解不多，所以不便評論。不過，她想了想指著案几上的幾本書說：「不管跟誰學習，這幾本書一定要讀通弄懂，這可是先帝治國的聖典寶笈啊。」

漢景帝心裡清楚，太后肯定會讓劉堯學習黃老學說，其中的《黃帝》、《老子》、《莊子》等書是必不可少的。他隨手拿起一本《莊子》，邊看邊說：「嗯，堯兒一定要好好研讀這

些書籍，知道嗎？」

竇太后接著說：「對了，皇上，還有一事呢。身為皇太子，彘兒這個名字似乎不雅，應該給他取個好聽又意義深刻的名字。」

一句話提醒了漢景帝，他想，對呀，堂堂皇太子，將來登基稱帝，位居九五之尊，怎麼好叫做彘呢？他翻動手中書籍，腦子裡快速反應著，恰巧，《莊子．外物篇》裡一句「心知為徹」的話呈現眼前。他頓覺眼前一亮，立刻說道：「『彘』和『知』同音，心知即為徹，朕看就為彘兒改名徹吧，希望他聰明聖徹，做個通徹之人。」

竇太后點頭說：「好，劉徹，真是不錯。」

劉彘聽到自己的新名字，高興極了，忘記矜持地蹦跳著說：「我叫劉徹了，我叫劉徹了。兒臣多謝父皇，太好了。」

劉徹果然沒有辜負父親的厚望，沒有辜負自己的這個名字，他在以後的歲月裡好學求進，積澱深厚的修養，確實做到了心知，做到了通徹，在五十多年的皇帝生涯裡，立下了傳世功績，成為推動歷史前進的一代偉人。

儒家弟子

漢景帝讓衛綰教授劉徹讀書，由此，劉徹開始接觸到儒家文化，並且最終成為儒家學說的忠實推行者。

說起衛綰，此人很有意思，他多才多藝卻忠厚老實；他學識淵博卻喜歡車技。據說，他因為車技出色而得到他人推薦，因此在漢文帝時被提拔做了中郎將，負責皇上的安全工作。一面是書呆子，一面卻能成為飆車手，看起來，這個人確實不同尋常，有過人之處。

衛綰信奉儒家學說，他德才兼備，負有威望，漢景帝做太子時，曾經宴請朝臣們到府上飲酒，結果衛綰稱病不去。漢景帝因此對他頗有微詞，等到即位做了皇帝，與他同乘一車出外巡視。路上，漢景帝問他：「你知道為什麼你能夠與朕同坐一輛車嗎？」衛綰老實地回答：「不知道。」漢景帝笑著說：「朕做太子時，宴請你你為什麼不來赴宴呢？」衛綰依舊只有一句話：「臣知罪，確實病了。」漢景帝見他忠厚，賞賜他寶劍。衛綰卻謝絕道：「先帝曾經賞賜給臣六把寶劍，恕臣不能接受皇上的賞賜。」漢景帝奇怪地問：「寶劍是用來饋贈的禮品，難道先帝賞賜你的六把劍你還都保存完好嗎？」衛綰回答：「都完好無損。」漢景帝讓他拿來六把劍，果然，每把寶劍連同劍鞘都保存完好，毫無損壞。漢景帝因此更加看重他，後來，他在任職期間，總是能夠主動承擔過錯，不與他人爭功，漢景帝覺得他忠誠可靠，別無二心，任

衛綰。

用他為河間獻王劉德的太傅。劉德驕奢放縱，揮霍無度，鬥雞走狗，不學無術，是有名的紈絝子弟。衛綰教導他後，用儒家學說循循善誘，孜孜不倦地教育他，竟然將他改造成為知書識禮的王爺，一時傳為佳話。七國之亂時，衛綰建議劉德支持漢景帝，立下功勞，漢景帝隨後提拔他做了中尉。由於他能文能武，為人寬厚忠誠，穩重有禮，漢景帝非常賞識他，決定任用他為太子太傅，做劉徹的第一位老師。

衛綰教授劉徹學問，當然傳授他信奉的儒家學說，因此劉徹也就成為了第一位系統接受儒家學說的皇太子。他每天都要背誦《論語》或者《中庸》裡的文章，並且仔細揣摩其中深意。儒家學說強調進取有為，注重培養人才，很快就吸引了好奇心極強的劉徹，這一切正符合他的心態，符合一個積極向上的孩童的心靈。

劉徹全心學習，有一次，他問衛綰：「孔子說：『三人行，必有我師。』這是真的嗎？我們為什麼不實地考察一下呢？」

衛綰點頭讚許道：「太子善於思索，正是儒學的好弟子。好，咱們就試驗一番，看看三人行，是不是必定就有自己的老師。」

劉徹為了驗證此語，故意出宮遊玩，希望遇上兩個陌生人，能夠與他們同行。結果，他挑選了兩個看似笨拙的兒童，與他們相約一起去釣魚。這天，天氣晴朗，碧藍的空中偶然飄過幾片浮雲，真是難得的好天氣。三個孩子走了一會兒，其中一人突然轉身往回跑，劉徹不解地問：「你怎麼跑了？為什麼不跟我們一起釣魚了？」他想，難道這個孩子害怕自己身後的侍衛嗎？誰知，跑走的孩子指著藍天說：「一會兒就要下雨了，我要回家幫母親幹活。」

下雨？劉徹抬頭看看晴朗的天空，不免失聲一笑，搖頭說：「看來挑選的這個人太笨了，竟然連晴天下雨都弄糊塗了。也許應該挑選稍微聰明的人來驗證聖人的話？」

他正在胡思亂想，剩下的那個孩子也轉身跑了。劉徹失望地說：「這下可好，三人行，只剩一人了。」

劉徹只好一人前去釣魚，哪知沒多久，魚還沒有來得及釣，就聽轟隆隆雷聲四起，不多時，豆大的雨點劈頭蓋臉砸下來，慌得侍衛們脫下衣服護住劉徹，幾個人倉皇回宮。

劉徹見到衛綰，驚訝地述說了這段經歷，不解地問：「為什麼他們知道要下雨呢？難道這是上天的意思？」衛綰笑呵呵地說：「太子，他們雖然是粗鄙的下人，卻有豐富的生活經驗，我想這兩個孩子一定長期跟隨父母參加農事勞動，學會了觀察天氣變化，所以在晴天的時候也能預知雨水將至。」農活受到天氣影響，勞動人民在長期的勞動過程中總結了許多寶貴的經驗，以此確保農業豐收。劉徹聽此，不住地點頭說：「看來『三人行，必有我師』這句話說得非常對啊。」

衛綰笑著說：「太子不必拘於形式。你想，就是在這後宮當中隨便挑選幾人，他們也都各

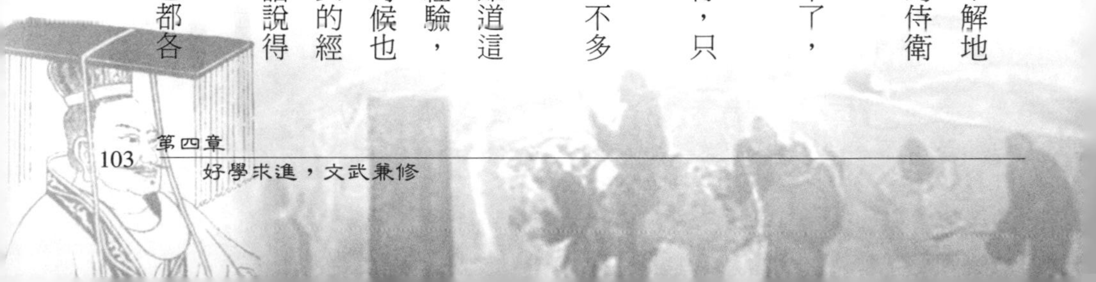

有特長，能夠教導給我們不同的知識。所以說敏而好學，不恥下問，才是治學的根本。孔子成為大學問家後，還要千里迢迢到洛陽拜老子為師，學習不同方面的知識；周遊列國，也是為了廣泛地結交各方人士，從而豐富自己的知識。你聽說過孔子拜七歲兒童為師的故事嗎？」

劉徹側著腦袋奇怪地問：「拜七歲兒童為師？」

「是啊，」衛綰說，「孔子謙虛好學，不論是誰，只要有長處，他都虛心求教。一次，他外出講學，正坐車趕路，被幾個小孩子用沙土堆成的城堡擋住了。孔子下車問他們為什麼不給車讓路。有個叫項橐的小孩子振振有詞地說，自古都是車輛繞城走，哪裡有城池給車讓路的道理！他機智勇敢的回答，使孔子大感意外，孔子便決定考考他。結果，他一口氣提出了四十多個涉及天文地理、自然現象以及禮儀道德方面的問題，沒有想到，項橐對答如流，毫不含糊。孔子被深深折服，敬佩項橐的才知，恭敬地拜他為老師。項橐只是一名七歲頑童，而孔子已經是遠近聞名的學問家了，他卻能夠屈尊拜師，這一舉動正是天下人學習的榜樣。」

劉徹靜靜地聽完這個故事，內心激動不安，由衷感佩孔子好學求進的精神，他受到鼓舞後，下決心努力學習。

孔子拜師。

第二節 道儒之爭

黃老學說的影響

劉徹拜師衛綰，接受儒家學說，逐漸成為儒家文化的崇拜者。可是，當時社會上通行的是黃老學說，特別是在皇宮中，以竇太后為首堅決地支持黃老學說，並且下令皇家子弟必須學習《黃帝》、《老子》等經典著作，未央宮內充斥著黃老思想的影響。劉徹自幼生活在這種氛圍之中，耳濡目染地接受了許多黃老思想，隨著他逐漸長大，兩種學說對他開始產生不同的影響，這成為劉徹非常寶貴的一份財富。

說起道儒兩家學說，有必要追溯到春秋戰國時期，當時，社會發生急劇變化，許多思想家對此提出不同的看法，紛紛著書立說，宣傳自己的主張，形成了「百家爭鳴」的局面。其中，以孔孟為代表的是儒家學說，他們提倡仁政，認為統治者要以「仁」為核心積極管理國家，為百姓謀福利；以老莊為代表的是黃老道家學說，他們主張無為而治，認為統治者應該避免過多

地干擾百姓，讓他們過安逸的日子；還有以韓非子為代表的法家學說，認為應該依法治國；以墨子為代表的墨家學說等等不一。這些學說受到統治者的關注，逐漸成為他們治理國家的行為準則。例如，秦始皇採用韓非子的法學治國、漢初採用黃老學說治國等等。

劉徹積極上進，越來越喜歡儒家文化，慢慢冷淡了清靜無為的黃老思想。這一切很快竇太后知道了，她大為光火。竇太后是漢初幾十餘年黃老無為而治政策的直接受益者，也是漢景帝時期黃老思想的首席代表，從漢文帝時起，她就督促子女後代們學習黃老之學，做為將來治國的根本。漢景帝即位後，雖然任用竇嬰、郅都等儒家代表，接受了部分儒家和法家思想，但是仍是繼續採用黃老之說治理國家，如今，眼看皇太子劉徹一心學儒，漸漸放棄黃老思想，這還了得。等到他即位做皇帝，還不把祖宗們這麼多年積累的治國法寶全給放棄了？竇太后不甘心劉徹被儒家學說迷惑，決定對他加強黃老教育。

汲黯像。

汲黯是當時有名的黃老學之士，出身世家，祖先是衛國的大夫，世代為卿。竇太后擔心劉徹迷戀儒學，荒廢了黃老學，提議由汲黯教授他黃老學說。漢景帝信任衛綰，覺得他足以承擔太子劉徹的教導工作，是個稱職的少主輔佐人選。而汲黯為人倔強，不遵從禮法，喜歡直言進諫，這樣的人輔佐太子恐怕難合時宜。權衡之下，漢景帝暫時讓汲黯做太子洗馬，間接地輔導劉徹學習黃老學。

劉徹有了兩位老師，可是他對於黃老清淨無為的思想始終沒有多少興趣，也就故意疏遠汲黯。有一次，汲黯給劉徹講課，發現他心不在焉，過了一會兒，讓他獨自讀書時，他竟然偷偷溜出去玩。汲黯大為惱火，當場就要責打劉徹。劉徹自小生活優越，僕從無數，從來都是打罵他人，哪裡有人敢對自己無禮！他不服氣，與汲黯爭吵起來。汲黯可不管對方是誰，怒目嚴叱，把劉徹震懾住了。

這件事很快傳到劉徹的母親王娡耳中，她急忙召見了劉徹，對他說：「黃老學說是國家治國策略，你是皇太子為什麼不好好學習？」

劉徹當即回答：「兒臣覺得儒家思想博大精深，進取有為，比黃老學更合時宜。」

母子又爭論多時，劉徹經過學習早就不是一個無知頑童，把母親說得無言以對。最後，王娡氣呼呼地說：「哼，跟你舅舅一樣，就知道什麼論語中庸，我不管這麼多，我要你看清眼下形勢！太后左右朝局，你父皇信任重用的郅都怎麼樣？還不是被迫自殺了，我多次提醒你，不要因小失大，不要以為皇太子的位置就那麼牢固，懂嗎？」

她搬出這一套來恐嚇劉徹，要他逢迎太后，保住太子之位。劉徹聽到此言，頓時沒有言語，他深知母親為自己付出的一切，不願意看到母親傷心受驚，他想了想對母親說：「兒臣知道了，母后儘管放心，兒臣一定努力學習，不辜負您的期望。」

劉徹極其聰明，片刻之間明白了學習黃老學的作用。此後，他盡量安心學習，對於黃老學有了較深的認識，這為他以後更徹底地擺脫黃老學的影響，最終選擇儒學做為治國策略產生了很大作用。如果他不能全面深刻認識黃老學，就無法把它與儒學比較選擇，也就難以決定哪個學說更適合時政了。

劉徹學習用功，善於思索，他不但學習各種理論學說，還對文學藝術產生濃厚的興趣，誦讀了許多名篇佳作。當時皇宮是文化的集中地，豐富的皇家藏書和良好的學習氛圍，使劉徹自幼有機會接觸文學藝術。漢代，辭賦是最發達、最流行的一種文學體裁，它上承楚國大詩人屈原的《離騷》，半文半詩，具有文采光華、結構宏偉和語彙豐富的特色。劉徹特別喜歡漢代大文學家賈誼和枚乘等人的作品，對於他們的文章都能熟記於心，朗朗背誦。像賈誼的《過秦論》、枚乘的《七發》，都是他非常喜歡的文章。在理解文章深意的基礎上，他還學會了著文做賦，文采深沉華麗，流傳下來的也有好幾篇。他的《悼李夫人賦》、《秋風辭》更是流傳千百年的名篇，讓人們認識到這位功績赫赫的皇帝多才多藝的一面。《秋風賦》寫道：

秋風起兮白雲飛，草落黃木兮雁南歸。

蘭有秀兮菊有芳，懷佳人兮不能忘。

泛樓船兮濟汾河，橫中流兮揚素波。

簫鼓鳴兮發柞歌，歡樂極兮哀情多，少壯幾時兮奈老何！

文筆優美，感情充沛，讀後令人盪氣迴腸，彷彿看到一位多情的男子因為懷念佳人，惆悵無限；文中又抒發了時間倉促，不容挽留的意思，難以想像此文的作者竟是文治武功無人可及的漢武帝！

毫無疑問，劉徹對文學的喜愛也直接推動了漢代辭賦的發展，《漢樂府》等多種文學形式相繼出現，繁榮了中國的文學事業。

儒生進豬圈

皇太子劉徹拜師求學，長進迅速，逐漸成長為知書識禮、富有才學的小小少年。就在他安心讀書，一味求進步的時候，朝廷上又發生了一件事，對他觸動很大。

原來，漢景帝聽說一個叫轅固生的人精通《詩經》，是非常有名的儒學者，就決定提拔他為朝廷博士。但轅固生為人狂傲，恃才自居，推崇儒學，不把其他學說放在眼裡，而且他特別瞧不起黃老學說，認為無為而治是軟弱的表現，不適合治理強大的國家。為此，漢景帝組織了

一次辯論，讓他和黃老學說的代表人物黃生各抒己見，發表各自的政治主張。

辯論進行到激烈的時候，黃生說：「商湯、周武奪取天下，不是上天的旨意，應該算是弒君謀反。」

轅固生反駁說：「不對，夏桀、商紂暴虐亂政，失去人心，天下人都願意追隨商湯、周武。商湯、周武以天下人共同的心願誅殺夏桀和商紂，讓他們脫離殘暴的統治，不得已而自立為王，不是秉受天命又是什麼呢？」

黃生激昂地說：「帽子雖然破舊，卻必須戴在頭上；鞋子不管多麼新鮮，卻必須穿在腳上。為什麼？因為上下有別。夏桀、商紂雖然暴虐失道，可依然是君上；商湯、周武雖然聖明，卻是臣下。主人失去德行，犯了錯誤，臣下不能正言勸諫尊重天子，反而因為他們犯錯而乘機起兵誅殺天子，並且面南自立，這不是弒君又是什麼？」

東漢磚畫。

轅固生聽了，輕蔑一笑，大聲說：「照你所說，高祖取代秦帝即天子之位原是錯誤的了？」

一句話，引起朝臣竊竊私語，不是嗎？既然商湯取代夏桀、周武取代商紂是弒君謀反，那麼高祖劉邦打下秦氏江山自立為帝也應該是弒君謀逆。

辯論到此，漢景帝慌忙出面說：「朕聽說吃肉不吃馬肝，不能算是不知肉味；言學不言湯、武，不能算是愚笨。朕看，今天的辯論就到此為止吧。」此後，朝臣學者們再也不敢妄言受命弒殺這樣的事情。

轅固生與黃生的辯論很快傳到後宮，劉徹聽說後，聯繫所學的儒家知識，認為轅固生說的很有道理。天子應該以仁政治理國家，如果失去德，失去人心，那麼被推翻、被取代就是正常現象。

可是竇太后聽說這事後，反應卻截然不同。她經常聽黃生講述黃老學說，是他的崇拜者，如今黃生敗在轅固生手裡，遭到儒家人物的羞辱，這還了得。沒有幾天，竇太后故意請轅固生為她講學。轅固生奉命前往，竇太后搬出《老子》一書向他討教。狂放不羈的轅固生指著《老子》說：「這些書籍是寫給婦道人家看的，派不上大用場。」竇太后勃然大怒，她聲音顫抖地反唇相譏：「那麼你是從哪裡得到只有罪犯刑徒才看的儒家書籍的？」

轅固生倔強地繼續辯論，卻見一向溫和的竇太后拍打案几，命令侍衛說：「這個人有名無實，大話連篇，我倒要看看他有什麼本事？來人，把他放進後面的野豬圈裡，看看他能否憑藉滿腹儒學打敗野豬？」

太后動怒，無人敢上前勸阻，就這樣，轅固生被赤手空拳扔進野豬圈，這個酸腐氣十足的傢伙受到了嚴厲的懲罰。

面對此事，有心袒護轅固生的漢景帝也無可奈何，他不敢頂撞太后，不能救出轅固生。轅固生手無縛雞之力，面對粗野狂暴的野豬嚇得屁滾尿流，又是哭喊又是哀求，倉皇之極。奈何他行為乖張，得罪了不少朝臣，而且許多老臣都是黃老學的受益者和支持者，早就看不慣他了。今天見他受到這樣的懲罰，可謂罪有應得，高興還來不及呢，誰會為他求情傷心？

就在轅固生絕望地等待死神降臨時，一個矮小的身影突然閃到眼前。他急忙睜眼觀看，進來的竟然是皇太子劉徹。劉徹手握尖刀，站在轅固生身前，與野豬對視著。野豬顯然被突然闖入不速之客弄糊塗了，呆呆地站立片刻，而後吼叫著衝過來。劉徹面無懼色，迎著野豬舉起尖刀刺去，只聽一聲慘叫，野豬應聲倒地。原來劉徹用足了力氣，這一刀正好刺中野豬的胸膛，將牠的心臟都刺破了。

野豬既死，劉徹拉起癱軟在地的轅固生，與他一起走出豬圈來。漢景帝聽說劉徹進了野豬圈，正匆忙趕過來，看到他們安然脫險，擦一把汗水說：「徹兒你也太大膽了。」

劉徹不慌不忙地說：「轅固生雖然狂傲，卻罪不致死，兒臣救他也是拯救天下儒生，希望他們做些對朝廷有利的事。」

漢景帝點點頭，對劉徹的表現非常讚賞。這時，竇太后聽人說劉徹救了轅固生，雖然不滿轅固生，卻對劉徹的表現驚喜不已，連連說：「瞧瞧我孫子，能文善武，小小年紀就能殺死野豬，那些空有禮儀架子、文多質少、吹牛說大話的儒生應該自愧不如。」她不便繼續追究轅固生，就由漢景帝作主，任命他做了清河王太傅。

劉徹刺殺野豬救儒生，顯示他勇敢神武的一面，其實，他之所以敢於進圈刺野豬，也是因為他不但學文，還學習騎射之術，有一定的武學根基。這個對外界充滿好奇的少年太子涉獵廣泛，善於接受多方面知識，不斷地充實豐富自己，為他以後開創偉大的事業奠定了堅實基礎，是他豐富多彩人生的良好開端。

第三節 學武習兵

好友韓嫣

劉徹還沒有立為太子時就結識了一位好友，這個少年對他學武習兵產生了很大影響。此人名叫韓嫣，是韓王信的曾孫。韓王信本來是秦朝官吏，後來投靠了劉邦，打下天下後受封韓王，負責守衛北部邊境。匈奴攻打馬邑，韓王信戰敗，被迫投降匈奴。西元前196年，代地丞相陳豨起兵造反，韓王信與他結成聯盟共同對付漢軍。高祖劉邦大怒，親自率軍征討，平定叛亂，韓王信也被殺身亡。又過了幾十年，韓王信的兒子韓頹當帶著家人回歸中國，受到漢廷歡迎，在長安定居下來。幼小的韓嫣從匈奴回到中原，開始了新的生活。

漢室江山是從馬上取得的，漢景帝為了鍛鍊兒子們的全面能力，不但要求他們學文，還要求他們學習武功兵法，做為將來治理國家的資本。而韓嫣出生在匈奴，自幼接受了匈奴人躍馬彎弓的生活方式，練就了一身武功，騎馬射術都非常精通。韓嫣出色的武藝得到他人推薦，於是漢景帝讓他進宮陪伴皇子們學武。很快，韓嫣高超的技能引起了劉徹的關注和賞識，他們成為形影不離的好朋友。

劉徹上進心強，刻苦用功，在韓嫣的教導幫助下，他的騎射之術取得了長足進展。一天，他們一起去南山狩獵，突然看到一隻野雞亂飛，劉徹和韓嫣同時拔箭射擊，結果兩人的箭一起射中野雞。兩人見此，心領神會地開懷大笑。還有幾次，諸多人騎馬比賽，劉徹和韓嫣總是並駕齊驅，並列第一。時間長了，次數多了，兩人的情誼日漸深厚，竟至難捨難分的地步。

劉徹好奇心強，經常催著韓嫣講述匈奴故事。對他來說，遙遠陌生的匈奴就像一個巨大的謎團，他們的生活、戰爭以及他們對待大漢的態度都成了劉徹感興趣的內容，他迫切地需要瞭解匈奴，瞭解這個對大漢造成威脅、躍馬彎弓的民族究竟是個什麼樣子。就像今天的少年對其他星球產生好奇，幻想上面存在著與我們完全不同的生命一樣，古代人們交通不便，地域隔閡阻礙人們交流，不同地理環境下的人們很難相互瞭解，正確認識對方成為非常困難的事情。今天看來，環球旅行已經相當普通，而對當時的人們來說，有幾個人能夠走出國門！他們僅憑想像認識世界，當然不夠具體和準確。所以，劉徹即位後，派遣

張騫出使西域，促進了中國同西域各國交流，開闢了絲綢之路，成就了歷史上最偉大的業績之一。

韓嫣在匈奴長大，熟悉匈奴的情況，為劉徹瞭解匈奴提供了最直接最形象的幫助。他經常對劉徹講述匈奴人的生活、匈奴人的習性以及關於他們各種各樣的故事，久而久之，劉徹對遙遠的匈奴增進了認識。幾年前，他的侍女代替公主出嫁，曾經令他對匈奴產生仇恨，如今，韓嫣走南闖北，以親身經歷述說匈奴見聞和歷史，使劉徹第一次如此近距離地瞭解匈奴、認清兩國邊境存在的危機，他對於這個給自己國家邊境帶來諸多麻煩的民族有了深刻的認識，為他以後堅決抵制匈奴打下了伏筆。

劉徹與韓嫣關係密切，引來不少人非議。有一次，江都王回京辦事，遠遠看見皇太子的車馬儀仗過來了，他以為劉徹坐在車裡，就恭敬地站立一側。結果，車裡坐著的是韓嫣。韓嫣大模大樣坐在太子車裡，對江都王不屑一顧。江都王見到這種場景，惱羞成怒，氣憤地跑到太后那裡告狀。竇太后問明原因，對韓嫣痛斥一頓，並且囑咐劉徹不許過分嬌寵韓嫣。劉徹據理力爭，認為韓嫣沒有過錯。還大加誇讚韓嫣，說他騎射高超，熟知匈奴情況，將來與匈奴作戰，肯定會成為優秀的將領。

竇太后恨恨地說：「韓王信受高祖重托守衛北疆，不但沒有抵禦外來侮辱，反而被困投降，成為我大漢第一個叛臣，他的重孫子能好到哪裡去？」

劉徹雖然不同意太后固執的看法，卻沒有強硬地反抗。他默默地帶走韓嫣，兩位少年表面上關係疏遠，實則暗地裡繼續勤於習武，不停地提高各自技巧，積極準備將來對匈奴作戰中能夠一展身手。

修習兵法

劉徹喜歡騎射，提高個人技能的同時，還經常向當時有名的將領虛心求教，修習兵法。其中李廣就是一位教授過他的將軍。李廣英勇善戰，威震邊塞，令匈奴人聞風喪膽，因此被匈奴人敬畏地稱為「飛將軍」。唐朝詩人王昌齡曾經寫詩稱讚他說：「秦時明月漢時關，萬里長征人未還。但使龍城飛將在，不叫胡馬度陰山。」

李廣少年從軍，漢文帝時就做了將軍。七國之亂，他同周亞夫一起平定叛亂，立下大功，漢景帝派他去做上郡（今陝西榆林東南）太守。有一次，漢景帝派親隨到李廣軍中慰問，這名親隨帶了幾十名衛士出遊，不巧正好遇上匈奴兵馬，他們匆忙回營，結果遭遇三名匈奴騎士，衛士們全被殺死，親隨也中箭逃回。李廣聽說了，馬上帶著一百騎兵去追趕三個匈奴射手。追了幾十里地，遠遠望見幾千名匈奴騎兵趕了上來。李廣只有一百人，他們看到匈奴兵多，慌忙掉頭逃跑。李廣大喝一聲阻止他們說：「我們人少，離大營又遠，如果現在逃跑，匈奴兵馬追上來，我們就完了。不如乾脆停下來，佯做誘兵，匈奴以為我們身後還有大兵，肯定不敢攻擊我們。」這樣，一百人不但沒有後退，反而向匈奴陣地前進，在離敵人只有兩里的地方才停下來。李廣命令士兵們下馬，卸鞍休息，做出一副誘敵深入的樣子。匈奴將領見此心裡更加恐懼，以為這是漢軍的誘敵之計，不敢輕易出陣交戰。雙方對峙著，一直到了半夜，匈奴人害怕漢軍突然襲擊他們，嚇得連夜逃跑了。天亮後，李廣一瞧，匈奴兵全部撤走了，他才帶著一百兵馬安然回營。

這件事情傳回長安，漢景帝非常讚賞李廣的機智勇敢，派人前去賞賜他。劉徹聽說後，提出由他去邊關慰問將士。漢景帝因他年幼，不贊成他前往，可是劉徹說：「甘羅十二歲隻身收回五城，拜為上卿。如今兒臣身為皇太子，只不過奉命犒賞三軍，會有什麼不妥呢？」

甘羅是戰國末年秦國人，他十二歲時是丞相呂不韋的家臣，獻計促使張唐出使趙國，並且帶著五乘車馬親往趙國拜見趙王。他見到趙王后，分析當前局勢，勸說趙王放棄河間土地，以此結交秦國，斷絕秦燕兩國交往。趙王覺得有理，就把河間五城割讓給了秦國。甘羅不費一兵一卒為秦國贏得五城，被封為上卿。劉徹舉出甘羅的例子，希望父親同意自己去邊關犒賞將士。

李廣像。

漢景帝笑著說：「徹兒志向遠大，父皇就給你一次機會。」

劉徹高興地連聲感謝父皇，急忙跑回去積極準備遠赴邊關事宜。王娡為了兒子的安全，提議由她弟弟王信和田蚡護送劉徹赴邊關。劉徹卻說：「舅舅們久居中原，不瞭解邊關情況，兒臣帶上韓嫣就足夠了。」

王娡不滿地說：「舅舅們足智多謀，又是你的親人，有他們照顧我才放心呢。」

這樣，劉徹在舅舅的保護下，帶著兵馬和犒賞三軍的物品上路了。千里迢迢，辛苦跋涉，劉徹一行終於來到了上郡。大軍聽說皇太子親臨邊關，無不歡心鼓舞，擂鼓鳴號以示歡迎。李廣激動地迎出營帳幾十里，迎接皇太子駕臨。

劉徹久聞李廣威名，相見後提出向他學習射箭和兵法。李廣受寵若驚，忙說：「末將不敢，雕蟲小技不敢在太子面前獻醜。」

劉徹說：「將軍客氣了，我這次前來正是要向你學習排兵佈陣之法，看看將士們如何迎戰匈奴。」

田蚡見劉徹胸懷遠大，積極上進，心裡很高興，催促李廣說：「將軍不要推辭了，皇太子向你拜師你還客氣什麼？」

李廣不再推辭，帶著劉徹走出營帳，實地考察邊關防禦陣形。劉徹一邊觀看，一邊不停地詢問，非常細心認真。他專注地觀察著，突然發現前面一塊石頭上插著斷箭，不解地問：「這是怎麼回事？」

李廣笑著說：「這是末將射的。」原來，一天深夜，李廣帶著兵士巡營，忽然瞧見前面山腳下草叢裡蹲著一隻老虎。他連忙拔出弓箭用盡力氣射了過去。他射術高超，百發百中，當然射中目標。兵士們拿著刀槍跑過去捉老虎，卻發現中箭的不是老虎，而是一塊大石頭！石頭形似老虎，在月光朦朧的映照下，大家錯把它看成了真老虎，而李廣射出的箭已經深深陷入石頭裡，幾個兵士用力往外拔，卻怎麼也拔不出來。大家真是又驚奇又佩服，由衷稱讚李廣箭射得好。

劉徹聽了這段故事，驚訝地瞪著眼睛說：「大漢有這樣的將軍，何愁匈奴不退！」

在邊關的一段日子裡，劉徹切身感觸邊境風情，虛心向李廣求教，騎射都有了很大進步，他聯繫從韓嫣那裡聽來的許多故事，幼小的心靈竟然對於匈奴有了比常人更深切的認識。

劉徹實地瞭解邊關戰情，還從許多兵書上學習軍事思想，從戰略高度思考戰爭，這為他以後指揮對匈奴作戰提供了最初的理論知識。

讀書聲朗朗，馬蹄聲疾疾，幾年的時光匆匆渡過，劉徹已成長為一個英俊少年。他刻苦努力，求進向上，把自己鍛造成為一個具有多方面才能、文武兼備、有膽有識、思想活躍、胸懷遠大的皇太子。未來的事業正等著他繼續奮鬥，這個年少有為的皇太子，將展示給人們他更加非凡和超人意料的才能。

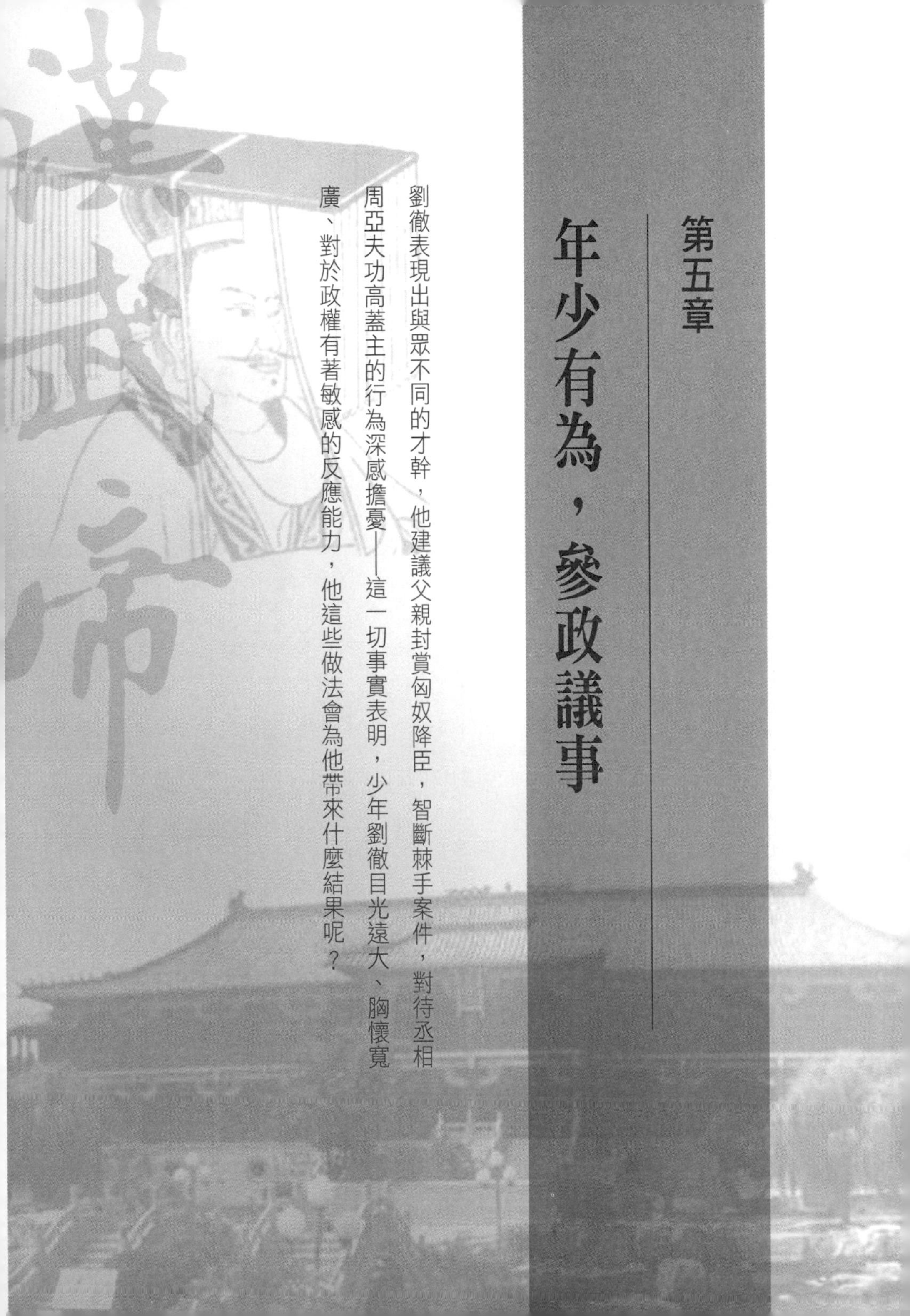

第五章

年少有為，參政議事

劉徹表現出與眾不同的才幹，他建議父親封賞匈奴降臣，智斷棘手案件，對待丞相周亞夫功高蓋主的行為深感擔憂——這一切事實表明，少年劉徹目光遠大、胸懷寬廣、對於政權有著敏感的反應能力，他這些做法會為他帶來什麼結果呢？

第一節　初涉政事

送姐遠嫁

春去秋來，劉徹在學習當中不斷成長著，已經是十來歲的翩翩少年郎了。一個秋風瑟瑟的午後，邊關傳來令人震驚的消息，匈奴單于親率大軍南下，對北部邊關不斷騷擾，將領們請求朝廷派兵支援。

單于派使者面見漢景帝，指責他不守信用，前番以普通宮女代替公主嫁給自己，事情雖然過去好幾年了，可是他不能容忍，認為大漢首先違背和約，所以他出兵討伐。幾年前，漢景帝把劉徹的侍女玉兒嫁給匈奴單于，以達到兩國修好的目的，沒有想到，這些年過去了，單于舊事重提，並且發動了戰爭。

漢景帝忙召集大臣們商量對策，丞相周亞夫說：「從高祖時起，兩國互通友好，都是積極聯姻的結果。當今皇上卻違背祖制，讓宮女冒充公主遠嫁，當然引起匈奴不滿了。」他責怪漢景帝當初聽信王娡的話，不把親生女兒遠嫁匈奴。周亞夫在七國之亂中立下首功，被拜為丞相，幾年來權勢日重，是朝廷上最重要的大臣，連漢景帝見了他都要禮讓三分。漢初官僚制度還不完備，基本上依照秦制，設立三公九卿，這也是中國封建社會管理體制的雛形。三公指的是丞相、太尉和御史大夫三位重臣，其中丞相權力非常大，幾乎控制了朝政大事，所以周亞夫敢於如此對漢景帝說話。

周亞夫這麼一說，有些大臣便隨聲附和，認為皇上做得不妥。漢景帝見此，只好吶吶地說：「匈奴兵臨城下，諸位應該抓緊商量對策，後悔有什麼用？」

周亞夫像。

周亞夫不客氣地說：「既然匈奴單于認為皇上欺騙了他，現在把真公主嫁過去，事情不就迎刃而解了。」

大臣們大多害怕打仗，聽周亞夫說出這樣的計策，又立即表示同意，建議漢景帝把真公主遠嫁匈奴。

漢景帝默然無語，他心裡清楚，周亞夫一直不贊同廢除原太子劉榮，對於冊封王娡為后，冊立劉徹為太子也是耿耿於懷，並不贊同。如今他功高勢強，對於王娡當初所為當然要翻舊帳，進行回擊了。

面對一致要求公主遠嫁的聲音，漢景帝無可奈何地同意了。他回到後宮，對王娡說出了這個決定。王娡的大女兒已經出嫁了，二女兒南宮公主十五六歲，三女兒隆慮公主十三四歲，都是姣好少女，也正是出嫁的最好年齡。怎麼辦？難道要把她們嫁到匈奴去嗎？

就在他們左右為難的時候，公主遠嫁的消息卻傳遍了後宮，劉徹聽說姐姐要遠嫁匈奴，連忙跑來質問。漢景帝嘆氣說：「匈奴不滿意了，大臣們又不願意出兵，只好採取這個辦法啦。」

劉徹不解地問：「兒臣去過上郡，看到那裡防備森嚴，將士們信心十足，與匈奴開戰肯定會勝利，為什麼不奮起抵抗，非要把姐姐嫁過去呢？」

漢景帝說：「北部邊關戰線非常長，從東到西數千里，並不是只有一個上郡。再說了，匈奴擅長騎射，慣於奔跑，茫茫沙漠中我軍很不適應，難以徹底取勝，只能這樣一邊聯姻一邊防禦，確保邊關沒有大的戰事就算不錯了。父皇不是跟你講過高祖和先帝征討匈奴的情況嗎？」

劉徹咬咬嘴唇，努力控制憤怒的情緒，低沉地說：「難道我們就這樣永遠被他們欺侮嗎？總有一天，我要讓匈奴嚐到我們的厲害！」他記起韓嫣對他講述匈奴人的殘暴、野蠻以及對漢人敵視的態度，想到姐姐就要嫁到那樣的地方去，不禁一陣陣毛骨悚然。不是嗎？這些年來，遠嫁的玉兒哪裡有過消息？生老病死誰知道？

不管劉徹多麼努力反對，公主遠嫁的事情還是按部就班地進行著。王娡雖然不捨得女兒遠嫁，但是她非常善於認清形勢，她知道，自己身為皇后，劉徹身為皇太子，地位榮殊也引人嫉妒，一旦自己的過錯成為他人的把柄，重蹈劉榮母子覆轍的事情不是不會發生，只有捨棄女兒保全兒子了，於是最終決定把二女兒南宮公主遠嫁匈奴。

公主遠嫁，不是件小事，前後忙碌了兩個多月才置辦停當。期間，劉徹多次與姐姐談心玩耍，共同渡過最後的美好時光。劉徹自小受到幾個姐姐關愛，姐弟感情深厚，在她們面前，他就是可愛的孩童，無憂無慮，快樂無比。南宮公主是個懂事的少女，她關心地對劉徹說：「姐姐遠嫁匈奴，恐怕再也見不到弟弟了。你是皇太子，一定要努力用功，將來做個有為的皇帝。」

劉徹眼含淚水，摘下身上的玉珮說：「這是當年玉兒送給我的，妳戴上它說不定還能見到玉兒呢。」其實他們心裡明白，玉兒被識破真實身分，可能早就被匈奴人殘害了。

南宮公主強忍淚水，握著玉珮說：「弟弟，你要做個有為的皇帝，指揮軍隊平定匈奴，不要再讓漢室女子遠嫁他鄉、客死異邦了。」

劉徹鄭重地點點頭，在他看來匈奴騷擾邊境，掠奪財物，對大漢造成許多傷害，早就該對他們發動戰爭，把他們徹底趕走

了。

陰雨連綿的秋天過去了，初冬來臨了，匈奴幾次派人催促，要求公主儘早起駕北上。劉徹主動請求護送姐姐遠嫁，漢景帝點頭應允。年少的劉徹親自駕車，護送姐姐踏上遠去的征程。一路北上，天氣漸漸嚴寒，到了北部邊關，竟然飄起細碎的雪花。望著雪花飛舞，想到北方氣候惡劣，嚴寒日久，劉徹脫下身上的貂皮大衣，披到姐姐的背上。南宮公主緊緊攥著大衣，淚花閃爍，她隨嫁的物品好幾車，卻一件也比不上弟弟的禮品貴重，她哽咽著說：「弟弟，你要記住，不要再讓漢室女子遠嫁他鄉了。」說完，她鑽進馬車，揚鞭打馬，衝進了茫茫雪域之中。

對於當時的漢人來說，北方匈奴是陌生的、粗野的，甚至帶著恐怖的成分，他們馳騁在一望無際的草原上、沙漠裡，過著與漢人截然不同的生活，逐水草而居，遷徙不定，動盪不安，靠涉獵為生，以搶奪為能事，多麼不可思議，多麼粗暴狂野！如今，貴為公主的姐姐就要去過這樣的生活了，劉徹思來想去都無法平靜下來，他跨上馬背，冒著滿天雪花緊緊追隨下去……

劉徹送姐遠嫁，再次觸動他對匈奴的仇恨心理，也許他年少的胸懷無法忍受這些恥辱，也許他在此時就暗下決心，一定要抗擊匈奴，保護百姓安寧。

封賞匈奴降臣

隨著漢朝興盛，多年前投降匈奴的許多將士紛紛回國，他們大多像韓嫣家族一樣，受到了漢廷熱烈歡迎。回歸人士越來越多，一次，匈奴王徐盧等五人也回歸了中國。劉徹關心時政，見到這種事情，面見漢景帝提議說：「父皇，從匈奴回來的人越來越多，兒臣以為應該對他們有所封賞，以此吸引更多的人回歸。」

漢景帝聽了，覺得有道理，對劉徹關心國事也很滿意，就召開朝會商量這件事。他為了鍛鍊劉徹，特意讓他出席會議。朝會上，三公九卿大員全都到場了，他們聽說漢景帝要對匈奴王徐盧等人封侯，表示詫異不滿。有人說：「他們是叛臣，怎麼能夠封侯呢？」有人說：「我們建功立業，尚且不過封侯賞地，難道他們回來就要與我們平起平坐嗎？」

元老舊臣們自恃功高，害怕他人凌駕於自己之上，不同意對回歸人士進行封賞。劉徹聽了一會兒，對他們解釋說：「對他們進行封賞，一來可以吸引更多的人回歸，從而瓦解匈奴的勢力；二來能夠顯示我朝寬廣的胸襟，容納萬方臣民，這有什麼不妥呢？」少小年紀的他即表現出如此遠大的目光和博大的胸懷，確實非比常人。

漢景帝也說：「他們能夠回來，說明我們國富民強，比匈奴強盛；對他們進行封賞，更能顯示我朝威儀，朕覺得太子說得很對。」

老臣們心有不甘，不情願與降臣歸將同殿稱臣，紛紛將目光轉向周亞夫，希望他出面表態。周亞夫果然站出來說：「匈奴的人背叛君主投降我邦，應該算是不忠，算是叛逆臣子。叛臣應該受到懲罰，如今皇上卻要對叛臣進行封賞，不是鼓勵臣下不忠於君主嗎？這樣的話，您以後怎麼約束大臣們？他們也會背叛朝廷的！」他語氣生硬，帶著質問威脅的口氣責難漢景帝，頓時，漢景帝臉色微變，露出反感神色。

劉徹立即反駁說：「丞相說的不對，徐盧他們雖然背叛匈奴，卻忠於我朝，算起來也是我朝的忠臣，怎麼不能封賞？如果照丞相所言，追隨高祖打天下的功臣們大多數是秦朝子民，他們背叛秦朝成為漢室忠臣，不也是一樣道理嗎？」

周亞夫聽了，一時語塞。是啊，他父親周勃就是追隨高祖平定天下的功臣，封侯受地，榮寵有加。如果按照他的理論，周勃是秦朝子民，卻背叛秦朝，起兵造反，應該算是叛臣了，怎麼能受封呢？

朝臣們聽到這裡，都諾諾不敢爭辯了。他們大多數都是功臣之後，能夠有今天的榮耀還不是依靠先輩們反抗秦朝得來的，照周亞夫剛才所言，也都是叛臣賊子了？

漢景帝看到劉徹幾句話駁斥得眾臣無言，臉色緩和許多，他慢慢問道：「你們說太子說的有道理嗎？」

眾臣默然。

劉徹人小志高，見他們不說話，擔心他們不服氣，繼續說：「我覺得我朝地大物博，人傑地靈，應該威震四方，成為當之無愧的中央大國，如果沒有胸懷容納他人，必定不能實現這樣遠大的理想。」

朝臣們聽到劉徹視野開闊，所談所論超出他們的想像，流露出驚異神色。周亞夫曾經反對冊立劉徹做太子，今天聽他說出這番話，一方面覺得他言過於實，另一方面為他少小年紀思維敏捷銳利而誠然佩服。

漢景帝微微笑道：「既然大家沒有異議了，朕看就對匈奴王徐盧等人封侯加賞吧。」這樣，透過辯論終於對歸臣進行了封賞。劉徹初涉朝政就顯示了有勇有謀的才能，當然深得漢景帝喜愛，他遠大的志向和胸襟也讓人深深感慨。

周亞夫非常固執，他見漢景帝不聽從自己的意見，稱病不朝。當時，漢廷基本上依然是軍人當權的局勢，開國功臣的兒孫們憑藉父輩的功績世襲侯爵，權勢甚重，形成一股較強的政治勢力，漸漸阻礙社會進步發展。

過了些日子，周亞夫剛剛恢復上朝，又一件意想不到的事情發生了。

第二節 未雨綢繆

固執守舊的周亞夫

七國之亂時，周亞夫採取堅守不出的戰略，拖垮了七國聯軍，贏得了最後勝利。那時梁國都城睢陽陷入聯軍包圍之中，處境危險，梁王劉武率兵苦戰苦熬，拼死對抗聯軍攻擊，受到很大損失。他一天多次地向周亞夫申請援兵，可是周亞夫置之不理，固執地不派一兵一卒去救援他。因此，劉武與他結下怨恨，經常在漢景帝和竇太后跟前說他的壞話。這是周亞夫與皇族產生的第一個摩擦。

後來，漢景帝廢除前太子劉榮，周亞夫竭力反對，無奈漢景帝心意已決，終究沒有聽從他的意見。從此，漢景帝對他也心懷不滿。

周亞夫固執偏見，恃功自傲，不把他人放在眼裡。漢景帝冊立王娡為皇后時，他依然沒有看清形勢，頑固地反對此事。他暗地裡探聽到了王娡的身世，認為她嫁給漢景帝以前曾經嫁過他人，因此不適合做大漢皇后。正所謂打人不打臉，罵人不揭短，周亞夫未免太狂傲了，竟然以此指責王娡，反對她做皇后，你想想，王娡能不厭惡他嗎？好在漢景帝再次沒有理會他，堅決地冊立了王娡，並且很快就冊封劉徹做了皇太子，總算打消了周亞夫反對的念頭。可是，這件事情在王娡心裡並沒有就此甘休，她深深地記恨著周亞夫，她娘家的親人也對周亞夫懷有很深的敵意。周亞夫從此又得罪了皇后，與皇室的恩怨更重一層了。

周亞夫事事處處表現傲然，不把皇親貴戚當回事，引起越來越多人不滿。有一次，梁王劉武進京朝覲，路上見到周亞夫慌忙下車與他打招呼，可是周亞夫頭也不回，傲慢地過去了。劉武很生氣，進宮對竇太后述說周亞夫無禮的舉止。竇太后自從梁王爭儲落敗，很少見到他，現在聽說他進京受到周亞夫侮辱，心裡十分惱怒。

事有湊巧，梁王進京後，與皇后王娡的兄弟王信、田蚡等人來往密切。原來，當初梁王爭儲失敗濫殺朝臣時，王娡積極活動，讓兄弟們四處為梁王說情，她自己也多次勸說漢景帝，並且和長公主劉嫖一起進言，終於保住了梁王的性命。此事竇太后心知肚明，梁王也非常感激，所以，他對於皇后一家以及太子劉徹十分親善，把他們當作親人一樣看待。皇后家人和太子也非常尊重梁王，始終如一地把他當作皇弟對待。竇太后見梁王與王信友善交好，有心提高皇后娘家的地位，建議漢景帝說：「太子一天天長大了，我看他聰明懂事，將來肯定會有所作為。皇后出身寒微，不如把她的兄長王信封侯，以後也好輔佐太子。」

漢景帝想了想說：「先帝時不曾封賜外戚，朕的舅舅們並無一人封侯，朕即位了，如果急著封賞皇后的家人為侯，恐怕不妥。還是不要封王信了吧。」

竇太后笑著說：「此一時，彼一時。當初我大哥不能封侯，自然有當時的原因，我現在想起來還後悔哩。現在他去世了，只好封他的兒子為侯，終究不是親兄妹啊，這成了我的一樁憾事。我看，皇后為人持重，母儀天下，太子聰慧機智，必定會成為英明的君主，要是不封王信為侯，對他們不公平。」她一心提高皇后家人的地位，也是感激當初皇后王娡竭心盡力營救梁王的恩情，而且，太子已經與阿嬌定親，為了女兒她也要為王信說話。透過重重複雜的關係，可見竇太后也是想到很多才提出這樣的建議。

漢景帝見太后堅持，只好答應著說：「等朕和丞相商量再做決定。」

事情明擺著，不管從哪方面講，王信封侯都是勢在必得之事。可是周亞夫卻不以為然，挺著脖子大聲說：「高祖曾經與眾臣歃血為盟，『非劉氏不得為王，非有功不得封侯。不如約，天下共擊之。』現

周亞夫像。

在王信雖然是皇后的兄長，卻身無寸功，如果封侯，就是違背誓約！」他又擺出舊規章老制度來了。高祖劉邦為了防止異姓封王危及劉氏江山，臨終時與大臣們殺白馬歃血盟誓，約定除了劉氏其他人不得封王，除了功臣不得封侯。後來呂后稱制，曾經違背誓約封自己的兄弟為王，呂氏族人也都加官晉爵，富貴一時，形成外戚干政的局面，劉氏江山差點毀於一旦。呂后死後，周勃等人即刻剷除呂氏，迎立代王劉恒做了皇帝。這段歷史並不久遠，周亞夫此時提及，有意提醒漢景帝注意，不要重蹈覆轍，讓王娡成為第二個呂后。

前番劉嫖以「人彘」勸說漢景帝，讓他廢掉栗夫人，今天，周亞夫又以高祖盟約勸諫他，不要封王信為侯。漢景帝不敢冒天下之大不韙，放棄了封王信為侯一事。竇太后和王娡知道周亞夫從中作梗，阻撓漢景帝封賞王信，當然很不高興。這樣，周亞夫與皇室的矛盾日漸突出。

周亞夫三番五次與皇室成員對著幹，成為皇室族人共同討厭的目標，上次，他又因為匈奴王徐盧等人的事與漢景帝產生摩擦，竟然稱病不朝。漢景帝不得已親自前去探望，周亞夫覺得挽回了面子，才重新回到朝廷議事。不過，漢景帝內心十分不滿周亞夫，對他漸漸疏遠，終於有一天，兩個人的矛盾爆發了，周亞夫嚐到了驕傲自大的苦果。

劉徹的擔憂

周亞夫的表現讓漢景帝越來越不滿，他思慮再三，決定宴請周亞夫進宮吃飯，藉機試探

他。這天，漢景帝命人擺下酒宴，請來了周亞夫。這是一次特殊的酒宴，席間只有漢景帝、周亞夫和作陪的皇太子劉徹。

漢景帝有意試探周亞夫對自己的尊敬程度，囑咐身邊服侍的宮女太監們，叫他們只聽從自己的命令，其他任何人的話都不要聽。

君臣寒暄過後，分賓主落座。不一會兒，周亞夫的眼前擺上了一大塊煮得爛熟的肥肉。周亞夫瞅瞅肥肉，等了一會兒卻不見其他菜餚，心想，難道皇上就請我吃肥肉嗎？也罷，吃就吃吧，想著，他準備拿起筷子吃肉，卻發現案几上根本就沒有筷子。這是怎麼回事？要是常人肯定要想想，皇上到底為何請我吃飯卻不給我筷子？是不是我做錯了什麼？或者皇上有意考察我什麼？——可是這位自恃功高的丞相卻毫不擔心，他自以為是慣了，看到沒有筷子，面露怨色，如同在自己家裡一般回身呵斥宮人說：「怎麼搞的？不給筷子怎麼吃飯？快去給我拿雙筷子！」

宮人們早就得到漢景帝警告，除了皇上本人的話，其他人的話一律不聽。這下可好，周亞夫怒容滿面，諸宮人好似什麼也沒有看見，依然直挺挺地站立著，一動不動。周亞夫見此，還想發火，卻聽漢景帝說：「怎麼？丞相不滿意朕的款待，是不是嫌朕對你不夠禮遇？朕怎樣做你才滿意呢？」

周亞夫聽了這話，本該有所醒悟，他卻固執地不吭聲，既不向漢景帝道歉認錯也不起身告退，與漢景帝默默對峙著。

作陪的劉徹親眼看到此情此景，心裡不由怒火燃燒。他早就聽說了周亞夫目無尊上、狂妄自大、恃功傲物、刻意反對自己的種種事跡，今日一見，竟然比傳說中的還要厲害，還要狂妄，他能不生氣嗎？一開始，他靜靜觀察著，注視著周亞夫，後來，他的目光冷峻了，像利劍一樣穿透了周亞夫的身軀。

在劉徹目光的威逼下，周亞夫不由自主打個寒噤。自從前次辯論匈奴王徐盧事後，他對這個年少的太子充滿了複雜的感情，又是不以為然又是懼怕，他身經多次戰事，英勇有名，為什麼會害怕一個十幾歲的少年呢？他自己也無法說得清楚。

劉徹抱定了決心，既不說話也不移動目光，目光像兩顆鋒利的釘子一樣深深紮進周亞夫的身體裡。逼視良久，周亞夫坐不住了，他爬起來對漢景帝施禮說：「臣脾氣大，好發火，不能擔任丞相重職了，請皇上一定要原諒臣，准許臣回家休養吧。」說完，他跪下磕了幾個頭就要離去。

真是宴無好宴，酒無好酒，周亞夫感覺似乎走進了鴻門宴，不知道如何才能脫身了。劉徹表現出與年齡不相符的成熟和膽識，他看出周亞夫膽怯了，目光更加犀利，一動不動注視著他。這個場面持續許久，直到周亞夫從地上爬起來匆匆離去，劉徹的目光也沒有離開他的背影。

漢景帝見周亞夫走遠了，忙不解地問劉徹：「徹兒，你怎麼啦？如此專注地看著周亞夫到底想幹什麼？」

劉徹收攏目光，望著父親擔憂地說：「父皇，周亞夫如此囂張，連父皇也不放在眼裡，動不動指手畫腳，大呼小叫，一點君臣禮儀都不懂，這樣下去，兒臣看他必將成為我朝發展的絆腳石。」他說得一點沒錯，要進步，不能一味沉浸過去，滿足現狀，不求長足發展變化。

漢景帝連聲說：「是啊，是啊，因為他狂悖無禮，父皇才想讓他進宮敘話，看看他到底有無忠心。今天，他依然如故，還是不知悔改，真不知道該如何處置他。」

劉徹憂慮地說：「父皇，周亞夫不尊臣道，慢上欺下，他多年深居要位，權勢地位都很重要，要是這樣下去，將來國家必定會因為他而起亂子。」

漢景帝深深嘆口氣，他心裡清楚，周亞夫對自己都如此傲慢，將來劉徹即位，他更不會尊重劉徹，要是君臣之間出現不可化解的矛盾，國家不亂才怪呢，這也是他最擔心的地方。今天設宴，矛盾已露端倪，照這種情形來看，周亞夫即便辭了丞相之職，也不會安心地在家修養，怎麼辦？除掉周亞夫嗎？剛才劉徹以目光威逼周亞夫，並且表現出憂慮，無疑加重了漢景帝的決心。

再說周亞夫，他回到家後，想起劉徹的目光依然心有餘悸。他前後跟隨過兩個皇帝，漢文帝和漢景帝，在他看來，劉徹雖然年少，卻比他們更具有威儀，更不好對付。十幾歲的孩子能夠看出大臣的心思已屬不易，他還能以目光威震重臣，讓自己不寒而慄，真是天子氣派啊！

周亞夫想來想去，決定辭去丞相職位在家休養，希望自己收斂鋒芒，能換得平安，可就在這時，禍從天降，他沒能躲避開因為自己的固執和無禮帶來的災難。話還要從他兒子說起，他的兒子憑藉父親的權勢作威作福，經常欺壓百姓，貪圖國家財產，做些違法亂紀的事，並以此為榮耀。有一次，他從宮中偷偷運出了五百具甲盾，打算將來父親死後做殉葬品之用。私運甲盾違反朝廷制度，而且他又不給足雇工工錢，還讓手下人暴打雇工。雇工傷恨交加，一氣之下把他告到了官府裡。官員見此事牽涉到了周亞夫，不敢私自作主，就把這件案子上書給了漢景帝。

漢景帝接到告發之書，派人追查此事。周亞夫做官多年，得罪了不少人，負責審問他的廷尉立即派人去拘押他。身為名將如今卻要遭受囹圄之苦，周亞夫不堪受辱，拔刀就要自殺，幸好他的夫人即時攔住，總算挽留了他的性命。可是周亞夫生性倔強，認死理不回頭，到了監獄裡見到審問他的都是當初在自己手下做事的官吏，拒不配合他們問案，而且絕食抗議。周亞夫目中無人、傲慢自大到這種程度，真是讓世人驚訝，也讓漢景帝非常惱火，這讓他覺得劉徹的擔憂不無道理，一旦周亞夫養虎成患，危及漢室江山就不是不可能的事了。

周亞夫絕食五天，最後吐血而死，應驗了當初相士所言。他年輕時，任職河南太守，未曾封侯。一次，相士為他相面，說他將來能夠封侯拜相，秉持國政，貴極人臣，當世不二，不

過，他會活活餓死。沒有想到，相士所言句句實現了，這麼顯赫一時的人物就這樣淒慘地死去了。

可以說，周亞夫的死咎由自取，不過從這件事上，人們卻認識到了劉徹英明睿智的才華，以及果敢預知的能力。試想一下，如果周亞夫依然把持朝政，必將成為劉徹即位施展抱負的巨大阻力，弄不好周亞夫會功高鎮主，對劉徹以及漢室江山構成威脅。所謂未雨綢繆、防患於未然，年少的劉徹竟然做到了，誰不感佩他這種超強的政治才能呢？

第三節 斷案顯才幹

棘手的案件

劉徹幾次接觸政事，都表現出非凡的智慧，漢景帝非常滿意，開始刻意鍛鍊他從政的能力，讓他有更多機會接觸朝政。通過努力，劉徹很快瞭解了許多國家大事，他一腔熱血地參政議政，在朝臣中樹立了良好的形象，可以說這段時間的鍛鍊為他以後的事業打下了一定基礎。

這年，劉徹十四歲了，英武俊朗，氣度不凡，穩重之中透露著活躍，好學求進之中也有頑皮之心，他一邊學習知識一邊參與朝政，涉獵廣泛、見聞廣博，身強體健、勇謀敢當，成為年少有為的皇太子。

一天，劉徹正在讀《孟子》，看到其中論苛政的一段，說孔子從泰山腳下路過，看到一位婦女痛哭，就上去詢問原因，婦女說他的公公和丈夫都被老虎吃了，所以她非常傷心。孔子說既然此地老虎為患，你為什麼不搬離此地到其他地方生活呢？婦女回答說，他們本來不是此地

的人，由於躲避苛政才逃到這裡來的，這裡雖然有老虎吃人，卻沒有官吏壓榨剝削。孔子聽罷，感嘆地說，真是苛政猛於虎呀！嚴酷苛刻的政法比吃人的老虎還要讓人害怕。

劉徹讀到這裡，內心激動，心想，自己將來要做皇帝，要管理千萬臣民，能否為他們開創和諧明智的政局呢？能否讓他們過上幸福美滿的生活呢？苛政猛於虎，自己採取什麼政策才能達到政通人和呢？劉徹邊讀邊思索，心念天下的理想激勵著他、鞭策著他，讓這位少年太子逐漸地成熟。

就在這時，內監匆忙跑過來，急急地說：「皇上有旨，傳太子去前殿見駕。」

劉徹放下書本，沉著地說：「知道了。」然後，他站立起身跟隨內監向前面走去。大殿裡，漢景帝正在埋頭看奏摺，臉色有些難看，似乎遇到了不稱心的事，又好像身體不適，他身邊站著廷尉，畢恭畢敬地等待著。劉徹知道，廷尉是呈報兇殺案件來的，等著漢景帝御批之後，就可以對罪犯進行處決了。每年這時，都會有一批罪大惡極的人被執行各種極刑。

劉徹進殿，恭敬地給漢景帝問安說：「父皇，叫兒臣來有什麼事嗎？」漢景帝皺眉說：「徹兒，父皇今天批閱卷宗，發現有一個案情非常複雜，父皇想聽聽你的意見。」

劉徹忙說：「父皇英名決斷，兒臣願聞其詳。」

漢景帝推過眼前的卷宗，指著最後一份說：「你看這個案子，兇手到底該不該判極刑呢？父皇覺得不是這麼簡單就能決定的。」

劉徹知道父親認真，為了防止草菅人命，每次都會非常詳細地閱讀卷宗，從而瞭解案情真相，確定該不該批下斬令。人命關天，任何一條生命都是珍貴無比的，劉徹從父親那裡接受了這方面的影響，對待百姓蒼生也充滿了仁慈之情。

劉徹接過卷宗，仔細閱讀，清楚了這樁案子的來龍去脈。案情是這樣的，有一個叫防年的小夥子，他早年喪母，他父親續弦又娶了個姓陳的女子。陳氏就成了防年的繼母，這個陳氏人品不端，嫁給防年的父親後不守婦道，與鄰人勾搭成姦。她的行為引起防年父親的注意，終於有一天，姦情暴露，防年的父親雷霆震怒，與妻子大吵一架。陳氏性格狠毒，她不願意偷偷摸摸與人鬼混，更不願意忍受丈夫責罵，決定殺夫達到與人長期私通的目的。陳氏趁丈夫喝酒時，在他的酒裡下了毒藥，結果，丈夫中毒不治身亡。陳氏的目的達到了，卻被防年探知了內情。年輕氣盛的防年得知繼母毒死父親，一怒之下，親手殺死了陳氏祭父，並且自行到官府投案。好端端的一家人就這樣頃刻間死的死，抓的抓，家破人亡。

按照漢朝律令，殺母是大逆之罪，應該判處極刑——最嚴厲的處決方法，凌遲處死。審案的官吏認為防年殺死繼母，依據律令條文來看，就是犯了殺母大罪，於是將防年判處極刑。

案情看完了，劉徹抬起頭來看看父親，漢景帝一臉期待的神情問道：「徹兒認為所判刑罰恰當嗎？」他心裡隱約認為，對於防年的判處過於嚴厲。說起來陳氏也有過錯，難道懲處壞人反而要遭受嚴懲嗎？從感情上說很難接受，可是按照律令就要如此判決，法理和感情之間就沒

有通融的地方嗎？他越想越糊塗，一時也說不出個所以然來，又不忍心看到防年被判極刑，所以叫來劉徹，聽聽他的見解和看法。

先不說劉徹會說出怎樣的一番話來，從這件事上可見，十四歲的劉徹在父親漢景帝心目中已經不是普通的孩子，他有主見，有思想，明辨是非，是個難得的皇位接班人。

智斷案情

劉徹看完卷宗，瞭解了防年殺母一案的前因後果，對漢景帝和廷尉分析說：「人人都說繼母就像母親一樣，這說明繼母畢竟不及親母，子女們之所以把繼母當作母親看待尊敬，是因為他們對於父親的感情，顧忌父親的感受。現在這個繼母陳氏狠毒陰險，為了滿足私慾竟然毒害親夫，行為令人髮指。說起來，她從暗害丈夫的那一刻起，就斷絕了與防年的母子關係，對於防年來說她只能算是一個普通女人，照這樣來看，防年殺死的就不是母親，甚至連繼母也不是，只不過是一個普通人，那麼就不能夠以大逆罪來判處他，而只能以一般殺人罪來判決。」

漢景帝聽了，不住點頭贊許；一邊的廷尉聽了，也是由衷稱奇佩服。十四歲的劉徹能夠洞悉人情至理，熟悉法令條律，比審案多年的廷尉還能明辨是非，真是讓他們佩服得五體投地。一般少年不要說分析案情了，恐怕連律令條文也搞不懂，更不會看透其中蘊含的道理。

漢景帝命令廷尉重新審理此案，廷尉按照劉徹所說改判防年為一般殺人罪。消息傳開，市井百姓聽說皇太子智斷殺人案，議論紛紛。原來，這件案子早就在民間引起轟動，人們對於毒害丈夫的陳氏唾罵痛恨，認為災禍都是由她引起；而對於替父報仇、殺死繼母的防年大都懷有同情心理，當初聽說他被判極刑，許多人都為他鳴不平。如今，皇太子出面辨是非、明道理，為防年爭取到合情合理的判決，能不引起人們關注討論嗎？

通過這件事，劉徹不但在朝臣中形成一定影響，在百姓大眾中也樹立了良好的口碑，這位年少的皇太子正如露出尖尖角的小荷一樣，正成為一顆耀眼的明星。

很快，這件事傳遍長安內外，竇太后聽說劉徹如此能幹，高興地為他設宴慶祝。遠在睢陽的梁王聽說了，藉機請求進京朝覲。漢景帝二話沒說，同意了他的請求。

過了些日子，未央宮裡大擺酒宴，為梁王接風洗塵，同時祝賀劉徹智斷案情。劉徹禮貌地祝酒獻辭，舉止話語得體恰當。長公主劉嫖見了，心裡像喝了蜜一樣甜，她也許在想，老天有眼，也是我見機行事做得好，要不然上哪裡去挑這麼出色的女婿？可不，隨著劉徹一日日長大，隨著他表現越來越優秀，她清楚女兒阿嬌的皇后一位無人替代了，自己多年的夙願終於有了著落。阿嬌已經十八九歲，早就到了出嫁的年齡，可是劉徹只有十四歲，他對於婚事似乎越來越冷淡，一味迷戀讀書騎射，要不就是關心時政天下，一副胸懷大志的氣概，好像忘記了兒女情長。也是，十四五歲正是人生接受能力最強、理想抱負最遠大的時期，這段時間的鍛鍊和

經歷基本上塑造一生的軌跡。

宴席在祥和安樂的氣氛下進行著，梁王站起來說：「王信早就該封侯了，這次皇上千萬不要推辭了。」

竇太后也說：「對，早就該封侯了。」

長公主劉嫖也積極表示贊同。

皇后王娡笑吟吟地默不作聲，在這種場合她一般不參與政事，藉以顯示自己賢慧謹慎的一面。漢景帝趁著酒興說：「好，就依你們，封王信為侯。」

劉徹急忙謙謹地說：「王信封侯，他一定會感激不盡，忠心效力朝廷。」王信是他的舅舅，漢景帝這麼做，當然為了他以後即位有人輔助。

竇太后話題一改說：「我還有一件事呢，徹兒也不小了，與阿嬌訂婚好幾年了，是不是該為他們完婚了？」

劉嫖立即瞪起眼睛，直直地盯著漢景帝，希望他做出肯定的回答。

漢景帝略一沉吟，看看劉徹說：「徹兒，你的意見呢？」

劉徹不假思索地回答說：「兒臣每日讀書騎射，渴求學點本領，心思還沒有往這方面想，請父皇裁奪吧。」

皇后王娡瞭解兒子的心思，擔心得罪劉嫖和竇太后，忙說：「我也盼著他們早日成婚，可是徹兒年幼頑皮，還不懂得體貼關心別人，我擔心他慢待了阿嬌，所以一直沒敢提及此事。現在太后有心此事，我看就抓緊辦了吧。」

漢景帝卻微微搖頭說：「既然你知道徹兒年幼不懂事，把阿嬌娶來了，小倆口鬧事怎麼辦？還是等等吧，過兩年徹兒成熟些了再為他們完婚不遲。」

劉嫖聽漢景帝不同意近日成婚，心裡不高興卻不好表示，趁著酒勁對劉徹說：「徹兒，你可記住了，你說過要為我們阿嬌蓋座黃金屋的，阿嬌可是天天盼、日日等啊。」

劉徹訕訕笑著，臉色微紅。

梁王見此，打著哈哈說：「一個是我的侄子，一個是我的外甥女，親上加親，到時候我可要討第一杯喜酒喝了。」

竇太后雖然不滿，但皇帝金口已開，她不好強硬安排婚事，只得作罷。於是，一家人又和和美美地吃喝起來。

婚事暫且擱置一邊，梁王興致勃勃地談論睢陽風情以及他的兔園境況。劉徹聽了，露出羨慕神色說：「皇叔可真是個會玩的人，什麼時候我也去你那裡玩玩。」

「好啊，」梁王高興地說，「隨時歡迎，保證讓你一飽眼福。」說著，輕聲咳嗽幾下。

竇太后忙問：「怎麼啦？武兒，是不是病了？」

梁王趕緊說：「沒什麼，有點傷風，母親不要掛念，我準備明天帶著太子去狩獵呢。」他的身體大不如從前，已經像秋風中的樹葉，搖搖欲墜了。

竇太后信以為真，笑著說：「好啊，你們去狩獵別忘了給我帶回點野味來，我可好久沒有品到真正的野味了。還有，徹兒跟著衛綰讀書，我終究對那些儒學不感興趣，擔心他會誤導了徹兒。徹兒，你皇叔自幼熟讀黃老著作，比一般人都要強，他這次回來你要與他好好探討探討，畢竟黃老之術是我朝治國的根本啊。」

梁王也是黃老學說的支持者擁護者，當初竇嬰等人反對立他為儲，其中一方面的原因就是彼此施政見解不同，他們害怕梁王做了皇帝後會排擠儒生，使他們失去立足之地。

梁王聽了太后的話，回頭看看劉徹說：「母親，太子天資聰穎，學習用功，比我強多了，肯定什麼學說也不在話下。」

劉徹忙謙道：「皇叔過獎了，我涉獵有限。」自從拜師衛綰，他學習儒學，很有心得，不過由於太后的干涉，他被迫接受黃老學說的學習，比較著將兩種學說做了深入對照與研究，應該算是有所收穫了。

第二天，梁王果然帶著劉徹去南苑狩獵，不一會兒，梁王有些堅持不住了，他下馬坐在石頭上休息。劉徹近前勸慰說：「皇叔身體不好，我看還是回去休息吧。」

「不用，」梁王擺手說，「這是我最後一次在這裡狩獵了，太子，你不用害怕，過一會兒咱們把獵物帶回去交給太后。」說著，他摘下腰間的佩劍，遞給劉徹說：「這把劍是先帝留給我的，當年我第一次跟隨先帝狩獵就獵獲了一隻野豬，先帝高興，賞賜我這把寶劍。這是高祖斬蛇起義之劍，是開創我們漢室江山的寶劍。你是漢室江山的傳人，這把劍應該由你收留。」

劉徹推辭說：「既然是先帝留給皇叔的，還是由皇叔保存吧。」

梁王臉色蒼白，勉強露出點笑意，吃力地說：「皇叔曾經犯過錯誤，今天看到你長大成人，英勇有為，仁智識禮，普得讚譽，必將成就漢室威名，我心裡高興，也為自己的過錯後悔，我這次來就是為了給你送寶劍的，你收下寶劍，我就放心了。」

劉徹只好接過寶劍，仔細端詳，只見劍鋒透著凜凜寒光，殺氣逼人，給人一種威嚴無比的感覺。他把寶劍掛在腰上，平添了幾分英氣。

梁王滿意地點點頭，叔侄二人這才起身回宮。

梁王強打精神陪伴竇太后左右，哄她開心，過了幾日，他告別親人，回到了梁國都城睢陽，不久，睢陽傳來消息，梁王病重身亡。

未央宮沉浸在巨大的悲痛之中，上自太后下至宮女無不悲戚哀哭。漢景帝下令為梁王舉行隆重葬禮，而劉徹則默默地撫摸寶劍，追悼亡故的叔父。

這時的劉徹沒有想到的是，叔父的去世僅僅只是一個序幕，他就要面對人生最重要的時刻了。

第六章

十六歲的天子

悲痛的時刻總是那麼漫長，災禍從不單行獨來，就在梁王去世不久，漢室又要面臨著一次更大的喪事。究竟誰辭世永別了？對於年少的劉徹來說又會產生哪些影響呢？

漢景帝英年早逝，劉徹少年登基，新舊政權交替，權貴和朝臣見機而動，為各自前程謀劃著——不足十六歲的劉徹面對複雜的朝局，能否應付自如，順利即位呢？

第一節
漢景帝最後的日子

臨終拜相

梁王去世不久，漢景帝也得了重病，這位只有四十八歲的英年君主竟然一病不起，眼看就要不行了。漢宮陷入一片焦急恐慌之中，就連素來沉穩有智的皇后王娡也備感不安。皇上病重，太子年少，大漢江山如何面對這場危機？

竇太后剛剛失去最愛的兒子，又要眼睜睜看著漢景帝撒手人寰，心情可想而知。她已經年近七十歲了，老年喪子，是人生大不幸，幾經風雨的她悽惶悲切，心力交瘁。

一日，竇太后來到漢景帝寢宮探望病情，她拉著漢景帝的手說：「皇上，自從周亞夫死後，朝廷相位空缺，你看是否該考慮合適的人選了？」她在為皇上百年之後的大事打算。竇太后身經三朝，從宮女到皇后，又到太后，完成常人無法企及的人生蛻變，其中自有她過人之處，從她問了這點，就能看出她豐富的政治經驗。

漢景帝虛弱地說：「朕身體多病，一拖再拖，沒有及早立相，確是不妥，太后之見非常對。」

竇太后接著說：「我看竇嬰雖然莽撞，卻敢作敢為，七國之亂時立下戰功，與周亞夫不相上下，我看可以考慮他。」

竇嬰曾經因為反對梁王爭儲與太后結下怨恨，不過，他是太后內侄，也是竇氏最有能力的人才，在七國之亂時又挺身而出積極平叛，因此被封為魏其侯，成為炙手可熱的人物。劉榮被封太子時，他身為太子太傅，榮寵一時。竇嬰為人豪爽，喜歡結交三教九流多層次人物，加上他不愛財，重義氣，受到許多人擁護。當初漢景帝為了鼓勵他平叛，賞賜他黃金（指黃銅，當時稱作黃金）千斤。竇嬰把黃金擺在家門口，招賢納士，任憑進出的將士按需取用，自己一兩也沒有留下。因此，當時名將或者賢士像爰盎、樂鬱等人都樂意追隨他。他把這些人舉薦給朝廷，也都封官晉爵，成為朝廷大臣。竇嬰的勢力日漸強大，與周亞夫成為漢廷最有權勢的兩位重臣。一時間，前去巴結他的人趨之若鶩，他府邸前經常車水馬龍，門庭若市。在朝廷上，每次

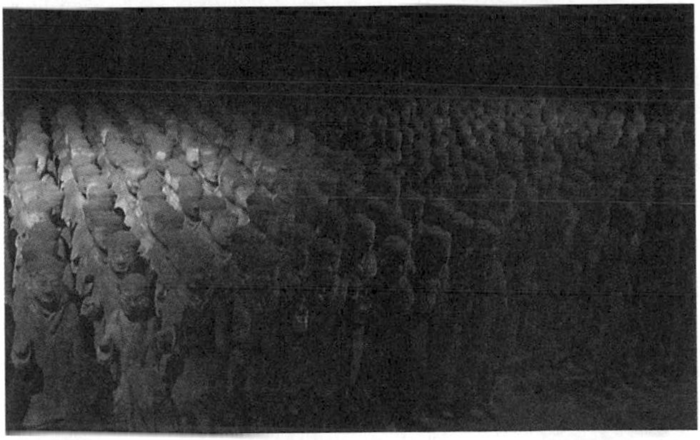

漢景帝陪葬俑。

廷議都是由他或者周亞夫先開口說話，其他人沒有一個敢於分庭抗禮。

世事多變，沒有幾年劉榮被廢，身為太子太傅的竇嬰自然一萬個不痛快，他再次辭職回家，到藍田的南山下過起了悠哉悠哉的隱士生活。所以，梁王與劉徹爭儲的時候，他並沒有參與進去。竇家人不願意看他放棄榮華富貴，追隨他的人也不願意看到他消沉下去，紛紛前去勸解他，可是竇嬰幾經沉浮，似乎看透了宦海風雲，就是不回京繼續做官。

有一個叫高遂的人聽說後，主動提出去勸說竇嬰。很多人都說：「侯爺傷心了，不願意回來，不論是誰去勸也是白搭，你就不要費心了。」

高遂滿有把握地說：「你們只管放心，我一定能勸侯爺回京做官。」

他簡單地收拾行裝，胸有成竹地來到南山腳下，見到竇嬰就說：「將軍隱居此地，美女環抱，過著無憂無慮的生活，難道就沒有想到災難正在向你逼近嗎？」

竇嬰吃驚地反問：「我已經辭去官職，無官一身輕，還有什麼災難？」

高遂正色說：「將軍權勢超人，富貴有加，這是皇上對你的恩賜；將軍備受恩寵，地位尊貴，這是太后對你的疼愛。如今，你做為太子太傅看到太子被廢，心懷不滿，努力爭取又無人搭理你，所以你生氣了，憤怒了，無法排解心中怨怒，又不能自殺諫君，所以只好稱病躲到這裡。你想想，你生誰的氣？你怨恨的又是什麼人？你這樣做能否改變皇上的主意？既然事實已經不可更改，而將軍固執地在這裡與皇上默默對抗，表示自己對皇上不滿，不是明擺著在揭示皇上的過錯嗎？皇上做錯了，你就四處張揚他的錯誤，這樣做我認為百弊無一利，萬一哪天皇上和太后厭煩了，怪罪下來，將軍可就危險了。」

竇嬰聽此，驚出一身冷汗，連忙感謝高遂說：「要不是先生這番話，我竇嬰還不知道何時才能醒悟呢？多謝先生救命之恩。」他聽從高遂的建議，即刻收拾行李回京拜見太后和漢景帝，給他們請安問好。

經過這件事，竇太后對竇嬰更加看好，認為他能屈能伸，文武兼備，實在是竇家最出色的人才。這時，劉徹已經被冊立太子，梁王爭儲無望，竇太后也不再記恨竇嬰，反而極力提拔他，使他重新成為漢廷新貴。這些年來，竇嬰勢力依然強大，特別是周亞夫死後，他的地位獨一無二，許多人都認為他就是新的丞相人選。

今天，竇太后探病提出拜竇嬰為相，漢景帝聽了，卻沉默不語，良久都沒有說一句話。他到底是怎麼打算的，會不會同意竇嬰做丞相呢？

太子加冕

漢景帝躺在床榻上，聽到太后提議拜竇嬰為丞相，他沉默著不說話。漢景帝明白，太后多年來有意培植竇家勢力，影響很大，如此下去，會不會像呂后一樣干涉到漢室安危呢？那樣的

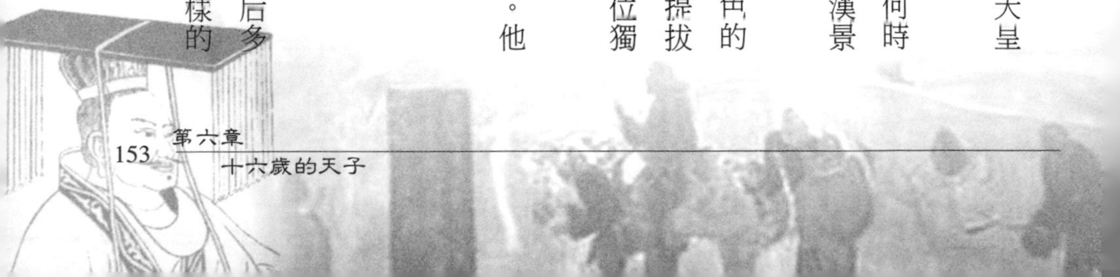

話，國家又要動亂。幾年來，他一直沒有確定相位人選，也是為了好好考察朝臣們。

他這麼想著，竇太后又催問了一句：「皇上，你覺得竇嬰怎麼樣？」

漢景帝輕咳一聲，慢慢說道：「竇嬰做事輕率，喜怒哀樂總是表現在臉上，不夠持重，朕看他不適合做丞相。」

竇太后聽了，心裡一涼，沒有言語。站在身側的劉徹見此，上前說：「皇祖母，竇嬰能幹豪爽，聲名遠播，世人都說他是大將風範，要是他勉強做了丞相，卻不能做好丞相職責內的事情，不是自己毀了自己的名望嗎？自取其辱還不如不取，孫子覺得人盡其才，物盡其用就足夠了。」

幾句話說得漢景帝和竇太后一起點頭不止，竇太后輕輕一笑說：「徹兒說得對，說得好，竇嬰能夠成為名將已經不容易了，要是讓他做丞相，恐怕還真不行呢，說不定要給我弄出什麼亂子來。」

漢景帝說：「徹兒越發明白道理了，這就好。朕恐怕沒有幾日時間了，你要聽太后的話，好好做皇帝。」

他這一說，竇太后和劉徹心裡發酸，淚水止不住地流下來。

漢景帝安慰他們說：「不用難過了，朕這幾天一定會挑選合適的人承當相位，讓他輔佐幼主。對了，徹兒還不到加冕的年齡，不過時間來不及了，朕要親眼看到他的加冕大禮，也好放心歸去。」

加冕禮是象徵男子成年的一種儀式，一般在男子到了十八或者二十歲的時候舉辦。劉徹不滿十六歲，按說不到加冕的時候，但漢景帝病危，他為了保證劉徹能夠順利即位，成功駕馭朝政，決定提前舉行儀式，證明劉徹已經長大成人，也好讓朝臣聽從他的旨意。

竇太后聽到這話，哽咽著說：「皇上，為徹兒舉行加冕禮是應當的，你不要動不動就說要去要去的話，我心裡不好受。」

劉徹也伏在父親身邊說：「父皇，兒臣已經命人去請最好的大夫了，您的病一定能夠治好。」

對於十六歲的少年來說，不管他多麼聰明出色，父親依然是他心目中巍峨的靠山，一旦這座山轟然倒塌，他將很難面對眼下事實。劉徹自幼深受父親寵愛，從他那裡接受了為人為帝的最初經驗，父子感情深厚。如今，父親正值壯年就要離開人世，撇下大好江山丟給自己，這無疑是最大的災難，一副最沉重的擔子，十六歲的他如何承擔得起呢？

漢景帝努力笑笑，看著母親和劉徹說：「你們去準備加冕禮吧，朕一定能夠親自主持儀式，放心吧。」

這時，皇后王娡聽說加冕的事，也趕了過來，與太后和太子一起商量此事。事情決定後，劉徹便積極準備去了。

為了使儀式進行順利，劉徹派人請來舅舅田蚡，讓他全面負責這件事情。田蚡最初在竇嬰手下做官，職位低下，但他善於逢迎，一味討好巴結竇嬰，人們都說他們比父子還要親近。隨著劉徹做了太子，王娡做了皇后，他做為太子的娘舅、皇后的弟弟地位逐漸提高，在梁王案件中，他積極活動，曾經勸說負責查案的田叔燒毀卷宗，力保梁王，這件事後來被漢景帝知道了，對他很賞識，就提拔他做了職位較高的太中大夫。

田蚡信奉儒學，頗有才識，為官做事很有一套，加上他特殊的身分，很快成為漢廷非常搶眼的人物，勢力日漸強大。劉徹十分信任田蚡，每次去他府上舅甥二人都高談闊論，談得非常投機。有一次，劉徹在田蚡家裡吃飯，兩人談《論語》，說《中庸》，聊得不亦樂乎。田蚡說：「太子學識大進，真是天降奇才啊。」劉徹笑著說：「舅舅過獎了，我不過跟著衛綰學了點文章，沒有別的。」田蚡很有心計，不把老實厚重的衛綰看在眼裡，聽說劉徹尊崇衛綰，想想說：「太子，天子賢良非常多，我聽衛綰說過，他認識的申公就是《詩經》方面的專家，赫赫有名。」

「是嗎？」劉徹急切地問，「我怎麼沒有聽衛綰提起過？」

田蚡嘿嘿一笑，好似在暗示劉徹，衛綰嫉賢妒能，害怕他人取代了他的太子太傅之位。劉徹冰雪聰明，看到舅舅似是而非的笑意，心裡已經明白七八分。

回宮後，劉徹趁著上課時訊問申公的事情，果然，衛綰認識這個人，並且說和他的學生王臧還是好友。劉徹一心向學，就讓衛綰去請王臧。衛綰不敢違抗劉徹的命令，很快請來了王臧。田蚡聽到這事後，極力攛掇劉徹拜王臧為師，學習更深更精的儒學知識。劉徹聽從田蚡的建議，又拜王臧為師，繼續接受儒學的教育。

劉徹與舅舅田蚡的關係之密切，由此可見一斑。如今，漢景帝下詔為劉徹行加冕禮，年少的劉徹自然想到了田蚡，希望他能為自己準備這件事。

田蚡十分痛快地答應下來，在他看來，這可是一次露臉成名的好機會。想想看，竇嬰權傾一時，人人都說他要繼任相位了，不是沒有獲此殊榮嗎？能夠為太子準備加冕儀式，說明自己正是太子心目中獨一無二的人物，皇上龍體難癒，不日太子就要登基，那麼他這位皇舅不是可以一步登天了嗎？

既然前景如此吸引人，田蚡能不盡心為儀式做準備嗎？他動用可能的力量，調集可用的人才，全心全力投入到為劉徹準備加冕之事上。經過精心準備，一場聲勢浩大的加冕儀式舉行了。只見未央宮張燈結綵，火樹銀花，氣派非凡；鼓樂喧天，人聲鼎沸，熱鬧無比。劉徹身穿太子服飾，腰佩高祖寶劍，氣宇昂昂地來到眾臣面前，一副威震天下的氣勢。漢景帝拖著病體，強做歡笑地坐在龍椅上，看到這麼氣派隆重的場面也很滿意，他低沉地說：「太子加冕之後，就是大人了，望諸位大臣與太子好好相處，盡力輔佐他；太子也要禮賢下士，善待諸臣，不可無禮失德。」

這是客套話，也是漢景帝臨終之際對太子和大臣們提出的最後要求。劉徹忍住淚水，跪在地上磕頭說：「兒臣謹記父皇教誨，不會辜負您的期望。」

大臣們也跪下來，口呼萬歲，表示一定要效忠朝廷，效忠太子。

儀式按部就班舉行著，劉徹就這樣完成了自己向成人邁進的一步。提前加冕，顯示他的成熟和才幹已經獲得大家認可，也說明當時政局的複雜莫測。漢景帝為了確保他順利即位，確實耗盡了心思，他不但為劉徹提前加冕，還為他選擇了一位特殊的丞相。這個人是誰呢？

第二節

劉徹登基

衛綰的機會

竇太后曾經提議拜竇嬰為相，卻被漢景帝當場否決了。可是相位空缺，一旦漢景帝病故，太子年少登基，誰來主持朝局呢？這件事情讓漢景帝費了很大心思。當時朝廷上能夠與竇嬰相提並論的人不多，功臣元老年紀大了，不能託付重任；年輕新貴們勢單力薄，難與立下戰功、地位特殊的竇嬰抗衡。說起來，唯一可以與竇嬰一爭高下的也許就是田蚡了，畢竟他們都有相同的身分，做為皇室外戚，一個是太后的侄子，一個是皇后的弟弟，後臺都夠硬的。不過，田蚡一直在竇嬰手下做官，也沒有立下過戰功，而且還沒有封爵，他家裡不過只有一個王信被封為侯爺，勢力不夠強大。而竇家呢，竇太后做皇后太后已經四十多年了，前後輔助過兩位皇帝，幾經朝政，影響非同一般，竇家的侯爺有好幾位呢。就連田家也不能與竇家同日而語，存在差距，可見不拜竇嬰而拜他人為相是非常困難的事情。

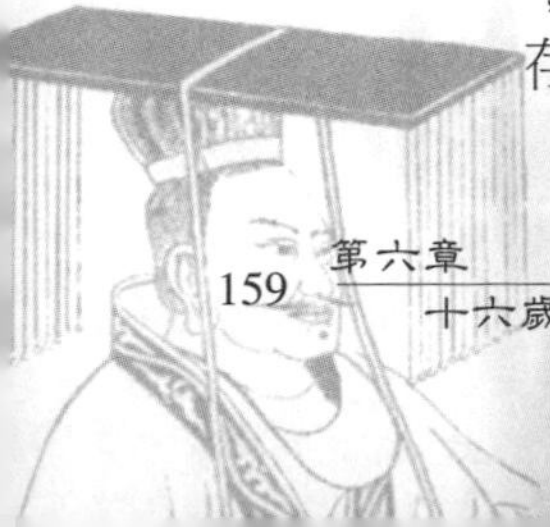

那麼除了竇嬰，拜誰做丞相好呢？

漢景帝思慮再三，召見劉徹準備聽聽他的意見，畢竟所拜丞相是為他服務的。劉徹明白眼下局勢，他分析說：「竇嬰不能拜相，田蚡也不能拜相，要想協調關係，只能另拜他人，以達到平衡的效果。」

漢景帝微微點頭，繼續問：「你看拜誰合適呢？」

劉徹接著分析說：「很明顯，所拜丞相既不能偏向竇嬰，也不能偏向田蚡，還要是個穩重的人，父皇看我的師父衛綰如何？」

衛綰？漢景帝一愣，這個人做了多年太子的老師，既沒有什麼出色表現也沒有過分之舉，持重本分，倒是個省心的臣子，只不過丞相一位責任重大，他能勝任嗎？

劉徹看到漢景帝猶豫，已經猜出他的擔憂，進一步說：「父皇，兒臣以為此時拜相主要為了穩定朝局，減少不必要的紛爭。衛綰寬厚穩重，很少得罪他人，有一定的威望；他教導我多年，我們彼此瞭解，不會出現太大摩擦。有這兩條，是不是正符合眼下丞相的人選？」

漢景帝聽到劉徹這麼說，臉上露出難得一見的笑容，他呵呵笑著說：「徹兒，你說得很對，父皇正是這個意思，為了你順利即位，不得不做好充分準備啊。」

父子二人想到一塊去了，他們拜相的目的主要是為了防止太子即位時出現麻煩，或者太子即位後有人干涉朝政，造成政局紊亂。劉徹只有十六歲，年少缺乏歷練，要是有人趁機造反或者謀逆，誰來為他排憂解難？沒有合適的丞相是非常危險的。

經過父子商量，決定拜衛綰做丞相。漢景帝正式下了詔書，在未央宮正殿宣讀詔書，拜衛綰為相。衛綰意外獲得丞相職位，又驚又喜，喜的是自己循規蹈矩做事，並沒有突出的功績和才能，竟然被拜為丞相；驚的是朝廷上比自己顯赫的人物大有人在，自己拜相加官，他們會不會記恨自己呢？

懷著忐忑的心理，衛綰小心翼翼，不敢越雷池一步。劉徹鼓勵他說：「老師，你已經是丞相了，一人之下，萬人之上，朝政都要聽你的，你就放開手腳大膽幹吧。」經過劉徹勸解，最終，喜悅佔據上風，衛綰拋棄恐懼心理，一心一意地做起丞相來了。

漢景帝拜完相，總算鬆了一大口氣，又過了幾日，他痛苦地閉上眼睛，永遠地離開了人世，把江山社稷遺留給了十六歲的劉徹。少年劉徹能否順利繼承祖業，登上大漢皇帝寶座呢？

初登大寶

漢景帝英年早逝，撇下了老母少子，諾大的江山轉瞬間更換了主人，傳到一個十六歲少年的手裡。劉徹在喪父的悲痛中茫然地環視周圍一切，內心充滿了哀痛，充滿了迷惑，恍惚間，自己還是無憂無慮的太子，戲耍學習在未央宮裡，怎麼眨眼的工夫物是人非了？

國不可一日無主，容不得劉徹彷徨躊躇，大臣們一邊做好漢景帝安葬工作，一邊積極準備新帝登基大事。劉徹，一個十六歲少年，就這樣承受著人生大悲大喜，一邊安葬父親，一邊等待着登基稱帝。

此時的朝廷上，丞相衛綰按照漢景帝臨終遺言進行著各種工作。漢景帝的靈柩被發葬到長安東北五十里的陽陵，這是他生前選好的墓地。接下來，衛綰按照規定請求劉徹正式登基，繼承大寶。就在未央宮正殿裡，劉徹舉行了登基大典，他接受眾人朝賀，成為了至高無上的君主——大漢江山新一代皇帝。

漢武帝像。

回顧往事，劉徹的外祖母臧兒不甘沒落，請相士為女兒算命，這是傳奇的開始。要不是這位膽大的女人，以為為人妻為人母的王娡就不能進宮，那麼後面的一切也就成為烏有；接著，王娡以超人的智謀贏得了走向成功的第二步，如果她只是一個普通的女人，或者像薄皇后、栗夫人那樣要嘛安於成命要嘛看不清形勢的話，劉徹做為漢景帝年齡較小的庶子連爭儲的機會都沒有，怎麼可能登上太子之位呢？王娡的努力和敢於向上的精神，成為劉徹登基稱帝的又一個傳奇。其實，這些傳奇只是故事的開始，是一個鋪墊，不管她們怎麼做，故事都要由主人公自己來完成。想想看，劉徹如果是一個極其平庸的孩子，他能因為母親而在爭儲中勝出嗎？不可能。如果他行為乖張，做事荒悖，能夠順利地做九年太子嗎？不可能。如果他缺乏智謀和勇氣，能夠在朝臣中樹立良好的形象，為成功登基打下基礎嗎？也不可能。但是，一切都成為了可能，成為傳奇故事的繼續，這是劉徹個人的魅力所致，這是他本身努力的結果。這位少年君主不但傳奇地登上了皇帝的寶座，還要成就更加傳奇的人生和輝煌的事業。

劉徹當上了皇帝，他接受完朝賀，內心湧動著複雜的感情，久久難以平靜下來。未央宮巍峨依舊，歷經幾代主人後顯得更加莊嚴肅穆了。劉徹走出正殿，抬眼望天，藍天萬里無雲，恰如明鏡，映照著一顆年少蓬勃的心。他步行在甬道上，身後跟著一群內監侍臣，小心翼翼，不離左右。真是怪了，劉徹心裡輕笑一下，昨天他們還是先帝的近臣，見了自己不過打個招呼，今天就變成規規矩矩的臣僕了。是啊，今天先帝已去，這些人就成了自己的奴僕，成了自己的近臣。劉徹想到這裡，似乎更加明確了自己的身分，清楚地看到權力就在自己的手上。他心裡又是一陣激動難按，「普天之下，莫非王土；率土之濱，莫非王臣」，這就是身為帝王的尊嚴和權勢，自己已經擁有天下，成為擁有無上權力的天子啦。

劉徹激動地走過幾座宮殿，四周的林木花草、水榭亭臺也充滿喜慶氣氛，無不向他流露出祝賀之意。他加快腳步，他要趕緊回到後宮，去拜見母親，拜見祖母，拜見這兩位與自己最為

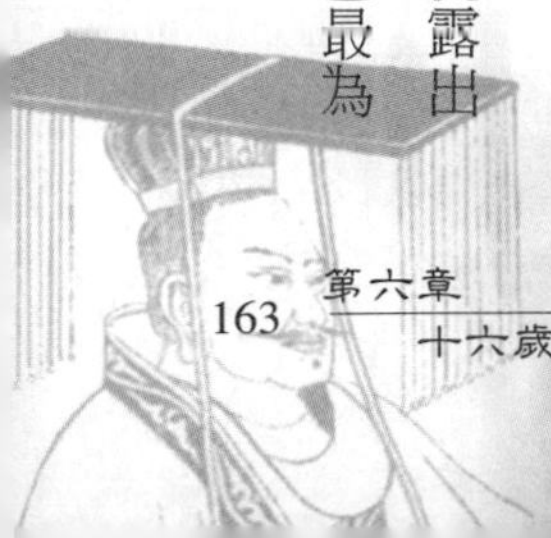

親近的人。年少的天子啊，登基之初的喜悅無法掩飾，他像一頭初生的牛犢，恐怕很難預見前方的危險，那麼到底有沒有猛虎攔在眼前呢？

王娡一早就來到竇太后的寢宮裡，兩個人默默地等候著，等候著劉徹登基大典結束。漢景帝去世，最痛心的就是她們兩人了，一個老年喪子，一個中年喪夫，都是人生大不幸。這兩個女人無可奈何地接受了事實，心痛之後把精力全部放在劉徹的身上。如今，劉徹就是她們的希望，就是她們的寄託，就是她們的未來了。祖孫三代，老少婦孺，他們能否控制住朝局，保證江山穩固呢？

劉徹見過祖母和母親，看到她們臉上牽掛的表情，安慰說：「登基非常順利，妳們放心好了。」

竇太后點頭說：「這就好，孫子，你不要大意，有什麼事情只管告訴祖母，祖母身經四朝，見識多了，現在朝中大臣誰不聽從我的指令？你放心做事，只要祖母在，誰也不敢翻天鬧事！」

劉徹忙恭敬地說：「孫子知道，多謝祖母關心。」

王娡說：「徹兒，你已經做了天子，以後更要勤懇做事，不要辜負太后和先帝厚愛。」

劉徹忙點頭答應。

祖孫三代又聊了些朝政大事，竇太后心情逐漸好轉，命人準備飯菜，留劉徹母子一起用膳。他們邊吃邊談，竇太后對劉徹說：「朝局變化多端，你身為天子應該學會掌握平衡的道理。我看，衛綰為人太持重，缺少機變的能力，時間久了，難以控制朝政。」

劉徹點頭說：「太后說得對，不過，孫子覺得朝政剛剛交接完畢，不適宜做大的調整，還是以穩定為上策。」

竇太后說：「嗯，你可以先提拔封賞部分對你有用的人，做為新君的忠心擁護者。我聽說田蚡是個人才，這些年來，官職一直不高，我想先帝就是留著讓你用的。」

劉徹年少，又是初為人君，還沒有把握掌政的訣竅，聽到太后這句話，心裡猛一動，他聰明機智，一下子就參透了其中機密，興奮地說：「孫子知道了。」

沒過多久，劉徹接二連三頒下數道聖旨，開始了為人君主的最初生涯。

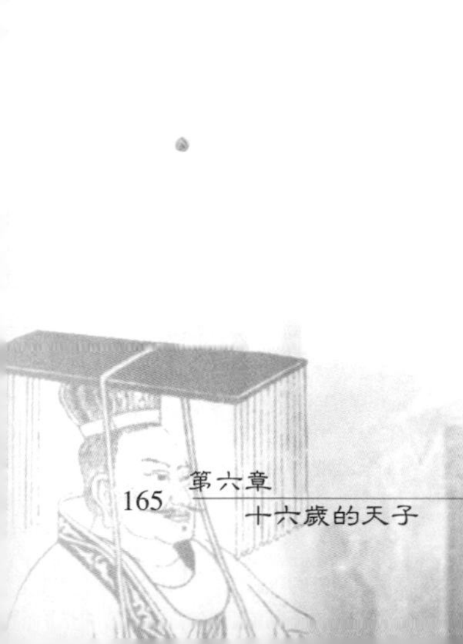

第三節 鞏固皇位

迎娶阿嬌

竇太后提議重用田蚡，正符合王娡的心意。以前，王娡總是謹慎小心，不敢有絲毫逞強的表現，她深知後宮鬥爭的驚險和殘酷，為了確保劉徹登基可謂費盡心思。劉徹終於順利地登上天子寶位，她也貴為皇太后，也可以放心地顯擺一回了。竇太后向來喜歡她，對她家人也心存好感，曾經因為要不要封王信為侯與周亞夫產生矛盾。現在好了，劉徹做了皇帝，對於太后的家人總可以名正言順地封賞了吧。

在竇太后和王娡的不停提醒下，劉徹即位不久就頒下詔書，晉封田蚡為武安侯，田勝為周陽侯，他的外祖母臧兒為平原君。至此，那位不甘沒落的臧兒實現了自己的理想，成為這樁傳奇中最神奇的人物，最大的贏家。

晉封田蚡等人，無疑是提高他們的地位，提高劉徹的出身，同時，也為劉徹坐穩帝位提高保證。由此看來，劉徹即位之初，朝局雖然平靜，實際上暗含不少危機，要不然，竇太后也不會急於催促劉徹晉封他們，劉徹也不用著急地封賞他們，藉機維護自己。後來的事實證明，劉徹即位時，確實有人心懷不軌，曾經夢想著奪取皇位，這個人就是皇室子弟淮南王劉安，這是後話，暫且不提。

晉封完田蚡等人，接下來，擺在劉徹面前就是他的婚事了。竇太后急著提拔田蚡，也是為了討好王娡，讓她不要忘記當初約定，應該為劉徹儘早娶回阿嬌了。王娡是個聰明人，當然明白竇太后的意思，她也開始催促劉徹早日完婚。長公主劉嫖更是心急如焚，阿嬌已經二十多歲，成了老姑娘。前次催婚後，梁王病故，漢景帝病故，接二連三的變故讓她無法提及婚事，要不然，她早就不耐煩了。

劉徹倒是順利地做了皇帝，阿嬌能不能順利做上皇后呢？劉嫖比誰都焦急，女大不中留，況且女婿又是年輕英俊的皇帝，身邊肯定少不了美女姬妾，自己的女兒再不嫁過去，劉徹大了，如果悔婚那可就全完了。

劉徹已經很久不同阿嬌來往了，兩人年齡大了，又有婚約，這樣的關係讓兩人不能隨便往來。還有，隨著年齡增長，劉徹結交各方俊傑人士，學文論武，談天說地，懷有遠大抱負，與昔日跟在阿嬌身後的小男孩早就判若兩人，他對於婚事感到了茫然，對於年長自己四五歲的阿嬌越來越陌生。而且阿嬌人如其名，自幼嬌生慣養，受到百般寵愛，是個驕慢的貴族少女。自從與劉徹訂下親事，家裡更是寵慣她，把她當作未來的太子妃培養。她知道自己比劉徹大好幾歲，早就急著嫁過去了，現在，劉徹做了皇帝，她嫁過去就是皇后，二十多歲的她能不心焦急切嗎？

在這種情況下，劉徹儘管心有不願，卻不得不接受現實，結婚成了他即位後第一件大事。天子成婚，備受關注，一時間，朝廷上下都在談論這件事，為此忙碌操心。竇太后看到孫子迎娶外孫女，心情格外高興，整日裡提醒催促王娡如何如何，以使婚事辦得隆重漂亮。漢室已經發展六七十年了，特別經過「文景之治」的積累，到劉徹即位時，國富民強，財力雄厚，達到了前所未有的強盛時期。面對如此豐厚的資財，竇太后覺得為劉徹成婚，當然應該極盡其能地鋪排宣揚，不是嗎？幾代先帝辛苦創業，打下江山，發展社稷，為了什麼？不是為了子孫後代享福過好日子嗎，既然這樣，少年天子成婚大典豈能有半點不盡人意的地方！秉著這樣的旨意，婚事操辦得特別豪華氣派，超過了漢朝建立以來所有的典禮儀式，讓人咋舌稱奇，無不感佩唏噓。婚禮用品經過千挑萬選，都是各地呈送上來的精品，為了保證水果新鮮，還特別安排幾百里加急從遙遠的南國北疆不停地運往長安。

迎娶的日子終於來到了，未央宮裝扮一新，到處喜氣洋洋，前來祝賀的大臣貴卿諸侯王爺們駱繹不絕，真是天朝盛事。竇嬰奉命主持大婚，他身穿嶄新的朝服，滿面喜悅，迎來送往，精神抖擻。

早早地梳洗完畢，劉徹步入新的寢宮等候著，這將是他與阿嬌的新房，以後就是皇后的宮殿了。他慢慢地來回踱步，不知為什麼眼前氣派的場面讓他有些心煩，他努力定定心神，使勁地提醒自己，這是我的婚事，千萬不要出現差錯。

怕什麼來什麼。就在劉徹努力等待的時候，負責帶領迎娶隊伍的官員匆忙趕回宮裡，上氣不接下氣地說：「皇上，長公主府上傳出話來，阿嬌公主要皇上親自去迎婚，否則她拒不上轎。」

什麼？劉徹本來煩躁，聽到這句話差點跳起來，不過他還是控制了自己，盡量平靜地說：「不是早就做了安排嗎？還是按照規定辦事，不能聽她們的。」

可是官員去而復返，阿嬌擺起架子來了，非要劉徹親自去迎婚。阿嬌有她的想法，自己本來就比劉徹大好幾歲，皇帝的後宮姬妾成群，如果不及早管住他，到時候自己進了宮能有什麼好日子？

這個消息很快傳到竇太后耳中，她對阿嬌的做法雖感不滿，卻不願意承認，對身邊的王娡說：「吉時快到了，妳看如何是好？」

王娡心領神會，馬上親自來見劉徹，對他說：「新郎迎婚，這也有一定道理，你不要耍脾氣了，還是趕緊去迎接阿嬌吧。」

劉徹氣呼呼地說：「明明是她拿架子，怎麼成了朕耍脾氣？國家禮儀難道任由她擺佈

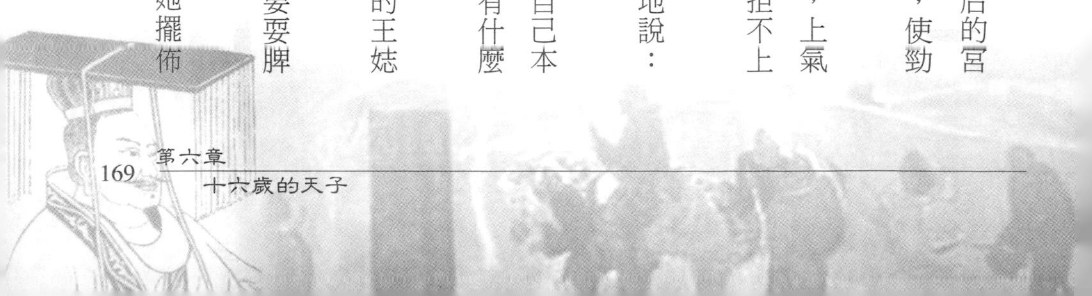

嗎？」

「不要講道理了！」王娡生氣地制止說，「你要是知道禮儀，就該知道今日必須完婚。你如果不去迎婚，婚事無法進行，看你還有什麼禮儀可講?!」

王娡總能看透問題的關鍵所在，明白阿嬌正是趁機給劉徹一個下馬威，好讓劉徹知道自己不簡單，在以後的日子裡能夠聽從自己的意見，做個聽話的丈夫。可惜，劉徹是個有主見的人，不會輕易受人擺佈，他對阿嬌的做法充滿反感，為他們的婚姻埋下了又一個不幸的伏筆。

劉徹強壓心頭怒火，轉身走出宮殿，他騎上快馬，頭也不回地直奔長公主的府邸。眾人看到皇帝親自來了，這才鬆了口氣。長公主府邸的人趕緊進去稟報，說皇帝親自來迎婚了，阿嬌聽到這話，嘴角才露出驕傲的微笑。

阿嬌進宮了，當仁不讓被冊封為皇后，終於實現了從小的夢想。她住在未央宮最華麗的宮殿裡，劉徹也算實現了當初「金屋藏嬌」的諾言。一段政治婚姻開始了，兩個年輕人會度過什麼樣的感情歲月呢？

迎娶完阿嬌，劉徹算是完成了人生的又一件大事，他即位後的家事國事基本趨於穩定，最初的幾道詔書不過是委任狀，任命提拔自己的至親近臣。對於這位懷有遠大抱負的年輕君王來說，這一切都太蒼白乏味了，不滿足於現狀的他開始將目光投向朝政，投向新的目標。

劉徹的理想

劉徹將目光從後宮挪開，從至親們的身上挪開，從書本和騎射上挪開，他要仔細看看漢室江山的情況了。這位新主人，正是熱血少年，活力無限，他懷著遠大的抱負接過大好江山，究竟如何把國家推向新的未來呢？

此時的國家，經濟富足，百姓安樂，在一般人看來，能夠維持現狀就很不錯了。歷朝歷代，幾經變遷，這樣的社會狀況已經實屬盛世，非常少見，劉徹還有什麼不滿呢？他還能夠做出什麼業績呢？

但劉徹並不這麼想，自從做了皇帝，他一刻也沒有停下思索，他從繁華背後看到了危機，從盛世之中預見到了不安，這是一位傑出政治家的敏銳觸覺所感受到的。

漢廷存在著不少潛在的危險。一是經濟富有，出現了許多豪強富戶，他們互相攀比，浪費奢侈的風氣一浪高過一浪。當時封建制度尚不完備，許多禮儀沒有具體的規定，由此，有些人吃穿住行甚至超過了皇帝，僭越現象屢有發生。前面說的梁王劉武就比漢景帝還要榮耀風光，據說，隨從他進京的梁國官員比朝廷大臣還要威風，隨便出入宮廷，說笑自如，不把朝廷大臣放在眼裡。而這也是他敢於挑戰皇位的原因之一，也是他的官員敢於攛掇他爭儲的一個原因。照這樣下去，朝廷必定要費勁心力對付地方諸侯和豪強，不利於政權統一。

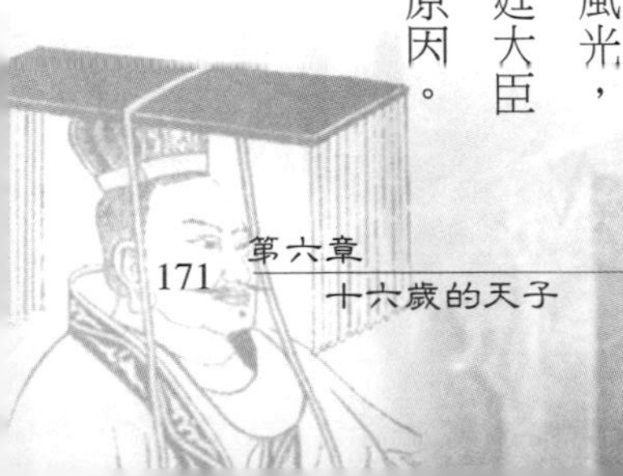

二是朝廷制度和律令過於寬泛，比如說丞相，他的地位非常高，許多時候皇上都要讓他三分，朝政幾乎由他說了算。周亞夫做丞相時，傲慢無禮，漢景帝在路上見了他，每次都要下車問候他。律令過寬，又有些人會趁機違法亂紀，擾亂正常的社會秩序。比如有一個名叫郭解的人，是有名的大俠，年輕時快意恩仇，殺了許多人，但卻沒有受到處罰，因此人們都怕他，有些年輕人看到他殺人反而風光得意，紛紛追隨他，又形成一種不良的社會風氣。多虧他後來改過自新，才沒有造成更大的隱患。不過，這個風氣延續很久，影響很大，這也是潛藏的危機，如果不善加引導，必定威脅到朝廷和國家安危，對百姓造成傷害。

還有，漢廷發展六七十年了，當年追隨高祖起義的功臣舊將大多已經辭世，他們的子孫中襲爵做官的人很多，佔據了朝廷大半江山，說當時的朝廷仍然是軍人當權的局面。這些人秉承祖業，學識見解一般，是一股頑固守舊的勢力。而且朝廷多年來實行黃老無為而治的思想，人們安於現狀，很難突破自己，朝廷新貴非常少，有幾個也是依靠各種關係提拔推薦上來的，他們做官後，依照舊規章制度辦事，缺乏真才實學，毫無作為。

再加上北邊的匈奴虎視眈眈，從不安分守己，實在是漢朝的心頭大患。

劉徹幼讀史書，瞭解到從前三王五帝的時候，天下太平，可是隨著發展王道逐漸衰微，導致國家滅亡，這是什麼原因呢？自己繼承了大好江山，會不會也重蹈這樣的覆轍呢？怎麼做才能避免這種現象？

古時人們非常迷信，根據朝代興衰推算出天命學說，認為人命有始終，天性有好壞，這是不可避免的事情。劉徹心想，難道這是真的嗎？那麼，自己該如何做才能保證國家永久強盛下去？才能像堯舜一樣成為萬世敬仰的明主，實現百姓和樂，政治清明，法令完備，德澤四海的局面呢？

年少的他時刻思索著做一個英明君主，胸懷博大，越來越不滿足現狀，心裡燃燒著熊熊烈火，似乎要將陳規陋習燒掉，要迎來一個嶄新的世界。

這天，韓嫣邀請劉徹一起騎馬射箭，劉徹痛快地答應下來。他們騎馬飛奔在皇家園林裡，像一對勇猛的雛鷹。騎了馬，劉徹心情有所放鬆，他來到箭靶前，彎弓射擊，正中靶心。韓嫣恭維說：「皇上箭術又進步了。」

劉徹手一鬆，有些頹然地說：「不過遊戲而已，有什麼大用處。」

韓嫣說：「您如今做了天子，可以下令討伐匈奴，這麼精湛的箭術怎麼會沒有用？」

劉徹心裡一熱，韓嫣雖然缺乏學識文化，卻總能支持自己，並且教會了自己騎射，還讓自己瞭解了許多匈奴的情況。想到這裡，他再次手挽弓箭，射向靶心，口裡說著：「朕要擊敗匈奴，以雪這些年的恥辱，再也不讓匈奴人欺負我們了。」

箭正中靶心，韓嫣高興地說：「我剛才為皇上許了個願，如果您能射中靶心，日後就能掃平匈奴，看來您的願望肯定會實現。」

劉徹笑起來，說：「果真如此，可要感謝你的吉言了。」

兩人有說有笑，突然，侍衛過來奏報說田蚡求見。劉徹忙說：「讓他快快進來。」

田蚡此來，正是向劉徹推薦人才的。原來田蚡特別善於招徠人才，自從他受封武安侯後，住在他家為他謀劃的門人越來越多，三教九流，無所不包，這也是他的本領。田蚡見了劉徹說：「皇上，臣最近結識了一位賢才，希望皇上能夠委他官職。」

這是當時的用人制度，有人推薦然後就可委派官職，成為朝廷一員。劉徹聽了，問道：「不知道他適合做什麼官？」

田蚡說：「這個人粗通儒學，有點學識，不如就讓他負責皇家銀庫吧。」

劉徹想想點頭同意了。一句話就可成為如此重要的官員，可見當時的用人制度多麼原始，多麼需要改制。劉徹接著問：「武安侯，你瞭解儒學，一定結識不少這方面的人才吧？」

「臣不過粗略地瞭解儒學，」田蚡說，「認識的儒生也有幾個。」

劉徹低頭沉思，過了一會兒猛然大聲說：「對了，朕想起個好主意。」

他到底想起什麼來了？田蚡和韓嫣有些吃驚地盯著劉徹，他顯得十分興奮，不住地說：「好主意，好主意，朕要選拔人才，幹一番大事業。」

劉徹始終沒有忘記自己的理想是做一番驚天動地的大事業。他身居帝位，享受著先輩們遺留下來的富足生活，卻不甘於現狀，為實現理想而要求奮鬥，要求上進，這些性格特點是不是與他那位敢於冒險的外祖母有關呢？是不是與他父祖們積極創業的精神相似呢？不管怎麼說，少年天子劉徹就要在自己的歷史舞臺上施展雄才大略，成就偉大的事業了。

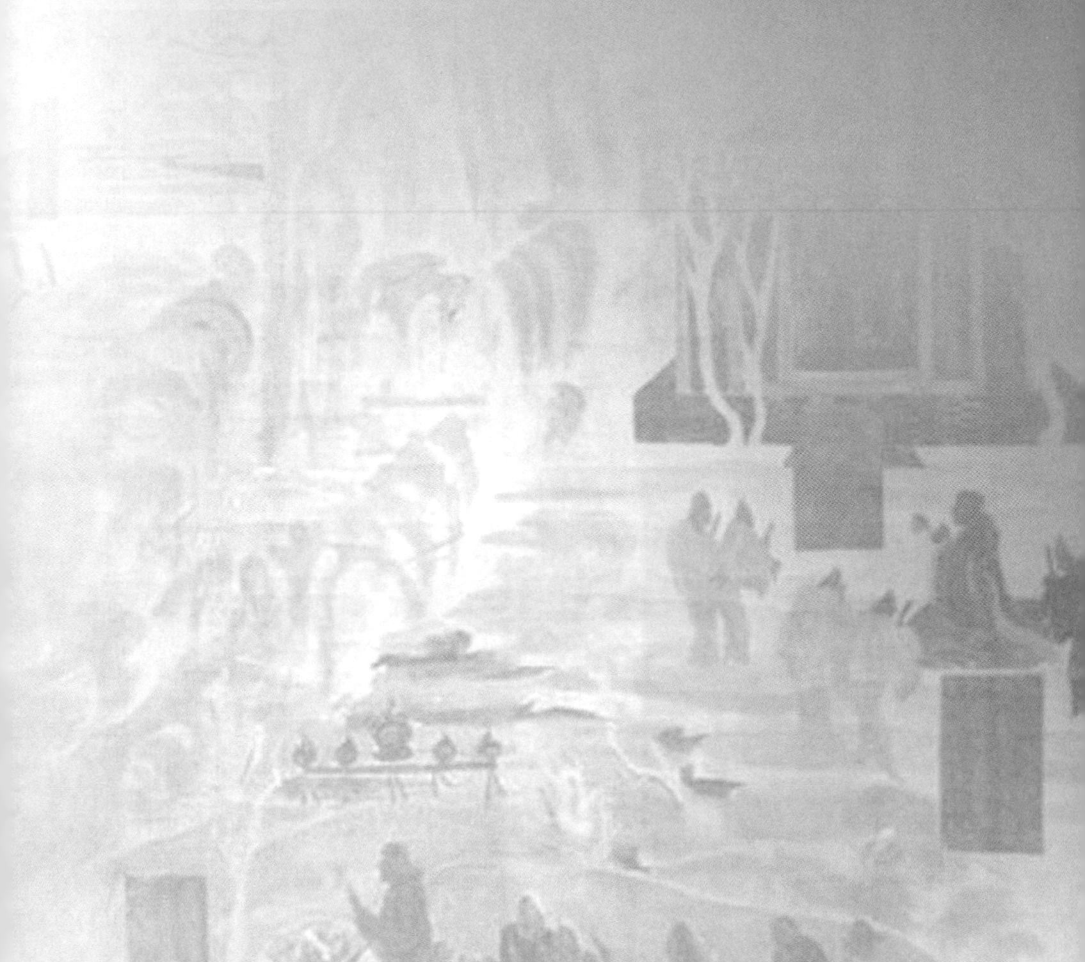

第七章

少年天子的第一把火

少年天子一道詔書，賢良文學紛紛湧向長安，出現古今少有的景象。人才輩出的時代來到了，董仲舒、司馬相如、東方朔——他們各顯其能，名載史冊，留下許多美妙動人的故事。

天人三策，劉徹提出了許多疑問，他會得到圓滿的答案嗎？儒術究竟如何成為國家根本的呢？

第一節

下詔求賢

劉徹苦思冥想，尋求治國良策，渴望著改變歷史遺留下來的弊政，成就驚天動地的偉業。但他畢竟還是個少年，這番偉大的目標到底該如何實現，對他來說顯得非常茫然。不過，他善於思索，善於採納建議，不久就想出了好辦法。

隨著劉徹登基，田蚡的地位進一步提高，他是個閒不住的人，開始四處活動，收買人才，擴大影響。這天，他又為劉徹推舉一人，成為朝廷官員。對他來說，這只不過是鋪張自己的勢力，形成以他為首的另一個政治團體的一小步。

劉徹自幼與舅舅田蚡談得來，倒是喜歡他這種積極上進的精神，對他來說，暫時還沒有意識到以田蚡為首的新貴正在崛起，與舊勢力產生不可避免的摩擦，但他從田蚡積極推舉人才的事上受到啟發，想出了一個大膽絕妙的計畫。

少年天子劉徹彷彿突然看到了曙光，充滿激情地宣佈了第一道重要詔書，他下令各地推舉賢良文學，來京師長安獻計獻策，共同商討治理國家的辦法。

所謂賢良文學是兩種人才的稱謂，與現代的意思不同。賢良指的是以品德見優的人才；文學則是指以文辭詩賦聞名於世的人。當時社會制度不完備，國家選取人才的途徑主要通過推薦，每隔一段時間，朝廷就會命令各地推舉上來部分人才，擇優錄用。各個王侯貴卿家裡往往養著很多人才，一來為主人出謀劃策，二來以備選取錄用，效力朝廷，從而達到擴大勢力的目的。劉徹看到田蚡總是能夠舉薦人才，心想，周文王禮賢下士，在河邊發現了垂釣的姜子牙，成就大業，人才是多麼重要！如今朕何不下詔，擴大選送人才的名額，讓各地直接往朝廷推舉人才，這樣選送的人才不是更多、更全面嗎？

他的想法是對的，推舉制度實施以來，由於重臣豪強的干預，已經失去最初的意義，很多人通過各種關係達到做官的目的，真正的人才卻很難實現他們的理想和抱負為朝廷國家做事。劉徹大膽地下詔擴大選士範圍和人數，成為他即位後第一個重大決策，這個決定確實不易，對於不足十六歲的少年來說更顯得不簡單。這件事情很快引起轟動，就連竇太后也誇獎他說：「皇上年紀不大，卻很有魄力，好啊。」她沒有想到，這次選士成為他們祖孫隔閡的開始，自此以後，雙方因為採取何種措施治理國家產生了不可化解的矛盾。

劉徹得到眾人響應，心情格外激動，他日日接到各地奏章，選送進京的人士越來越多，一批批賢良方正和文學才能來到了長安，來到了繁華的大漢京都，準備接受皇帝的策試，成為國家新一輪的棟梁之才。長安城比往日更加熱鬧，比平時更加引人注目，京師成為國人談論的焦點，賢良文學成為眾所期待的人物。

陸續進京的賢良文學多達一百多人，形成蔚為壯觀的場面，少年漢武帝見到此情此景，非常感慨，沒有想到，天下竟然隱藏著如此多的人才，一道詔書，人才濟濟，何愁國家不興？

來到長安的人才有儒家，也有法家、縱橫家以及其他學派。他們各顯其能，各盡其才，準備在新帝面前大展身手，希望自己的學說受到重視，成為治理國家的策略，自己也能晉身仕途，施展才華和抱負，留名青史。他們有的熟讀經書，深諳治國良策；有的富有才學，學識廣博，文采一流；有的品德高尚，孝廉有名。這些人得到劉徹親自召見，分別發表各自的見解和主張，漢廷出現了多年來不曾有過的熱鬧景觀。

許多人才湧入長安，湧入朝廷，大漢朝廷能否接納他們呢？

劉徹被眼前景象感染著、激動著，他在未央宮正殿接見各地賢良文學，殿試對策，實地考察這些人才的能力。這次對策，成為劉徹開創偉業的開篇之作，大漢朝乃至中國歷史從此書寫了輝煌的一頁。

劉徹即位不久，即能下詔求賢，說明他早就懷有雄心壯志，視野開闊，說明他對於政治和哲學有著宏觀的考慮，說明當時的朝政亟需改革。同時，這次求賢選士，劉徹為國家、為歷史選拔了許許多多的優秀人才，他們有機會展示各自突出的特色，或者治國有方，或者文采出眾，或者開疆擴土，做出了偉大的成就，成為歷史上從古至今影響深遠的名人。

說起這些賢良文學，令後人談論不止、赫赫有名的有好多個，其中，儒生董仲舒因為提出以儒學治國的策略，從而為劉徹確定了治國的路子，也確定了封建王朝兩千多年的治國方略，儒家思想在古代中國的統治地位從此確立，所以，他無疑是這次對策中影響最為深遠的人。

董仲舒一介儒生，以什麼樣的策略打動了劉徹呢？

董仲舒的天人三策

召見賢良文學，批閱奏章書函，劉徹日夜忙碌，為這些事情殫精竭智、廢寢忘食。經過多日對策，董仲舒脫穎而出，以第一名的成績傲視諸多賢良文學。董仲舒是廣川人，他自幼勤奮好學，因為精通《春秋》而聞名。據說，董仲舒為了學習，曾經三年不出家門，不到院中玩樂，終日坐在書屋裡讀書學習，經過這樣的努力，他的學術進步很大。他講究禮儀，行動舉止從容大方，從不做無禮舉動，弟子們和世人都特別敬重他，因此跟隨他學習的弟子非常多，他的弟子再去教授他人，這樣有很多弟子甚至都沒有見過他的面。

董仲舒做為賢良文學來到長安，受到劉徹親自召見。劉徹知道他名聲顯赫，在對策中向他問道：「朕經常考慮一些問題，卻總是百思不得其解，今日煩請先生解釋解釋。朕聽說從前三王五帝的時候，天下太平，百姓安樂，可是到後來王道衰微，國家滅亡，戰亂紛爭，朝代更迭，有人說這是天命使然，您認為是這樣嗎？朕的理想是取法上古，向堯舜賢王看齊，做個賢明有為的君主，不知道這樣做是不是可行的？朕常想，夏、商、周三代各自秉受天命而興起霸業，它們究竟以什麼做為祥兆敢於開創基業的呢？大千世界，變化多端，為什麼會出現災異現象呢？難道真的是人壽有長短，天性有好壞嗎？其中又蘊含著什麼道理呢？朕渴望建功立業，更希望國家呈現蒸蒸日上的局面。如果社會風氣淳樸，人們自覺遵紀守法，刑罰也就減輕，奸佞之徒也會改過從新，這是多麼美好的事情。朕渴求政治清明、百姓和美的社會風尚，可是如何修治整飭，才能實現風調雨順、五穀豐登，從而享有德澤惠及四海，生靈洋溢恩寵的盛世呢？如何才能享受上天的保佑和鬼神的陰騭，完成心中夙願？朕不知道如何去做，想聽聽先生的見解。」

聽到這番問話，董仲舒驚訝異常，他早就聽說劉徹雖然年少，卻非常聰明，善於學習和接受各種新鮮事務，是個充滿活力、胸懷大志的少年君主，如今，他的一段問話正顯示了眾人對他品論的正確性。少年劉徹太了不起了，提出的問題不僅僅局限於一時一事，而是含有很深的哲學意味，對於政治提出了宏觀的思考。董仲舒驚訝之餘，忙仔細整理自己的思路，回答劉徹的話說：「皇上所說的天命和性情問題，臣不敢亂說，不過，臣從《春秋》

董仲舒像。

上看到天人相應的說法，確實讓人敬畏。」這個問題正問對了人。董仲舒熟讀《春秋》，積累了豐富的儒學知識，形成較為完整的儒學治國策略。

「天人相應？」劉徹好奇地問了一句，「請講下去。」

董仲舒提高嗓門說：「國家出現禍亂，上天必定出現奇異災相，藉機警告世人，對不對？可是只要君主不太過分，不做出離經叛道的舉動，那麼上天還會給他機會的，國家也就沒有危險。只要肯努力學習，見聞廣博了自然心智神明，只要遵從道德禮儀，品德高尚了自然功績大天見長。只要去做，這是些立竿見影的事情，很快就會見到成效。」

劉徹點點頭，充滿興趣地說：「有道理，有道理。」

董仲舒得到皇上肯定，大為振奮，接著說：「『道』是什麼呢？它是國家走向大治的途徑啊。臣以為仁、義、禮、樂是推行道的工具。縱觀古今，聖王先哲們雖然已經辭世，可是他們開創的基業卻在子孫們手裡盛傳幾百年，這就是禮樂教化的結果。從前，周厲王、幽王的時候，王道衰敗，國家差點走向毀滅，這不是道亡失了，而是厲王、幽王不遵循周道，不按照禮樂約束自己、管理國家。到了周宣王的時候，他懷念先王們的德政，恢復周道，廢除弊端，彰明文王、武王的功業，使周王朝出現了中興局面，所以說治亂興廢在於自身，並非天命所決定的。」

劉徹認真地聽著，認真地思索著，這些見解和理論對他來說非常新鮮，非常有意義，像朦

朧的夜色裡突然亮起的一道光線，讓他頓覺眼前一亮，心情格外不同。

董仲舒看到劉徹露出神往的表情，心裡有底了，滿有把握地緩慢說道：「臣研習《春秋》，努力求治，從中發現了尋求王道的出發點，那就是一個字：正。做為帝王，怎麼做才叫正呢？如果能夠上承天意，即時糾正自己的行為思想，任用德政教化臣民，而非嚴刑酷法地治理天下，那就是正了。為什麼這麼說呢？臣從《春秋》上看到一元的問題。《春秋》認為，一是萬物的開始，元指的是大。什麼意思呢？就是說萬物開始於大，才能正本清源。對於朝廷國家來說，帝王代表大，代表上，所以帝王必須心正，朝政才能正，朝政正了，百官才能自覺做到正，百官正了，百姓也就正了，百姓正，則四海之內都統一到正下，這才是實現王道的好辦法。」董仲舒的這一說法，正是後來大一統思想的雛形。

董仲舒繼續侃侃而談：「現在，皇上貴為天子，御極四海，行為高尚，恩德深厚，仁愛求賢，心智高明，聖意美哉，世人都以為您是明君賢主，可是，天地沒有回應，祥瑞之徵還沒有出現，為什麼呢？是因為教化不確立，萬民不知道正的緣故。秦代不遵從周道，它遺留的毒害到如今也沒有完全清除，法令公佈了，但奸佞之徒照樣橫行世間，社會依然存在很多問題，到了必須改弦更張，推行新的治國方略的時候了。漢朝建立七十年了，先帝們常常想著尋求大治的策略，至今也沒有實現，主要也是由於應該變更思想，推行新政而沒有採取實際行動的結果。」

劉徹專心致志地聽罷這番話，被深深打動了，好似一顆等待澆灌的種子遇到了甘甜的清水，剎那間，種子甦醒了、活躍了，蓬勃地發育成長起來。他從做太子時起，就從書本中關注政治，就從時政中思索哲學，夢想建立萬世不朽的基業，成就令人仰止的功績，為此，他有過年少的衝動，有過數不清的夢幻，可是，那都是想像、是奢望，模糊不清而且難以把握，對他來說，從思想到語言都非常蒼白，因此也就毫無力量可言。如今，董仲舒用精闢的語言、完善的邏輯說出了他心中所想，為他展現了實現理想的途徑，規劃了一個美好的社會藍圖，真是令人無法平靜思緒。

君臣殿對，獲得了意外驚喜，劉徹為了系統地理解董仲舒的理論，全面把握他關於大治的策略，接著下了第二道詔書，命他將自己的政見寫成文章，提出明確的主張。

董仲舒不敢怠慢，連忙精心趕寫了第二道對策。在這道由皇帝題名索要的對策裡，他總結了三代以來朝代興衰的經驗教訓，特別指出秦代以刑法治理天下，賦稅徭役苛捐雜稅繁瑣無度，造成人們動輒就觸犯法律，被斬殺處決的人比比皆是，違法亂紀的人更是數也數不清，因此引發百姓反抗，很快就走向毀滅了。鑒於此，他建議統治者應該採取德政，以德治理天下。要想推行德政，就必須培養這方面的人才；如何培養人才呢？他提出設立太學，做為國家統一教化的根本場所，然後由他們管理百姓，成為系統地教化管理體制。他在對策中慷慨激揚地說：「如果皇上能夠堅持這麼做，透過考試和殿策的方式選拔人才，很快就會實現三代時期大

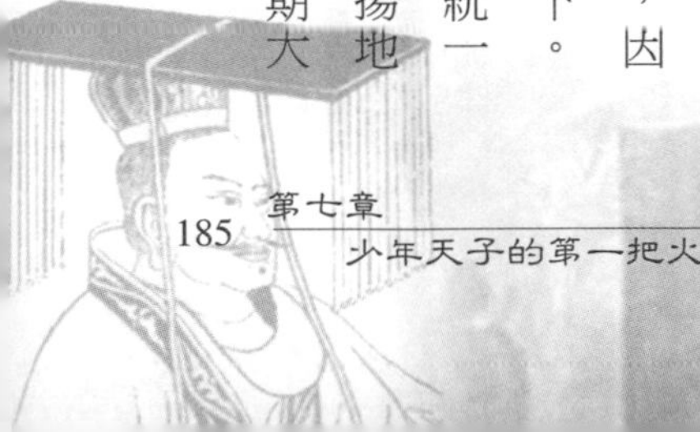

治局面，皇上也會成為與堯舜齊名的君主。」

第二道對策送到劉徹手裡後，他連夜拜讀，再次心潮起伏，針對董仲舒的對策，他立即親自書寫第三道詔書，對董仲舒說：「先生講述了治理國家的大道理，論述了大治大亂的根本原因，朕覺得非常正確。朕以為談論上天必定要結合人間的事；談論古人也要結合時下，有所應驗。朕打算詳細聽取關於天人相應的關係，結合古今以來的教訓，改正以往的所作所為，請先生講得再詳細一點，再透徹一些，朕要好好閱覽，慎重思考。」

君臣二人就這樣一來一往，從口頭談論轉為書面交流，將天人相應之說、治理國家大道推向了新的高度。董仲舒多年思索，形成了一套以儒學理論為根據的政治思想和哲學觀點，他整理書寫，把這些內容寫成完整的文章，上奏給了劉徹。

這是他的第三篇對策，文中強調，「治國之道出於上天。天不變，道亦不變。」他認為天道不變，變化的是人，為了防止出現紊亂，應該讓君臣、父子、夫婦、兄弟之間嚴格遵守上下尊卑的秩序，貴賤有等，服飾有別，朝廷有位，鄉黨有序，這樣，肯定能夠保持封建秩序永恆不變。他在這篇著名的對策中，首次正式提出了大一統的觀點，建議劉徹統一全民思想，做個精神上的帝王。他認為大一統就是天地間正常的軌道。而如今，各家學派都有自己的治國主張，他們紛紛提出不同的見解來教化百姓，自然會產生不同的結論和效果，所以導致君主不能堅持一個道路，法令制度也屢屢改變，這樣的話，臣民苦於無法遵循一致的政令，也就不能保證國家穩定。他提出自己的主張說：「臣以為除了儒家經典著作外，其他學派以及與儒學相違背的學說，都不應該與儒家學派並存，應該將那些邪惡荒唐的思想消滅，統一道德和綱紀，完善法令，人民明白地遵從正道，國家也就趨於穩定了。」這也是「罷黜百家，獨尊儒術」的最初提議。

這篇文章提出的大一統思想適應了當時漢朝從政治、思想上鞏固封建統治的需要。漢初奉行「無為」而治的策略，諸子百家學說重新活躍起來，漸漸危害到國家統一，七國之亂就是一個明顯的例子。雖然漢景帝削弱了諸侯國的權力，可是實際上他們依然勢力很強，對朝廷威脅很大。同時，封建社會經過近百年的發展，逐步走向完善，需要穩定的思想來維護它、壯大它，以便快速有效地服務於世人。而百家學說紛起，造成政局混亂，已經不利於社會發展了。

劉徹三次下詔，求得了董仲舒三次上書論述天人相應，歷史上將這次君臣對策稱

董仲舒像。

作「天人三策」。天人三策，第一次正式提出大一統的治國思想，從此，儒學在古代中國佔據了統治地位。

劉徹十分看重董仲舒提倡教育的觀點，他開始興辦太學，首次選拔了五十人入太學，做為以後選拔人才的基地。此後，全國各地普遍建立學校，講習儒家的《詩》、《書》、《易》、《禮》、《春秋》五經，學習優秀的學生可以選任官吏，各級官吏學習儒家經書的也越來越多，並以此教化百姓，儒家學說風行天下。

董仲舒受到劉徹賞識重用，被任命為江都王劉非的丞相。劉非是劉徹的哥哥，一向驕橫霸道，不遵從禮樂。董仲舒利用禮教輔佐他，對他進行全面儒家思想教育，取得了很好的效果，也獲得了劉非的敬重。

第二節 不拘一格用人才

狂人東方朔

劉徹下詔求賢，挖掘出了許多人才，除了董仲舒外，還有很多人才也紛紛走向漢廷，他們渴望通過對策施展才華，得到重用。其中有一個大名鼎鼎、婦孺皆知的人物，他就是東方朔。

東方朔是齊國人，本姓張，名叫曼倩。他出生三天母親就去世了，父親覺得無法養活他，就趁著夜色把他遺棄在門外。第二天天未亮，鄰居聽到嬰兒哭聲跑出去，看到東門外一個嬰孩，就將他抱回了家。此時正值東方微白，一絲晨光乍現，鄰居於是給他改姓「東方」，取名「朔」。

東方朔有了穩定的家，在養父母的精心撫養下茁壯成長。到了三歲，他就顯露出與眾不同的性格

東方朔像。

特點，對周圍的一切充滿了好奇心，經常莫明其妙地指著天地自言自語。其他人不知道他在做什麼，有時候故意跟他開玩笑，他總是能夠說一些詼諧幽默的話，逗得眾人開心一笑。東方朔記憶力超強，每每聽到詩書或者奇聞怪事，立刻就能牢牢地記住，再也不忘。隨著年齡增長，東方朔的好奇和興趣越來越廣泛，行動也變得古怪荒誕，他經常離家出走，而且一去就是好幾個月。養父母雖嚴加管教，卻毫無效果，他依然我行我素，在外流浪，即使遇到蚊蟲叮咬，野狗追逐，強人欺凌，他也不回頭、不退縮。就這樣，經過多年磨練，東方朔得到了足夠的知識、膽量和能力，一心盼著能夠效忠國家，成就一番事業。

就在這時，朝廷下詔訪求賢良文學的消息傳來了，東方朔當然不肯錯過這樣的機會，他立即從家鄉出發，千里迢迢直奔長安而去。

東方朔初到長安，哪裡能夠見到皇帝劉徹。怎麼辦？只有寫信自薦了。原來，劉徹見各地人才紛湧而至，不能一一召見，就下旨讓他們將自己的理論或者見解寫成文章，透過負責接待的公車令遞交御覽。

公車令是一種官職，隸屬衛尉管理。衛尉是掌管宮門的衛士，檄循於宮中，其屬官較著名的是公車司馬令，簡稱公車令，掌管警衛司馬門。司馬門是皇宮重要宮門，經過此處的人都要下車步行。公車是官署名，臣民上書和被徵召者，都由公車接待。

再說東方朔，他聽說可以上書皇帝，即刻動筆開始了一份頗有特色的自我介紹。在上書中，他為了全面展示自己，足足寫完了三千片竹簡，片片竹簡摞在一起，兩個人才能扛得動。這份特殊的上書引起劉徹關注，他仔細閱讀，用了兩個月的時間才讀完。劉徹被上書中機智幽默的話語打動了，吸引了，也逗樂了。這是一份什麼樣的上書呢？

在自我推薦中，東方朔大言不慚，幾近吹噓地說：「我身長九尺三寸，高大英俊；我的眼睛像兩顆珍珠，晶瑩有光；我的牙齒就像兩排貝殼，整齊有序；啊，我是多麼偉岸的男子！而且，我具有勇敢、敏捷、廉潔、誠信的品德。我的力量可與齊國勇士孟賁媲美，我的敏捷不比春秋時期慶忌差，我的廉潔更是與齊國鮑叔不相上下，再說信用，我比戰國時期的尾生毫不遜色，縱觀這些優良品質，我可以成為天子大臣了。」文中列舉的幾個人都是古代名士，各自以特長著稱於世，深受後人擁戴。

在上書中，東方朔還大肆炫耀了自己的學識和才能，他說：「我大氣早成，才識超人。我十三歲讀書，十五歲練劍，十六歲學習《詩》、《書》，讀了二十二萬字。十九歲學習孫武兵法，研習戰陣的佈局，不僅懂得各種兵器的用法，還瞭解作戰時士兵進退的鉦鼓，在這些方面，也讀了二十二萬字。文武全學，一共讀了四十四萬字。」

面對東方朔的上書，劉徹又是賞識，又是好奇，還帶著幾分好笑，他賞識東方朔自信幽默的態度、不卑不亢的做法，更好奇這個人是不是真如上書中說得那樣出色呢？他好笑世間還有如此滑稽自誇的人，難道他確定皇上一定會重用他？劉徹認真地閱讀每一份上書，東方朔這篇浩大冗長的上書他也極其認真地閱覽了，他決定安排東方朔一個職務，實地考察他的才能。這樣，東方朔就做了公屬中一個小官。

東方朔以這種開場白亮出了自己的身分，確實前無古人，後無來者。他在自己的官職上幹了段時間，覺得官位太低，想著接近皇上提出更高的要求。可是，由於職務低下，根本沒有機會接近皇上，再有，劉徹下詔求賢後，每天日理萬機，政務繁忙，哪裡有時間接見他？但東方朔不愧聰明滑稽，他竟然又想出了個令人稱奇的主意。一天，他見到一個侏儒，大聲恐嚇他說：「小心點吧，你的死期就要到了。」侏儒大驚，連忙詢問原因，他說：「你看你自己，身材矮小，能做什麼事？叫你去種地吧，你不能耕地扛鋤；叫你去當官吧，你又沒有治理一方水土的本領；叫你去當兵打仗呢，你又不能提槍策馬、殺敵立功。皇上說了，你們只知道伸手要吃要穿，增加國家負擔，留著你們對國家是一個累贅，毫無用處，不如全部殺掉算了。我提前告訴你一聲，你趕緊告訴你的那些侏儒朋友們一起等死吧！皇上馬上就要過來了。」

他這一說，侏儒信以為真，趴在地上嚎啕大哭。東方朔見他相信了，心裡好笑，不緊不慢地又說道：「我給你出個主意，說不定你可以免除一死。」

侏儒忙問：「什麼主意？請快快告訴我！」

東方朔回答：「皇上不久就要路過此地，你抓緊聯繫你的侏儒朋友，到時候，你們一起攔駕請求寬恕，皇上仁慈，一定會對你們寬大的。」

侏儒依計行事，很快聯絡了一群侏儒。他們等候在路上，打算面見皇上請求寬恕。果然，不久劉徹乘車從這裡路過，突然被一群侏儒攔住了去路，他奇怪極了，走下馬車問：「這是怎麼回事？這些人哭哭啼啼為了什麼？」

侏儒見皇上下車了，磕頭不止，一個侏儒大著膽子說：「我們雖然沒有用處，可是請求皇上千萬不要殺了我們，留給我們一條活路吧。」

劉徹大驚，繼續問道：「殺你們？到底怎麼回事？朕什麼時候要殺你們啦？」

帶頭的侏儒說：「東方朔告訴我，說皇上嫌棄我們無用，浪費國家財產，打算把我們全部殺掉。」

還有這樣的事？劉徹有些生氣，跟隨他出行的王臧聽了，立即對他說：「東方朔太大膽了，竟敢拿這種事情誣衊皇上的仁慈，簡直不想活了。臣這就派人去將他捉拿歸案，嚴加審訊！」

劉徹忙制止說：「慢，把東方朔帶來，朕要親自問他。」

不一會兒，東方朔被帶來了，劉徹上下打量他，想起了那篇著名的自薦信，故意沉

東方朔像。

著臉問：「你就是東方朔嗎？為什麼編造謠言，誣衊朝政？」

東方朔毫不慌張，大大咧咧地說：「侏儒身高不過三尺，而我身高九尺三寸，可是我們領取一樣的俸祿，一樣的口糧，每個月下來，他們吃不了用不了，我呢，忍饑挨餓，衣不蔽體，過著乞丐一樣的日子，這多麼不公平。皇上，既然你下詔求賢，就該給人才優厚的待遇才對，要不然，我只好回家自謀生路了。」

在場人聽了，都為東方朔的言談舉止捏一把汗，他這不是頂撞皇上，自找難看嗎？皇上已經委派他官職，他不但不心存感激，為國效力，還以這種詐術接近皇上，而且堂而皇之地以此要求提升官職，真是不得了。

令人沒有想到的是，劉徹聽了東方朔這番言論，哈哈大笑說：「你的自薦信已經讓朕耳目一新，今天，你以這種方式向朕直諫，可見你確實是個聰明勇敢的人。」他不僅沒有怪罪東方朔，還提升他的官職，讓他成為自己身邊的近臣，幫助自己解疑答難，輔佐朝政。

這件事傳出去後，東方朔名聲大振，他生性滑稽、舉止怪誕的行為成為時人議論的焦點，有些人不客氣地稱他「狂人」。狂人東方朔自從來到劉徹身邊，以自己的幽默機智、詼諧靈活和廣博學識成為漢廷一大怪臣，也成為歷史上備受關注的一位人才，甚至被後人尊奉成了相聲界的鼻祖。

從這件事上，也可以看出劉徹在用人上大膽果敢、不拘一格的作風。他這次下詔尋求賢良文學，不止尋求到了董仲舒、東方朔等人才，還尋求到了許多才學出眾的文學大家，司馬相如就是其中一位家喻戶曉的人物。

才子司馬相如

司馬相如，字長卿，成都人，他的小名叫「犬子」，這是他父母希望他能夠健康活潑地長大成人，這一點與劉徹小名「彘」意思相同。司馬相如自幼喜歡讀書作賦，不愛好武術騎射。他仰慕戰國時期藺相如的為人，所以自己改名叫做司馬相如。景帝時，他入朝做官，由於景帝不喜好辭賦，就讓他做武騎常侍。但這職位並不合司馬相如的心意，此時恰巧梁王入朝，身邊帶著許多當時的名流文士，他們與司馬相如談得來，這樣，司馬相如就跟隨他們去了梁國。他在梁國如魚得水，在那裡與諸多讀書人來往，才學大進，做成了名篇《子虛賦》。

後來，梁王病故，司馬相如回到了成都。他家境貧寒，多年來又沒有置辦產業，只好過著縮衣節食的日子。司馬相如有位好友，名字叫王吉，是臨邛縣令，倒是經常關照他，把他接到自己家中居住。有一天，王吉邀請他去當地有名的富戶卓王孫家赴宴。宴席上，大家都知道司馬相如是才子，文采出眾，精通音律，一起請他撫琴助興。司馬相如藉著酒興，當場撥弄絲弦，彈奏了名曲《鳳求凰》。優美的樂曲聲聲動聽，悠揚動人，竟然打動了一位美麗的女子，她就是卓王孫的女兒卓文君。這位卓文君年方十七歲，貌美才高，是不可多得的才女。她十幾歲就出嫁了，沒過多久，丈夫去世，她也成為了寡婦，於是搬回娘家居住，由此才得以聽到了司馬相如彈奏《鳳求凰》。

誰也沒有料到，一曲《鳳求凰》成就了一段美妙的愛情故事。才女卓文君也精通音律，她被優美的樂曲吸引，遂悄悄觀望撫琴的人。一看之下，她嚇呆了，撫琴的青年身材頎長，風度翩翩，是位飄逸儒雅的公子，文君被深深地迷住了。卓文君芳心暗許，司馬相如也心有所感，樂曲一聲聲傳達了無盡情意，兩位年輕人心有靈犀一點通，相約私會，暗訂百年之好。卓王孫聽說女兒與司馬相如私通，非常生氣，決定採取措施把他們分開，但卓文君是個性情剛烈的女子，她不聽從父親的管教，跟隨司馬相如私奔回成都。到了成都家中，她才發現司

馬相如家徒四壁，窮困至極。愛情讓人變得堅強，卓文君沒有退縮，她放下富家小姐的架子，建議司馬相如賣掉僅有的一輛車馬做生意。

一代文豪司馬相如賣了車馬，回臨邛租賃了一間店鋪與卓文君做起了酒水生意。他們一個挽起袖子當夥計，一個站在臺前賣酒，夫唱婦隨，為了生計做起了小本生意。

消息很快傳遍臨邛，卓王孫又氣又羞，躲在家裡不出門。他家人勸他說：「既然文君已經跟了司馬相如，你就不要過分固執了。司馬相如雖然清貧，卻是個人才，一旦他有了機遇，必定會出人頭地，足以配得上文君了。我們家資萬貫，不缺錢財，缺的是人才。說起來，他也該算我家的嬌客了，你還這樣羞辱他們，實在不應該啊。」

卓文君。

卓王孫想了想，沒有好辦法，只好分給了卓文君應該得到的田宅、僕從和其他財產。從此，司馬相如和卓文君過上了富庶的生活。

這個故事引起後人如此厚愛，當然由於司馬相如卓越的文學才能。他與卓文君過上幸福日子後，並沒有貪圖享樂，而是勤奮攻讀，著書賦詞，名聲越來越大，著作也廣為流傳。其中一篇文章傳到了劉徹的手中，為他打開了走向政途和成功的大門。

這篇文章就是《子虛賦》。有一天，劉徹誦讀詩書，讀到了《子虛賦》，被文中的故事和人物吸引，非常賞識，不由掩卷長嘆：「朕要是能夠與文章的作者在同一個時代，一定要認識這樣的人才！可惜呀。」劉徹還以為文章的作者是前朝古人，所以才抒發這樣的感慨。

他的話被負責皇宮犬馬的官員楊得意聽到了，他知道皇帝求賢若渴，急忙跪倒說：「皇上，這個人不是古人，他現在還很年輕呢，與臣是同鄉，成都人。」

劉徹驚喜交加，忙說：「果真如此？這可是位出類拔萃的人才啊。」

楊得意哪敢亂說，隨後把司馬相如與卓文君的故事講給劉徹聽，劉徹高興地說：「才子佳人終成眷屬，讓人欣慰。」他即刻下令，傳司馬相如進京見駕。

劉徹見了司馬相如，一問之下，發現他的學識文采都是一流的，心中大喜。君臣討論《子虛賦》，司馬相如說：「這篇文章講述的是諸侯間的故事，不值得看。臣懇請為皇上仔細深入地寫一寫，寫好了就交給皇上指正。」

劉徹點頭應允，並且送給司馬相如筆墨紙硯鼓勵他。

很快，新的文章寫好了，劉徹接過文章重新拜讀，連連點頭說：「好，好，真是太好了。」原來，舊《子虛賦》講了一個諸侯間互相吹噓攀比的故事，文中有三個虛設的人物，分別是子虛、烏有先生和無是公。子虛是楚國使者，他出使齊國，奉命接待他的是烏有先生和無是公，他們三人極盡其能地誇耀自己國家君主如何富有，生活如何奢侈。而在新辭賦中，司馬相如筆鋒一轉，在他三人列舉了本國君主的豪華之後，又寫到天子的生活比起他們更加闊綽，更加富麗堂皇，超越了他們所有人的想像。這篇辭賦也是後來「子虛烏有」這個成語的來歷。

劉徹讀完文章，連聲稱讚，對司馬相如說：「朕明白你的意思，這是勸導為人君主一定要節儉，不能浮華靡爛、醉生夢死，要做個對得起百姓的君主。」他領會司馬相如的深意，覺得他也是個有用的人才，於是下旨封他做了郎官。

司馬相如才華橫溢，做為劉徹近臣一直很受賞識，他寫了許多名賦，開創漢賦先河，為中國古代文學做出巨大貢獻。他流傳下來的辭賦很多，像《大人賦》、《草木書》、《與五公子相難》等等。

第三節 人才輩出

隨著一批批賢良文學走向朝廷，施展才華效忠出力，封官晉爵，成就事業，越來越多的人受到鼓舞，紛紛求學上進，來到長安，希望能夠被皇帝賞識，能夠有所作為。一時間，大漢朝人才輩出，各顯其能，國家呈現一派熱鬧興盛氣象。

據《漢書》記載，當時的朝廷人才非常多，特別有名的就有公孫弘、董仲舒、夏侯始昌、司馬相如、東方朔、吾丘壽王、主父偃、朱買臣、嚴助、膠倉、終軍、嚴安、徐樂等等。他們中除了前面介紹的幾位之外，還有幾個人的故事也很動聽，有些還被後人改編成了戲劇，在民間廣為傳唱。

有一個人的故事可以說明當時人才紛紛趕往長安的盛景，以及這些人一腔熱情報效朝廷的豪邁壯舉。這個人叫終軍，他是濟南人，熟讀儒家典籍，信奉仁政治國，渴望效忠朝廷，聽說皇上下詔取士，也收拾行裝匆匆趕往長安。千里迢迢，跋山涉水，終軍一路西行前進。路上，每每經過城鎮驛站都要檢查通行證，這在當時叫做符信，是行路人的證件，沒有它也就無法通過。終軍來到長安腳下，到了最後一道關卡前，官吏看完他的證件還給他時，他接過來隨手就把符信扔掉了。官吏大聲說：「不要扔了，你回來的時候還要用呢，要不然就回不去了。」終軍哈哈大笑，不在乎地說：「我身為大丈夫，西遊為了報效朝廷，不會空手而回，不會和今天一樣回去。」他的意思是說，自己西遊長安，一定會受到皇帝重用，或者成為名震海內外的名人，或者將來做了大官，用不到這些證件啦。豪言壯語，書生言志，何等振奮人心！

還有一個人的故事也成為千古絕唱，而且被後人改編成了著名地的《馬前潑水》、《打樵罵夫》等，他就是朱買臣。

朱買臣是個儒生，每日書不離手，不管幹活還是吃飯都不放下書本。他一心盼望通過讀書取得知識，增長才能，從而入仕做官，獲得出頭之日。由於他不會種地，又不會做生意，沒有養家糊口的本領，隨著時間推移，他年齡增大，可是家裡卻越發窮困，就連父祖們遺留下來的家產也消耗盡了。為此，他妻子經常與他吵架，每天都逼著他上山打柴，也好用木柴換點糧油勉強度日。

朱買臣。

朱買臣背上刀斧，偷偷拽著書本上山了。山上人少僻靜，他樂得在此讀書呢，哪裡肯去打柴？連幾天，他都是背著極少的柴草下山回家，他妻了奇怪地問：「怎麼你天天打柴，只有這麼一點點？」

朱買臣支支吾吾，不敢說自己偷著讀書的事。第二天，他妻子尾隨他來到山上，發現他沒有打柴而是背著自己讀書，勃然大怒，跳過去罵道：「朱買臣，你讀書就能吃飽喝足嗎？你說你肩不能挑擔，手不能推車，既不會種地又不會做買賣，你怎麼養活這個家？讓你幹點輕巧省事的活，砍幾棵木柴吧，你還不好好幹，你說你還想不想過日子了?!」

面對妻子痛罵，朱買臣習以為常，低聲辯解說：「我讀書做學問，將來一定會成就大作為，到時候咱們就會過上好日子了。」

每次吵架朱買臣都這樣說，希望妻子能夠理解他，可是他妻子早就聽膩了，再次聽到這話，氣得咬牙切齒地說：「好日子好日子，朱買臣，我等著下輩子跟你過好日子吧！大作為？你看看你一副窮酸潦倒的樣子，你能有什麼作為?!」

沒過多久，朱買臣的妻子覺得丈夫已經無藥可救，就離開他改嫁他人。朱買臣矢志不渝，依然努力讀書，靠打柴艱難度日。一天，他妻子跟著新丈夫上墳，在樹林裡突然聽到大聲誦讀聲，她覺得非常熟悉，仔細辨認聽出這是朱買臣的聲音，不由搖頭說：「這可真是書呆子呀！」

過了幾年，朱買臣時來運轉，被推薦到了朝廷，受到皇上劉徹的親自召見。劉徹在大殿上向他問策，見他學識豐富，做事認真，就任命他做了稽太守。朱買臣衣錦還鄉，成為了當地父母官。

當他坐著馬車回到家鄉時，百姓們湧上街頭熱烈歡迎他。人群中正有他的前妻，這個女人看到朱買臣果真做了大官，頓時傻了眼。有人為她出主意讓她懇求朱買臣，不要怪罪她。她害怕朱買臣報復，也幻想朱買臣不計前嫌，能讓自己回到他身邊，自己也做一做官夫人，享享福。

朱買臣看見前妻來求自己，想了想說：「也罷，只要你能做到一件事，我就同意妳回來。」他前妻忙說：「別說一件事了，你叫我幹什麼都行。」

朱買臣笑著端起一盆水說：「嗯，只要妳把我潑出去的水收回來，我們就可以破鏡重圓，重敘舊情。」說著，他啪一聲把水潑向乾燥的地面。他前妻見狀，來不及細想，慌忙趴在地上收水。可憐她手忙腳亂，哪裡能收上幾滴水珠！她明白了，朱買臣這是告訴自己，覆水難收，既然兩人已經分手就不可能再回到從前了。

這個故事還有很多版本，不過大體來說，都是一個窮書生發憤圖強、努力有為的故事，可以說，如果沒有漢武帝劉徹廣泛選士，重用了朱買臣，結局將會完全不同。兩千年來，這個勵志的故事激勵著成千上萬的儒生廢寢忘食地苦讀聖賢書，以求一朝得勢，擺脫困境。確實，許多人實現了這個夢想，他們走向了成功，走向了輝煌。他們的道路比起朱買臣來，已經幸運多了，也簡單多了。他們在嶄新的制度下學習讀書，通過新的途徑入仕做官，這條途徑就是董仲

舒對策裡提出的學校和考試制度。

董仲舒在天人三策裡建議設立太學，做為國家培養人才的基地，劉徹非常贊同，他首先在全國範圍內召集了五十個人，做為第一批學生，講習儒家的《詩》、《書》、《易》、《禮》、《春秋》五經，做為以後選拔人才的基地，然後從中選拔出優秀人才任為官吏，效忠國家，效果非常好。後來，學生增加到三千人，劉徹就開始在全國各地普遍建立學校，這就是國家辦學校的最初形式。從此後，各級官吏大部分都是通過這條途徑走向仕途，並以此教化百姓，儒家學說風行天下。中國兩千年來的教育制度基本上都沿襲了這種模式，讀書和學習從此成為了值得誇讚和驕傲的事情。

第八章 新政之初

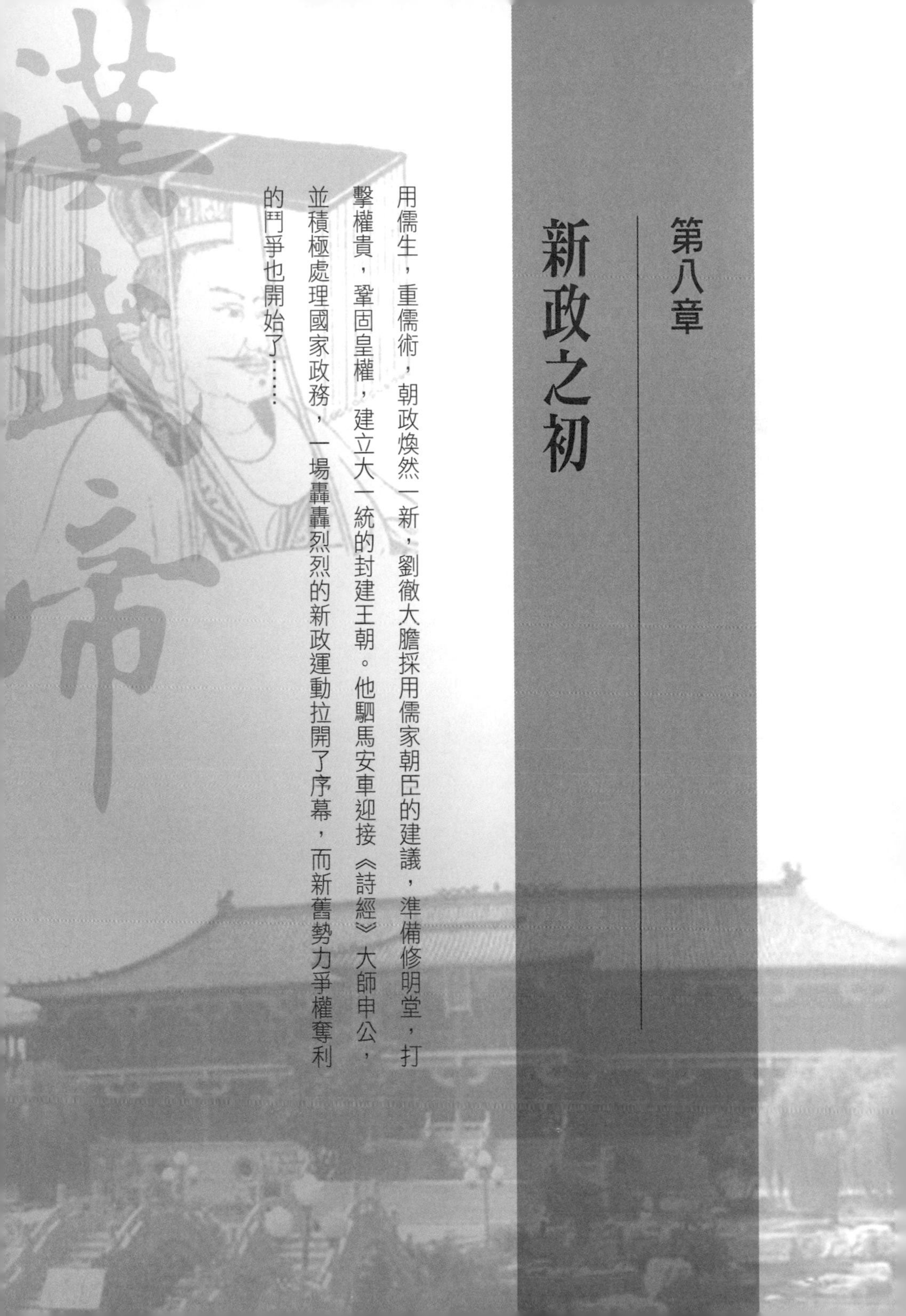

用儒生，重儒術，朝政煥然一新，劉徹大膽採用儒家朝臣的建議，準備修明堂，打擊權貴，鞏固皇權，建立大一統的封建王朝。他駟馬安車迎接《詩經》大師申公，並積極處理國家政務，一場轟轟烈烈的新政運動拉開了序幕，而新舊勢力爭權奪利的鬥爭也開始了……

第一節

相位之爭

衛綰罷相

劉徹風風火火選拔人才，是他即位後最大的舉動，對於不足十六歲的少年來說，顯得有些力不從心，此時，一個人成為他的得力助手，幫助他做了許多工作，他就是劉徹的第一位老師衛綰。

衛綰既是皇上的老師，又是當朝丞相，對於這次求賢良文學可謂盡心盡力，付出很多。實際上，他信奉儒家思想，希望通過這次對策樹立儒家威望，多多提拔儒家人才。所以，他見劉徹欣賞董仲舒，心裡很高興。後來，他看到各地人才紛至沓來，各門各派，無所不有，擔心劉徹被他們迷惑，擔心其他學派干擾朝政，也有意表露一下自己的見解，確定自己在朝廷的地位，於是，在董仲舒第三次對策後，他也上了一道奏章，請劉徹驅趕其他學派的人，只留下儒家人才。這是「罷黜百家，獨尊儒術」思想所走出的第一步。

衛綰在奏章裡說：「臣以為專門學習申不害、商鞅和韓非子法學的法家和學習蘇秦、張儀縱橫學的縱橫家，他們到處搬弄是非，唯恐天下不亂，意圖為自己謀取利益，臣請皇上把他們這些賢良罷免回去。」

劉徹接到奏摺，輕聲笑笑說：「呵呵，丞相做事總是很謹慎，朕的意思很明確，董仲舒的三道對策基本上已經肯定了，他這樣做真是萬無一失。」他對於衛綰的舉動頗不以為然，認為有拾人牙慧之嫌。這位年少的君主逐步成熟，有著過人的眼光和膽識，竟然一眼識破衛綰的心思，認為他跟在董仲舒身後提出這樣的建議太過圓滑，不值得過分誇獎。

劉徹雖然看透衛綰的所作所為，不過，他還是接受了丞相的建議，開始重用儒家，疏遠其他學派人士。朝廷上的變動引起竇太皇太后的關注，她看到劉徹深受儒家影響，竟然到了獨尊儒術的程度，十分生氣。當初，劉徹下詔選取賢良文學她可是點頭同意的，現在怎麼提出反對了呢？

於是，竇太皇太后把矛頭指向一個人，他就是丞相衛綰。衛綰是儒家弟子，當年做劉徹的老師時，竇太皇太后就不贊成，不過礙於漢景帝，不好過分干涉，只能派汲黯同時教導劉徹，希望劉徹不要忘了黃老思想。後來，漢景帝病重，竇太皇太后提議讓竇嬰為相，遭到景帝反對，竟然拜衛綰做了丞相。這兩件事情一直讓竇太皇太后記在心上，加上她的親信多次對她言說衛綰的不對之處，更加深了這種反感情緒。近些日子，衛綰輔佐幼主，一味提拔重用儒家人才，還提出要以儒學為治國思想，排除其他學說的影響，真是豈有此理！

在竇太皇太后看來，劉徹推行的新政都是衛綰一手策劃扶植的，是他利用幼主搞的政治詐術，意圖把持朝綱、左右君主。如果罷免衛綰，那麼劉徹自然乖乖地回歸傳統做法，繼續依照黃老思想治理國家。

有一個人看透了竇太皇太后的心思。他是黃老學說的忠實弟子，也是竇太皇太后信任的大臣，名叫許昌，他進言說：「太皇太后，衛綰利用自己既是皇上老師又是丞相的雙重身分，主持政務，尊儒術、退百家，時間久了，肯定也不會放過黃老學說，臣看應該及早行動，罷免衛綰，這場風波也就煙消雲散了。」

竇太皇太后滿意地點點頭說：「嗯，說得很好，皇上年輕，哪裡經得住他們攛掇！皇上也沒有經歷過什麼大事，這次過錯不賴他，都怨衛綰。先帝認為他老實持重，臨終託付他重任，讓他好好輔佐幼主，哪成想他是個外圓內尖的傢伙，這才幾天，生出這麼多事來，真是讓我頭疼。也罷，罷免他，省去這些煩心事。」

一句話，衛綰便面臨了罷相的危險。竇太皇太后已經做了決定，劉徹還有能力挽回嗎？當太皇太后召見劉徹，讓他罷免衛綰時，劉徹非常意外，不解地詢問原因。竇太皇太后毫不留情：「還用問嗎？衛綰是不是以為大漢江山是他的？漢室非要讓他來折騰？你即位才幾天，就做出這麼多事，難道不是衛綰背後鼓搗的嗎？什麼遵從儒術，天人合一，明明是排斥異己，自我標榜！儒生們就知道耍嘴皮子，動筆桿子，哪裡有什麼真本事，這樣下去，國家還不毀在他們手裡?!」

劉徹默默聽著，沒有反駁，他知道祖母歷經四朝，經驗豐富，對於自己影響很大，朝廷中與老臣們以及皇親國戚也大都聽從她的指令。自己雖為皇上，衛綰雖為丞相，也難與他們對抗。

竇太皇太后說完了，等著劉徹回話。劉徹沉默半晌，抬頭緩緩說道：「既然太皇太后已經下了決心，孫子就聽從您的安排，罷免衛綰。」

「好，我就知道徹兒最聰明了，」竇太皇太后高興地說，「他們誰也不能左右我們漢家江山。孫子，你放心，只要我們祖孫團結一心，他們誰也奈何不了咱們，懂嗎？哼，他們以為趁機可以爭權奪勢呢，門兒都沒有！新的丞相可要仔細挑選，不能再犯錯誤了。皇上，我看竇嬰和田蚡都不錯，你可以從他們當中考慮。」

看來，竇太皇太后還是採取舊辦法，從皇親國戚和功臣元老中選拔重臣，把江山看成一家天下。可如今她的想法與漢朝所面對的現實情況早已不相符合，嚴重遏制了人才，成為社會進步的阻力。而皇親國戚勢力日隆，各自為政，也不利於國家統一，七國之亂就是最突出的例子。可面對著皇祖母的命令，劉徹又能怎麼辦呢？劉徹罷免了衛綰，能否選拔合適的丞相呢？

田竇之爭

竇太皇太后極力推崇皇室外戚，並且理直氣壯提議了兩個人選。雖然竇嬰信奉儒學，當年曾經反對梁王，害怕黃老思想繼續左右朝政，不過，他畢竟是自己的侄子，從關係上說還是比他人可靠，受到自己信任和賞識。竇太皇太后做了二十三年皇后，十六年太后，如今又是太皇太后，四十年來她對於朝政已經非常熟悉，她娘家的人也因此榮華富貴，封官晉爵，勢力極大。竇家雖然榮耀，人才卻不多，只有竇嬰出類拔萃，因此竇太皇太后為了穩固竇家勢力，幾次提議重用竇嬰。

聽了祖母的建議，劉徹點頭無語，他明白，祖母這麼做一是為了罷黜衛綰對朝廷的影響，二來為了鞏固朝局。自己畢竟年少，需要強大的力量支援，更需要值得信賴的人來輔佐自己。可是竇嬰和田蚡也是儒術的推崇者，自己下詔尋求賢良文學也得到他們支持，這樣看來，祖母也是為了緩和朝政才舉薦他二人的。竇嬰和田蚡二人都是皇室貴戚，早些年的時候，田蚡為了巴結竇嬰，一直在他手下做官，對他畢恭畢敬，殷勤備至，時人都說田蚡比竇嬰的親兒子還要孝順他。後來，隨著劉徹冊立太子，繼而即位稱帝，田蚡晉封武安侯，地位越來越高，他與竇嬰有了平分秋色的感覺，也就逐漸不把竇嬰放在心上。一來二去，田竇兩家產生了摩擦，不過，田蚡為人極其精明，他心裡清楚得很，竇嬰勢力依然強大，背後又有竇太皇太后撐腰，自己不能與他翻臉。所以，兩人雖有罅隙，表面上還是說得過去。

如今，竇太皇太后一句話就罷免了衛綰，更可見她的影響之大。那麼她提出從竇嬰和田蚡兩人中選拔丞相，到底誰會勝出呢？

這件事情確實麻煩，劉徹想來想去，苦於不知道該任命誰做丞相。竇嬰立過戰功，受封魏其侯已經多年，他做丞相的話，是當之無愧的人選；而田蚡呢，足智多謀，崛起的新貴，也不可小覷。

劉徹一邊思索相位人選，一邊按照董仲舒和衛綰的建議對朝政進行著改制。這時，他的老師王臧又為他引薦了趙綰，也是一位儒學名人。

再說衛綰罷相的消息很快傳遍京師，田蚡躊躇滿志，打算爭奪相位。他的一個謀士名叫藉福向他獻計說：「侯爺，太皇太后提議皇上從您和竇嬰當中選擇一人，我覺得意思非常明白，太皇太后不願意背上任人唯親的惡名，所以把您和竇嬰一起提出來了，可是她的真實想法是讓竇嬰做丞相。」

田蚡說：「難道我就自動放棄做丞相的機會嗎？」

藉福說：「侯爺，我有一計，保證您能夠得到高位，還能獲取皇上和太皇太后歡心。」

「快講，」田蚡忙問，「到底是什麼計策？」

藉福說：「侯爺，竇嬰多年來勢力強大，追隨他的人非常多，又有太皇太后做後盾，而您呢，剛剛被封為侯爺，勢力不如竇嬰，如果強行爭奪相位對您不利。我認為您應該趁機上奏請皇上任命竇嬰為丞相，這樣呢，顯示您賢德大度，皇上和太皇太后都會很滿意，對您必定另眼看待。除了丞相，太尉的職務還空缺，我想，皇上和太皇太后一定會因此讓您做太尉的。丞相和太尉級別等同，也是三公之一，卻握有兵權，說起來比丞相還要有實權呢。您意下如何？」

田蚡聽了，大喜過望，連忙進宮去見太后王娡說明自己的打算。這幾日，為了任命新丞相的事，劉徹正在猶豫，他在田蚡和竇嬰之間左右徘徊，難以決斷究竟讓誰做新的丞相。他的苦惱瞞不過王娡，王娡看在眼裡，心裡也是十分焦急為難，既害怕自己的弟弟做不了丞相，更擔心得罪了太皇太后。可是，當初竇嬰曾經力保廢太子劉榮，反對立自己為后，立劉徹為太子，是自己的政敵，這樣的人一旦做了丞相，能真心實意輔佐幼主劉徹嗎？當她聽了田蚡以退為進的計策後，不由高興地說：「太好了，這下總算解決了一個大難題。」

田蚡聽王娡這麼說，心裡暗自得意，忙說：「皇上和太皇太后要是知道了，也一定很高興。」

王娡點頭說：「對，皇上和太皇太后也為這事犯愁呢，如今你賢德禮讓，主動請求讓竇嬰做丞相，可不讓他們高興？」

姐弟倆又說了回話，討論朝廷內外以及家庭諸事，他們心照不宣，明白主動讓賢是為了暫避鋒芒，為了將來奪取更大權力，進一步穩固家族勢力。

兩人商量妥當，然後分頭行動，把這件事情透露給劉徹。很快，田蚡就正式上奏章請求皇上任命竇嬰做丞相；王娡呢，也召見了劉徹，對他說了這樣做的好處。劉徹見田蚡主動讓賢，對他十分滿意，可是竇嬰是否適合做丞相呢？先帝曾經說過，竇嬰是性情中人，做事輕率，喜怒哀樂不善於掩飾，並非丞相的合適人選。他清楚記得當時自己還勸阻祖母，說勉強做事不如不做，祖母才同意先帝的意見，接受衛綰為相，說來說去，衛綰罷相，接著起用竇嬰，這樣做行嗎？

事情卻容不得劉徹前思後想了，竇太皇太后聽說田蚡讓賢，請竇嬰做丞相，她立即召見劉徹，讓他儘快下詔書正式任命竇嬰為相。劉徹有些遲疑地說：「孫子記得先帝說過竇嬰不適合做丞相，這麼匆忙罷免衛綰，起用竇嬰恰當嗎？」

竇太皇太后不以為然，臉色冷峻說：「皇上，先帝是這麼說過。可如今衛綰欺世盜名，任用只會耍嘴皮子的儒生，這樣下去，朝廷社稷還不得毀在他的手裡?!再說了，他任相期間，欺瞞先帝，私自處罰了許多犯罪的官吏及其親屬，這些事情現在都暴露出來了，不罷免他行嗎？至於竇嬰，先帝是說過他的缺點，可是他做為皇親國戚，這些年來為朝廷出了不少力，立下過功勞，對於朝廷和皇上忠心耿耿，這樣的人才越來越少了，皇上應該給他一次機會。」

是啊，竇嬰也算是元老了，如果這次做不了丞相，以後新人輩出，恐怕他更沒有機會啦。

劉徹見祖母意志堅決，考慮到目前政局情況，只好答應下來說：「也好，就按照祖母說的辦。

不過，田蚡推薦了竇嬰，孫子看也要好好提拔他一下，就讓他做太尉如何？」七國之亂後，周亞夫由中尉升為太尉，繼而升為丞相，漢景帝廢除太尉一職，幾年來漢廷實際上沒有完整的三公制度，朝政完全控制在丞相一人的手裡。

竇太皇太后一心舉薦竇嬰做丞相，今日終於如願以償，非常開心，聽劉徹打算重新設置太尉職位，提拔田蚡，哪裡還能反對？她當即同意了，說道：「我早就說過，田蚡是個人才，應該好好用他。他主動提出讓竇嬰做丞相，更看出他賢德的一面，這樣的人不用也不行。既然丞相讓竇嬰做了，就為田蚡恢復太尉職位吧，也讓他知道我們不會虧待他。」

各人有各人的心思，誰也不會想到，劉徹心裡另有想法，原來，他時刻記得漢景帝對竇嬰的評價，他也記得當年周亞夫狂傲無上的舉止，以及最後不得不對他採取極端措施的種種情況，對將來竇嬰獨攬朝政感到很不放心。現在為了分散丞相權力，他答應太后王娡，讓田蚡做太尉，乘機恢復太尉職位，削弱丞相權力。看來，他考慮的正是一個君主所要考慮的問題——如何掌控朝局，如何平衡各種權勢。這一點看似簡單，卻不是一般人能夠做到的。

於是，劉徹即位僅僅五個月，在罷免丞相衛綰之後，相繼任命竇嬰為相，田蚡為太尉，趙綰為御史大夫，恢復三公制度，力求避免丞相一人獨霸朝綱的局勢。同時，他還任用王臧為郎中令，掌管宮廷所有事務。趙綰和王臧都是儒學大家申公的學生，他們走向朝廷，將有什麼舉動呢？

第二節 明堂內外

駟馬安車

劉徹即位不久，雖然罷免了丞相衛綰，卻重用了諸多儒家人才，他們走向朝廷，做官任職，漸漸崛起。而且，竇嬰、田蚡兩人皆信奉儒家學說，趙綰、王臧更是儒家思想的忠實推行者，此時，漢廷的相權、軍權還有禮儀監察權都在儒家的手裡，可以說儒學已經深入人心，嚴重動搖了控制朝廷幾十年的黃老學說。新的思想風潮不可避免地越燒越旺，將要成為燎原之勢燒遍全國。

在這種思想的影響下，新近受到劉徹重用的王臧和趙綰走在了最前面，他們根據所學知識，根據儒家的禮儀標準，提出了一個大膽建議。他們認為為了凸顯君臣有別，便於大一統思想貫徹落實，應該設立專門場所做為諸侯進京朝覲的地方。這種地方叫做明堂，應該建在長安城外面。

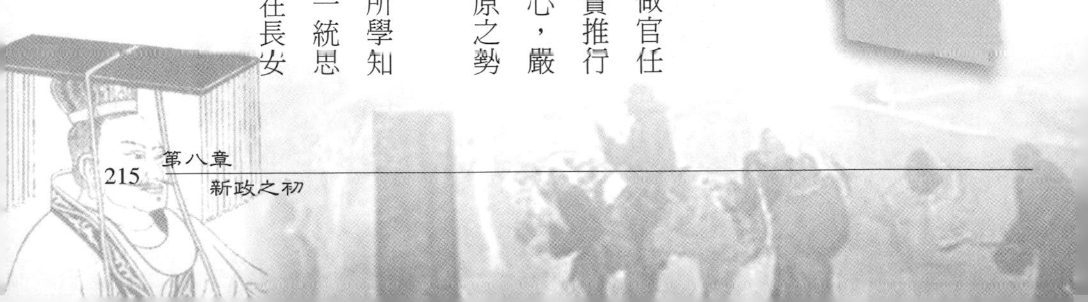

劉徹雄心壯志，意圖改變眼下頗顯混亂的社會秩序，建立一個井然有序的新世界，聽了這樣的建議，當然非常贊同。他即刻下令讓趙綰和王臧負責此事，按照禮儀標準起草和設計明堂計畫。

趙綰和王臧得到皇上肯定，一面積極動手籌備建立明堂的方案，一面再次上奏向皇上推薦自己的老師申公，他們說：「申公是當世最有名的儒家代表，他精通儒家思想，對於禮儀制度比我們懂得多。要是他能前來輔佐皇上，負責明堂方案，肯定建設得更加完備，制度也更合乎標準。」

劉徹多次聽人提起申公的名字，對他早就有所瞭解，知道他是《詩經》方面的專家，是儒學界的泰斗，很想認識他，聽到趙綰和王臧提出這樣的建議，當即滿口應允下來，接著問道：「申公是儒學大家，能否肯屈就前來長安呢？」

王臧說：「皇上只要有誠心，申公一定肯來。所謂修身齊家治國平天下，儒家的思想就是進取有為，效力朝廷和國家，他怎麼能不來呢？」

劉徹點頭說：「這樣就好。朕看應該按照最高禮儀規格迎接

申公，以顯示朝廷對他的看重，表達朕的殷切之意。趙綰王臧，你們準備駟馬安車和豐盛的禮品，一定要把申公請到長安來。」

駟馬安車是一種高規格的待遇。當時，一般安車都只用一匹馬駕乘，只有身分高貴，或者受到皇上特許的人才可以乘坐四匹馬拉的車輛。劉徹下令，讓趙綰王臧準備用四匹馬拉車迎接申公，這叫做駟馬，他還特意叮囑用蒲草包裹好安車的輪子，防止路途顛簸，讓申公坐在車上安穩，另外還讓他們帶上玉璧和布帛等貴重禮物。他這樣慎重細心，顯示了對德高望重的申公的尊崇。

使者們出發了，他們千里迢迢來到魯國，拜見了正在講學的申公。申公的學生很多，眼下，皇上重用儒家人才，更多人投入到儒學中來，投到他的門下，以求學業有成，謀圖輝煌前途。學生多了，申公也更加忙碌，八十多歲的他依然孜孜不倦，誨人不厭。

朝廷派來了駟馬安車，立刻在當地引起轟動，申公府上的家人頓覺榮耀；他的學生看到了更加光明的前景；他的鄰居們也流露出欽羨神色，許多富貴人家紛紛前來祝賀，並且把子弟交到申公手裡，請他善加培養。八十多歲的申公內心無比喜悅，迎來送往身體有些吃不消了，他不無擔憂地對使者說：「此地離長安千山萬水，路途遙遠，恐怕我年齡大了，難赴聖意。」

使者指著馬車說：「皇上早就想到了，擔心你路上吃苦，特地叮囑我們用蒲草包裹車輪，保證你一路安穩。」他又將劉徹安排的禮物堆到申公眼前說：「這些禮物都是皇上親自挑選

的，皇上說了，禮輕情義重，請您看在他年少無知的份上，不要嫌棄禮物淺薄。如果您不滿意這些禮物，到了長安可以自行選擇。皇上為了尋求賢良、尋求治國安邦的大計，用了很多辦法，如今朝廷上下一心向儒，您的學生趙綰和王臧位居高官，推舉您去長安見駕，您可不要錯過機會。」

申公笑呵呵地聽著，他對於劉徹即位後的作為已經明瞭於心，內心裡十分敬重這位少年皇帝，對他尊儒的做法也很高興，他想了想說：「皇上年少就如此有為，我也不能倚老賣老，不聽從旨意。好，我準備一下，咱們進京見駕。」

這樣，八十多歲的申公在劉徹力邀之下，乘坐駟馬安車，奔赴京師長安。劉徹得到消息，親自迎出長安，準備迎接申公入京。此時，長安內外人盡皆知，朝廷和皇上尊儒重教，儒學已經有壓倒其他一切學說的勢頭。

劉徹把申公迎進長安，迎進未央宮，隆重地安排與他首次對策。過高的禮遇讓申公備受感動，同時，他也隱隱覺察到了背後暗藏的危險。他看到皇上如此年少，要推行的新政牽涉面極大，不免有些心虛。原來，修建明堂只是新政的一部分，而巡狩、改曆法、易服飾各個方面的內容還有很多。申公畢竟年老了，經歷廣見識多了，他對於這些內容雖然贊成，卻覺得過於激進，不免有些猶疑。

申公一句話

劉徹尊敬地問訊申公如何治理天下，這位遠道而來的老人卻採取了較為冷淡的態度。在他看來，劉徹不過是個孩子，少不經事，而自己的兩個學生也沒有從政經驗，他們鼓動皇上做出這麼大舉動，能否從一而終地做下去呢？皇上一時高興，決定做了；哪天要是煩了，又不想做下去了該怎麼辦？而且朝政複雜，他也知道竇太皇太后和王太后的勢力以及各諸侯國對於朝廷的影響，萬一他們出來干涉，事情就複雜了。

也許是為了考驗一下眼前的少年天子，也許是另有他想，深諳中庸之道的申公聽了劉徹的問話，平靜地回答說：「皇上，治理國家在於多做事，而不是多說話。任何事情說起來容易，做起來卻非常難，這是我的一點看法。」他清楚竇太皇太后討厭儒學，不止一次指責儒家弟子都是耍嘴皮子的人，沒有真正本領，也聽說轅固生被扔進豬圈和衛綰罷相的事，他這樣回答劉徹可以說萬無一失。

劉徹洗耳恭聽，靜靜品味申公這句話的含意，他恍然明白了，這是申公在提醒自己，推行新政並不是說得那麼容易，要做好各種思想準備。他真誠地看著申公，希望他繼續說下去。可是申公說完這句話就再也不說其他話了，只是默默地等候著。

趙綰、王臧見此，心裡著急，恨不得上前替申公說話。可是申公沉默依然，什麼話也沒有說了。場面有些尷尬，畢竟劉徹費了很大力氣，懷著極大希望請來了申公，怎麼，就說這麼一句話了事？

此情此景，一般人也許會生氣動怒了，劉徹卻很大度，他見申公不再說話，很寬容地說：「老人家遠道而來，獻上這麼重要的建議，朕很感動。即刻傳朕的旨意，封申公為太中大夫，負責明堂所有事宜。」

劉徹不但沒有怪罪申公，還對他封官任職，委以重要工作，旁邊的竇嬰不解地問道：「皇上，這個人無視您的問話，態度傲慢，他獻上什麼建議了？怎麼能這麼厚待他？」

劉徹看看竇嬰，語氣沉著地說：「申公剛才不是說了嗎？治理國家在於多做事，而不是多說話。朕以為這很重要，朕即位以來，已經聽取了很多人才的言論、學說、主張，也該身體力行多做事了，丞相認為是這樣嗎？」

竇嬰臉色一變，他覺得劉徹是在質問自己，不是嗎？劉徹下詔求賢，興辦太學都是衛綰在位時做的，如今自己做了丞相，還沒有一點政績呢，難道劉徹在催促自己了？他心猿意馬地想著，張口說道：「皇上，臣認為應該繼續削弱諸侯勢力，加強朝廷統治。現在，皇親貴戚、王侯豪強們勢力依然強大，他們違法亂紀，擾亂朝綱，影響越來越大，臣以為，一應該讓留住在京師的王侯們回到屬地去，二應該打擊違法犯罪的皇親國戚，肅整法紀。」

這個提議非同小可，驅趕王侯，查辦皇親，動輒就會驚動京師安危，鬧不好會牽涉到皇帝自身安全，誰敢輕易去做？在場諸人聽了，無不流露出驚異神色。就連申公聽了，也不由緊張地看一眼劉徹，看他如何應對竇嬰的提議。

劉徹蹙眉想了想，繼而展顏微笑，十分高興地說：「丞相的提議果真不錯，好，就照你說的做。這兩件大事交給你和田蚡，你們仔細去做，不得出現差錯。」

當真是果斷乾脆，雷厲風行，少年天子一連串的舉措震驚朝野，讓儒生們興奮狂喜的同時，不可避免地得罪了另外一部分人，他們就是新政的受害者——皇親國戚和王侯豪強。最初，劉徹求賢良、訪文學並沒有引起他們恐慌，隨著衛綰提出尊儒術、退百家，他們有所警覺，開始擔心多年來追隨的黃老思想落伍受排擠，不斷進宮對竇太皇太后言說這些事情，竇太皇太后一怒之下罷免衛綰，任用竇嬰和田蚡，認為他們一定不會跟著儒生們起哄，好好輔佐皇上。但事與願違，這兩個人不但沒有遏止皇上尊儒重儒的勢頭，反而幫著皇上推行這些新政策，如今，他們的兩項提議一旦落實，能不引起皇親國戚和王侯豪強痛恨漫罵嗎？

就在劉徹大刀闊斧推行各項新政策，意圖創造輝煌盛世，引起朝野上下一片震驚的時候，又一件意想不到的事情發生了。

第三節

東越戰事

劉徹主戰

大漢的東南方向有兩個小國，一個是閩越，一個是東甌，它們是春秋戰國時期越國的後裔，秦時被廢為郡縣，漢初接受漢廷封賜，重新受封為諸侯。閩越國王叫無諸，東甌國王叫搖，他們都是越王勾踐的後人。

七國之亂時，吳王劉濞曾經派人聯合東越兩國，希望他們一起參與謀反。閩越王無諸不接受劉濞的建議，不肯起兵，而東甌王搖回應了謀反之事。後來，七國戰敗，劉濞逃到東甌乞求躲避，一路追趕而來的竇嬰打算一舉攻打東甌，消滅敵人殘餘勢力。這時，梁王手下的內史韓安國獻計說：「將軍，東甌國小力弱，他們不敢與朝廷為敵，先前投靠劉濞是因為懼怕吳國，現在吳國戰敗，劉濞逃到他們這裡避難，他們再也不用害怕吳國和劉濞了。我想，過不了幾日，他們就會把劉濞的人頭獻上來。」

果然，東甌王見大軍壓境，知道無力反擊，害怕遭受滅頂之災，與心腹商量之後，果斷地殺了劉濞，派人把劉濞的人頭送到漢軍營中，表示歸順漢廷的決心。竇嬰非常高興，撤回部隊，把事情回覆漢景帝。漢景帝覺得東甌王既然殺了劉濞，願意歸順朝廷，也就沒有追究他投靠劉濞的過錯，依然讓他掌管東甌之地。

劉濞雖然死了，他的兒子子駒卻逃到了閩越。

子駒痛恨東甌王殺害他的父親，時常勸說閩越王攻打東甌。兩國之間本來就存在矛盾，在子駒的挑撥離間之下，矛盾漸深，竟至互不相容的地步。劉徹即位不久，兩國之間終於爆發了戰爭。

戰事迅速發展，很快，閩越派兵圍困了東甌，東甌彈盡糧絕，陷入困境，他們只好一面要求停戰議和，一面急忙派人到京師求救兵。使者來到京城，見到劉徹說了戰事情況，請朝廷派兵解圍。

這個消息讓初登帝位的劉徹著實一驚，他急忙召集群臣商討對策。此時，田蚡剛剛做了太尉，負責國家軍事工作，是軍界最大的官員。劉徹首先向他詢問，哪知田蚡不鹹不淡說了句：「越人自相殘殺，時常發生，這是正常的事情，這是他們自己的事情。臣以為不值得大漢朝廷發兵解圍。臣聽說從秦朝時起就把東越棄之不理了，我們也不用管他們的事情。」

這可倒好，他一句話把東越扔掉不管了，這不等於自動放棄國土和領地嗎？劉徹聽了，心

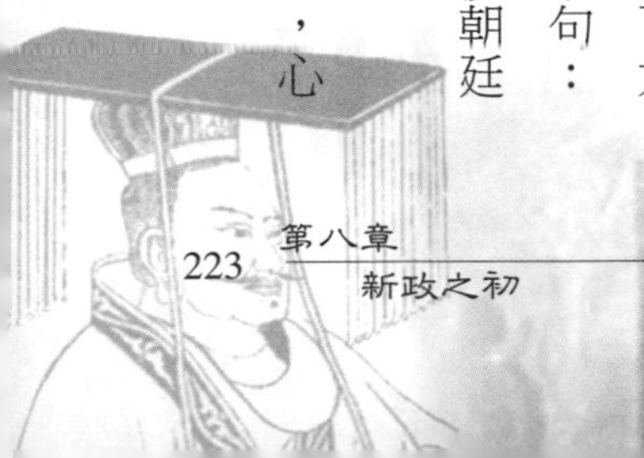

裡十分不滿，一時間又不知道如何決斷，臉色沉沉地望著殿下眾臣。殿下靜悄悄的，丞相竇嬰也一言不發，也許他們覺得田蚡說得有理，東越地偏路遠，與繁華的長安相隔數千里，兩地風情人文相差甚遠，管它有什麼益處？還不如棄之不管呢。

劉徹悶悶地看了半天，不無諷刺意味地說：「依照太尉的意思，以後就把東越當成他國異邦，不是大漢的一部分了？這樣的話，國家四邊的國土可以隨便獨立，大漢也就日漸畏縮，最後還不得蝸居長安？」

朝臣們聽到這話，頓時警覺起來，一個個欲言又止，倒不知道該說什麼好了。就在這時，一個人走出行列，向上施禮之後轉身對著田蚡說：「人們最擔心的事情是力量不能救助苦難，道德不能廣泛推廣。如果能夠做到，為什麼不去做呢？為什麼自動放棄呢？嘿，秦朝連咸陽都放棄了，何況一個邊遠的越國！如今，小國因為遇到災險危急向天子求救，天子不能伸張正義，救助他們，一旦他們安定下來，還能聽從天子的命令嗎？如此下去，天子又如何統治天下諸侯？」

一席話，再次引起朝臣議論，也讓劉徹心情一爽，他看看殿下進言的人，正是中大夫莊助，下詔選賢才受到重用的儒生。田蚡臉色通紅，著急地剛要申辯，卻聽劉徹說：「太尉剛才說的確實不足以考慮討論。莊助，以你看該如何做呢？」

莊助說：「臣以為應該救助東甌，撫平戰事。」

劉徹點點頭，略微沉思著說：「朕剛剛即位，不想用虎符調動國家大軍，以免引起國人慌亂。朕看還是調集郡國部隊救助東甌，平復東越戰事，你看如何？」

莊助再次施禮說：「皇上慮事周全，臣所不及。平復東越只需會稽一郡的兵力足夠了，請皇上降旨，臣願往東越一行。」

「好，」劉徹滿意地說：「中大夫主動請戰，為東越一事奔走。朕賜你使節，你全面負責這件事情。」莊助領命積極準備去了。

這件事再一次顯示劉徹見識高遠、大膽用人的性格。他沒有聽信太尉田蚡的話，也顯示他善於獨立思索的品性，他正在逐漸走向成熟。

東越雖然偏遠，卻是大漢的一部分，怎麼能夠置之不理呢？田蚡在這件事上栽了跟頭，一向以智謀著稱的他顯然不甘心，退朝後，他急匆匆趕往後宮，去見姐姐王娡，希望不要因為此事影響到自己的前途，不要給劉徹留下惡劣印象。

東甌歸附

王娡聽田蚡述說了事情經過，皺著眉頭說：「你怎麼搞的？是不是做了太尉就樂暈了頭?!還是又被哪個愛妾迷暈了？」田蚡愛色，他家中妻妾成群，據說不下百人，個個美貌如花，都

是數一數二的美人。

田蚡紅著臉不敢回話，他依仗姐姐才一步步走到今天，怎麼敢頂撞姐姐呢？王娡清楚，弟弟田蚡聰明過人，擅長權術，適合在官場上混，對於戰事恐怕缺少經驗和能力，所以今天才說出這樣的話，惹得劉徹不滿，怎麼樣才能幫助他恢復形象，保住以往的權勢呢？沉思過後，王娡有辦法，她對田蚡說：「話已經說出去了，不能收回。我看，皇上決心救助東甌，管理東越事，你是太尉，也不能閒著，既然莊助負責此事，你就應該以太尉的身分參與進去，為他籌備軍糧也好，制訂策略也罷，都是可以的，這樣，皇上那裡也好交代。」

田蚡如夢初醒，慌不迭地說：「太后說得對，我這就去籌備糧草，供應戰事。」他辭別王娡，回府與謀士們積極密謀去了。最近，原梁王內史韓安國也投靠到他的門下，聽說東越事情後對他說：「閩越與東甌相爭，都是因為劉子駒從中挑撥導致的。劉子駒為報殺父之仇，不惜掀起兩國戰亂，是罪魁禍首，如果擒住劉子駒，東甌之圍立刻就會化解。」

「如何擒住劉子駒呢？」田蚡忙問。

韓安國說：「臣願意跟隨莊助前往，親自去閩越，見到閩越王，肯定能夠說服他擒拿劉子駒。」

田蚡大喜，沒過幾天，他上奏劉徹推薦韓安國，並且捐獻了自己府內的珍寶器物，做為資助莊助前去東越的軍需開支。劉徹聽了，當然很高興，還誇獎他辦事得力。

莊助帶著韓安國來到了會稽，指派太守發兵解救東甌。沒有料到，太守拒不聽從命令，以種種理由拒絕發兵。看來，當時的國家法令比較散漫，連一個太守都敢違抗君令，何況各路諸侯貴卿？社會制度不夠完善，國家政權不夠統一，這一切已經成為封建社會進步發展的障礙，可見劉徹力主新政的決策非常正確。

會稽太守拒不發兵，急壞了莊助，東甌被困已經很久了，拖延下去必將造成很大損失，怎麼辦？韓安國說：「大人不要著急，我們分兩路行動，我去閩越拜見他們的國王，說服他退兵；你軟硬兼施，逼迫太守出兵，實在不行，亮出天子使節，可以先斬後奏。」

莊助同意這個提議，他們分頭行動。當莊助再次遭到拒絕時，不再猶豫，拔刀揮劍斬殺了一名反對自己的會稽司馬，大聲說：「我奉天子的命令來調動你們，如果誰敢不聽指揮，他就是下場。」他指著躺在血泊中的司馬說。

這一來，誰還敢輕易表示反對，很快，軍隊徵集待畢，在莊助的指揮下朝著東甌被圍困的地方進發。

他們一路前行，快到目的地時，見一隊隊閩越官兵秩序井然地往回撤退，這是怎麼回事？莊助正要派人打聽，卻遠遠看見韓安國單人匹馬飛奔而來。他見了莊助，高興地說：「大人，臣說服了閩越王，他已經捉拿劉子駒，正在緩緩退兵。」

到底怎麼回事？莊助好奇地望著韓安國，不知道他以什麼策略說服了閩越王。原來，韓安

國依然採取老辦法，他對閩越王無諸說：「大王，漢軍不日就要來到了，你區區一國之力很難與他們對抗。我聽說貴國與東甌有仇恨，敢問這是國仇還是家恨？」

閩越王無諸年事已高，他思索著說：「倒也沒有什麼深仇大恨，不過為了吳王子劉子駒而已，他想報殺父之仇，所以我就派兵幫助他。」

「呵呵，」韓安國聲音朗朗地笑起來，「大王莫非說笑話嗎？為了一個叛臣賊子竟要費這麼大周折嗎？劉子駒背叛朝廷，跟著他父親做了不少錯事，他父親死了，他不知道悔改，這是不忠；他逃竄至此，為了一己之利挑撥兩國關係，造成成百上千無辜百姓受害，這算不仁。大王幫助不忠不仁的人，必定引起世人反感，輿論攻擊，這樣，您又怎麼領導本國臣民呢？國民不服，大軍壓境，您的處境很危險啊，我看這也算不上英明。」

閩越王聽了，頓時傻了眼，他急忙問道：「以將軍之見，本王怎麼做才能順利結束這場災難，不至於引發更大危機呢？」

韓安國見他聽信了自己的話，不慌不忙地說：「很簡單，事情因劉子駒引起，皇上聽說後，對他非常痛恨，對你很感失望，如果你殺了他，退兵回國，皇上一定滿意你的表現，不會繼續追查你的責任，你就可以放心做你的閩越王了。」

事已至此，閩越王只好點頭答應殺劉子駒，罷兵回國。劉子駒步父親後塵，做為戰爭的挑起者，卻成為戰爭的犧牲品，說起來也是咎由自取，落得個國破人亡。

東甌之圍就這樣解決了，莊助急忙傳令軍隊掉轉回頭，回會稽軍營。這時，東甌派來使者，感謝漢軍相救之恩，並且提出新的打算。原來他們懼怕閩越國，擔心漢軍一退，閩越王冉次率兵征討，所以請求皇上允許他們搬離本地，搬到中原大地上居住。

東甌國有四萬多百姓，這樣的大規模遷徙可不是小事，莊助急忙上奏摺向劉徹奏明此事，希望皇上做出決斷。

劉徹接到捷報，已經十分開心了，這次，又收到東甌請求搬遷的奏摺，他當即批覆說：臣民歸附，這是盛世祥兆，是值得紀念的事情，東甌幾萬百姓渴望得到朝廷永久保護，過安寧日子，朕很高興。江淮之地土地肥沃，物產豐富，就讓他們搬遷到那裡生活吧。

於是，東甌四萬百姓離開故土，搬到了江淮之間，過上了不再受騷擾的日子。這件事也顯示了當時漢廷的強大，實屬當之無愧的中央大國。東甌既已搬遷，就不是王國封號，劉徹特地下旨封東甌王為廣武侯，讓他繼續管理東甌臣民。

莊助和韓安國得勝回京，受到劉徹親自接見，他聽說了韓安國智退閩越兵馬的事情後，稱讚地說：「將軍真是智勇雙全啊。」田蚡不失時機講述韓安國幫助竇嬰除劉濞，以及幫助梁王脫險情的種種事情，極力向劉徹推崇他。其實，劉徹早就耳聞韓安國的賢德美名，這次得以見到他的真才實幹，也有意提拔重用他，就任命他做了朝廷大司農。後來，韓安國地位不斷提升，位至御史大夫，多次率軍攻打匈奴，立下戰功，是劉徹早期的重要大臣之一，這是後話，

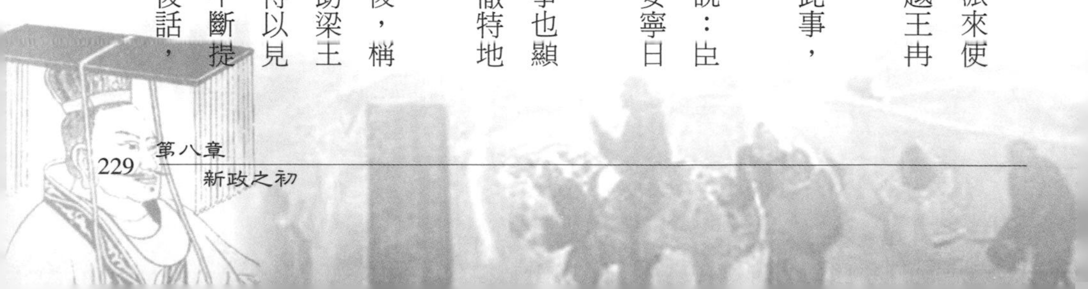

且按下不表。

東越戰事，是劉徹即位之初的一件大事，它的勝利給予了劉徹很大信心，促使他繼續積極推行各項新政，也為他以後抗擊匈奴打下了基礎。不論是從用人還是從戰略戰術上，劉徹有了一次真實的體會，就好像大賽之前的熱身一樣，他做好了各項準備工作，少年天子在實戰中一步步走向成熟和成功。

第九章

太皇太后棒喝新政

查辦皇親國戚，驅逐在京王侯回歸封地，兩項措施觸怒了權貴，他們紛紛跑到竇太皇太后那裡哭訴告狀。新政遭到竇太皇太后當頭棒喝，劉徹的努力會不會付之東流呢？歷來君主年幼容易受到後宮或者權臣操控，難道劉徹也要墮入這個政治怪圈中去嗎？……

第一節 風波四起

觸怒權貴

伴隨著儒家人物在朝廷官員中佔據的比例越來越大，他們提出的各項建議越來越受到少年天子的重視，全國上下尊儒重儒的局面越演越烈，漢廷內部出現了強烈的反響。此時的朝廷中還有許多健在的中興老臣，他們都是黃老思想的忠實信徒，他們不希望儒生奪去他們在朝廷中的地位，他們不會心甘情願退出歷史舞臺；也有不少不求上進、沉迷眼前榮華富貴的皇親貴卿，他們擔心利益受損，不情願受到查辦、離開繁華的京師。所以，當他們看到儒生因得勢而欣喜若狂時，看到皇上開始對他們採取措施時，他們感到格外沮喪、格外害怕。皇上不能依靠，他們只好踉踉蹌蹌跑進未央宮，跑向竇太皇太后，向這位黃老思想的總代表去訴苦，去乞求幫助。

其實，竇太皇太后始終關注著朝政，始終沒有放心劉徹，從一開始的下詔求賢，到後來的意欲修建明堂，以及最近竇嬰提出的查辦皇親、攆走諸侯，安撫東越，她都一清二楚，了然於心。她罷免了衛綰，以為劉徹會有所收斂；她重用竇嬰、田蚡，以為他們會控制這股尊儒的勢頭。可是事與願違，事情不但沒有到此打住，反而讓她越來越難以容忍。

跑向未央宮告狀的人不斷增多，這些人裡有諸侯王爺、有皇親貴戚，也有中興老臣，他們哭哭啼啼，訴說儒家人物把持了朝政，控制了少年天子劉徹，排斥黃老之說，國家面臨危險。

一開始，竇太皇太后總是安慰他們說：「皇上熱衷政事，這是好事，難道你們希望看到皇上不理朝政，做個昏庸的君主？再說了，皇上年幼，很多事情需要親自去做，去磨練才能成熟起來，他既然這麼做了，如果我橫加干涉，會產生不良影響。」

一些老臣說：「話雖然這麼說，可您瞧瞧那幫儒生，已經把皇上搞迷糊了。」

「不可亂說！」竇太皇太后制止說，「皇上英明睿智，幾個儒生就能把他搞迷糊了？前番罷免衛綰他不是很痛快地答應了嗎？這說明他沒有糊塗，他不過利用儒生罷了。」

打發走了老臣，皇親國戚進來說：「太皇太后可要為我們做主啊，皇上聽信竇丞相和田蚡的主意，大肆檢舉貶謫我們，還要把我們趕出京城，這可怎麼辦？」

竇太皇太后雖然反對劉徹過分強硬的舉措，卻不願正面打擊劉徹，擔心影響他在朝中的地位，想了半天才沉悶地說：「這也是你們一貫為非作歹的結果，你們安分守己地過日子，還能有今天的厄運嗎？」

幾個竇家子弟不滿地說：「竇嬰也太不像話了，專門拿我們竇家人開刀，他還是竇家人嗎？他還把太皇太后放在眼裡嗎？」四十年來，竇家依靠竇太皇太后的關係，形成了龐大的勢力網路，他們恃寵怙勢，仗勢欺人，遭到檢舉和貶謫的人最多。他們許多人為了加強與皇室的聯繫，大多迎娶皇室的公主，因此封侯進爵，身分貴重。公主們過慣了京城裡的豪華優越生活，無論如何也不願意離開京城，回到偏遠的封地去，因此，哭哭鬧鬧，拒不接受新政，賴在京城不走，希望竇太皇太后出面為她們說情。

竇太皇太后聽了竇家子弟的話，臉色一變，心裡一陣翻滾，她對竇嬰也琢磨不透了，他是自己極力推薦的人，他是竇家的人，為什麼如此絕情，混到儒生堆裡對諸竇展開凌厲攻勢？難道要剷除竇氏在朝中的權勢？這個竇嬰真是不自量力，以為自己做了丞相就可以為所欲為！哼！內心的不滿會逐漸膨脹，最後會漸漸失去控制，竇太皇太后竭力掩飾，企圖不為這些事情影響，但事情還是發展到了她不得不出面的時刻。

直到有一天，許昌跌跌撞撞跑進竇太皇太后宮中，來不及施禮就氣喘吁吁地說：「不得了，趙綰他們打算修建明堂，佔用皇親貴戚土地，雙方打起來了。」

竇太皇太后一驚，放下手中經書，忙問：「皇上呢？知道這件事了嗎？」

許昌說：「皇上哪裡管得了他們？前殿內一團亂糟糟，雙方各不相讓，漫罵攻擊，實在是有失體統啊。」

修建明堂，一開始就遭到黃老一派人的抵制，他們不斷地提出異議，牽制計畫順利進行。要不然，申公大老遠來到京師，見了劉徹就只說了一句話？他看到鬥爭激烈，覺察出其中危險，不願就此事受到牽連啊。如今，他做為明堂計畫的總顧問，也是不多言不多語，只是默默觀察時局變化。果真，計畫實施遭到巨大阻力，幾個月了，就連明堂地址都依然無法確定。

本來，明堂選擇在長安城南，可是這裡的土地都是皇親貴戚的莊園，他們哪肯放棄利益供皇上修建明堂？趙綰等人上任不久，在朝中勢力微薄，無法對抗皇親貴戚，雙方幾經協商也毫無結果。權貴們驕橫無禮，不把儒生出身的官員放在眼裡，為了打擊他們，劉徹採取竇嬰查辦貴戚、逐趕王侯的辦法，想著以此一面威嚇他們，一面削弱他們在京城的勢力。權貴們不會束手待擒，他們一面進宮向太后訴苦告狀，一面積極行動，決定與新政對抗到底，事情就這樣越來越激化。

許昌的稟奏讓竇太皇太后吃了一驚，她忙命身邊的內監說：「去，傳我的旨意，就說時間不早了，皇上也該退朝歇息了，我有事找他，讓他回宮見我。」

不一會兒，劉徹來到祖母寢宮，他神情激動，臉上還掛著沒有拭淨的汗珠，見了祖母施禮問安說：「祖母召見孫子有什麼吩咐？」

竇太皇太后臉色沉鬱，停了片刻伸手握住劉徹的胳膊說：「孫子，來，坐到祖母身邊。」

劉徹忙挨著祖母坐下，心裡一陣擔憂，不知道發生了什麼事情，祖母說話如此莊重嚴肅。竇太

皇太后盡量用平靜的語氣問：「前殿內的大臣都走了嗎？」

「剛剛離去。」劉徹回答。

「嗯，好，」竇太皇太后說，「聽說他們吵架了，還是為了明堂的事嗎？皇上，祖母早就說過，修建明堂太招搖了，幾代先帝功績赫赫都沒有那樣做，你即位才幾天，忙著修建明堂接見諸侯，不適宜。至於曆法、服飾、巡狩之事，祖母認為也太冒進了，而且擾民滋事，與我朝無為而治的國策不符合。還有關於檢舉皇親國戚等事，祖母知道你一片真心治國，可是操之過急反而不利，也要暫緩行使，不要太莽撞，懂嗎？」

劉徹靜靜聽著，祖母已經幾次旁敲側擊提醒自己，不要一意孤行做事，可是他怎麼肯放棄已經開展起來的新政呢？他怎麼肯輕易放棄自己的理想呢？想到這裡，他回答說：「祖母，各項新政策都是有用的，孫子一心強大國家，不採取措施怎麼行呢？雖然現在有人有意見，時間久了，他們看到效果的時候就不再叫囂了。」

見祖孫倆意見相左，竇太皇太后態度強硬起來，她沉著臉說：「皇上，祖母年齡大了，經歷了這麼多政事，還從沒看見像你這樣做事的呢！祖母支持你，祖母愛護你，可是你也要尊重祖母，我說的話難道比不上儒生的喋喋不休嗎？我見的儒生多了，他們比董仲舒有才能，比衛綰能幹，比趙綰、王臧更是強一百倍，知道嗎？他們誰也沒有得到重用。為什麼？還是那句話，儒生們誇誇其談，除了要大話、玩弄筆墨、迷惑君主什麼也不會幹，你想，朝廷上要全是這樣的官員，那成什麼樣子啦？你欣賞儒術，可以稍微接觸一二，也可以任用幾個儒生，可是你不能把儒術做為治國策略，你也不能把朝政委以儒生，明白了嗎？」

劉徹很少頂撞祖母，聽著她嚴厲的一席話，也不好當面反駁，過了一會兒才囁嚅著說：「孫子當然尊重祖母，聽從祖母教誨，以後我會多加注意。」

總算聽到劉徹服軟的話，竇太皇太后立刻喜笑顏開，命令宮女們傳旨擺宴，讓劉徹與自己一同用膳。她特意派人喊來了皇后阿嬌，讓這對小夫妻陪伴身邊，與孫子外孫女在一起，她心情格外舒暢，說了不少話。阿嬌自從進宮，雖然做了皇后，卻很少見到劉徹，對他不免產生怨言，今日同宴共席，話裡話外沒少抱怨的意思。竇太皇太后聽在耳中，記在心上，點著頭說：「阿嬌，皇上日理萬機，政務繁忙，妳是皇后可一定要體諒他。皇上，所謂國事家事，你不管多麼忙碌，都不要忘記後宮，不要忘記皇后，這是人倫之本。」

經她一說，劉徹有些臉紅地沒有言語，阿嬌卻很驕傲地看看劉徹，似乎覺得自己佔了上風，管住了這位年少的皇帝丈夫。由於她特殊的出身，在後宮中不僅地位穩固而且非常霸道，除了兩位太后，她理所當然誰也不放在眼裡，就是劉徹她也管得非常嚴格，要求他對自己言聽計從，不讓他接近其他任何女色。正是這種過分的苛求，兩個人漸漸疏離，導致婚姻最終走向不幸，這是阿嬌無論如何也沒有想到的。

經過竇太皇太后多次干涉，劉徹推行的新政策受到很大阻力，而接下來發生的一件事情，

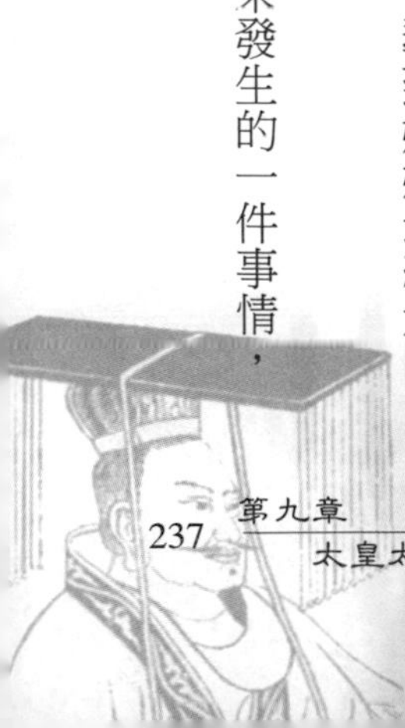

讓雙方的衝突越來越尖銳，終致惹怒了這位當朝至尊，讓她開始採取強硬措施阻撓新政。

長公主的哭訴

這件事情還得從長公主劉嫖說起，劉徹登基，她晉升為大長公主，加上皇上岳母的身分，比先前更加榮耀貴重了，再有母親竇太皇太后的寵愛，她成為炙手可熱的人物，被稱作「竇太主」，可見其多麼風光。劉嫖的封地在館陶，也稱作館陶公主，她的丈夫陳午是堂邑侯，他們多年來一直沒有離開過長安，在長安府邸內生活。

長安城內有劉嫖的府邸田莊，還有無數前來巴結投靠她的人。劉嫖身分特殊，又是個閒不住的人，自從劉徹當上皇帝後，她勢蓋天下，為所欲為，一時間，呈現無人可及之勢。劉嫖總是念念不忘自己幫助劉徹登儲即位的功勞，經常向劉徹邀功封賞。

她的兒子名叫陳須，已經二十多歲了，是個不學無術、遊手好閒的傢伙，橫行長安做了不少壞事。劉嫖不但不善加管教，反而百般嬌寵，還要求劉徹封他為侯。劉徹敬重姑母劉嫖，對於她總是有求必應，盡量滿足她，可是聽到要封陳須為侯，卻面露難色，他說：「陳須年紀輕輕，既無功勞又無特長，如果封他為侯恐怕難服眾望。」

劉嫖不在乎地說：「陳須是皇后的弟弟，皇親國戚，怎麼不能封侯？這還不是你一句話的事，他人能管得了嗎？」她被眼前的權勢遮蓋了雙眼，看不見身後隱藏的危險，以為天下事情大可以按照自己的想像發展下去，比起她的母親竇太皇太后來，她缺少了忍耐，也缺少了心智，這也許與她自幼生活無憂，地位尊崇，沒有經歷磨難有關。

劉徹為難地說：「朕剛剛登基，就立刻封賞皇后的親屬，這樣不合適。」

劉嫖生氣地說：「誰敢說不合適？大漢江山是我們劉家的，你是皇上了，還怕什麼?!別擔心，只要你答應了，你祖母也會支持你。」

劉嫖軟硬兼施，意圖讓劉徹答應自己的要求，但劉徹雖然經常賞賜姑母金銀珠寶、田宅土地，對於這件事態度卻很堅決，說什麼也不同意。劉嫖心有不甘，於是跑到後宮向母親告狀，希望她出面為自己說情。

正當劉嫖為兒子的事前後奔忙的時候，竇嬰等人採取措施，開始查辦皇親國戚，逐趕久留京城的王

館陶公主。

侯們。這兩項政策全都觸及到劉嫖的利益，按照規定，她早就該離開京師，到屬地館陶生活；而且，陳須作惡多端，在這次檢舉當中受到很多人舉報，竇嬰親自出馬審理他的案件，準備嚴格處罰他。

不但封侯無望，還要面臨被抓受審的危險，陳須能甘心嗎？他哭鬧著要劉嫖為自己想辦法。劉嫖對竇嬰的兩條政策非常不滿，一開始為了配合劉徹鞏固皇位，她假裝答應離京，也幫著勸說駐京王侯們早日回到封地，這樣，女婿劉徹的皇位就牢固了。可是，竇嬰做事認真，提出讓她帶頭離京，她就有些生氣了，反問竇嬰說：「我走了，誰來照顧太皇太后？」竇嬰卻不客氣地說：「太皇太后深居後宮，自然有太后和皇上伺候，妳是公主，應該回到封地去。」

劉嫖瞭解自己的這位表兄，恨恨地說：「你是竇家人嗎？太皇太后幾次提拔你難道你都忘了？你不僅趕走劉家人，還要追著把竇家人趕走，對你有什麼好處？噢，我知道了，你把我們都趕走了，只剩下幼主和太皇太后，他們一老一小，你就可以隨意控制他們了對不對？」

竇嬰氣得臉色發白，哆嗦著嘴唇說不出話來，逐趕王侯的事暫時擱淺了。

現在，陳須落到了竇嬰手裡，劉嫖知道後，心裡非常著急，她想，竇嬰自以為是，打著輔佐皇上的幌子消除異己，培養自己的勢力，哼，他這點小聰明還能瞞過我？前番他攆我回封地我沒有聽他的，現在他一定會拿陳須撒氣。這可怎麼辦？她一面派人打探消息，一面跑進未央宮向母親告急，求她務必救救陳須。

竇太皇太后聽說劉嫖來了，以為她又是為了兒子封侯的事呢，不以為然地說：「妳也老大不小了，做事總是這麼著急，須兒才幾歲，妳慌張什麼？等到皇上權力穩固了，朝政順利了，他是當朝國舅，皇上還能不封他為侯嗎？」

劉嫖著急地說：「母后，別說封侯了，恐怕須兒的性命難保了。」

「什麼？」竇太皇太后大吃一驚，「怎麼，須兒病了？」

「病了也倒好了，」劉嫖哭喪著臉說，「真要是病了，我也不來給您添麻煩了。母后，須兒落在了竇嬰的手裡，他說須兒違法亂紀，欺壓良民，要將他關押審理。」

竇太皇太后臉色一變，沉默片刻後說：「須兒當真觸犯國法了嗎？皇上即位後推行新政，也是為了穩固權勢，要是須兒趕在這個當口，可真是倒楣了。」

劉嫖聽母親這麼說，心裡更急了，哇的一聲哭出來，斷斷續續地說：「皇親國戚的子孫們哪個沒有點小過錯？須兒自幼膽小，您是知道的，他能做什麼壞事？您知道竇嬰這個人，要不是您極力推薦他，他能做丞相嗎？現在，外邊都在盛傳，說他準備趕走京城裡的權貴，這樣他就權傾一時，無所顧忌了。母后，要是我們都走了，皇上年少，您年齡又大了，朝政還不是竇嬰一人說了算？您想想，他的用心多麼險惡！長此下去，恐怕他還有更大的野心，您忘了，當初，他是劉榮的老師，曾經反對徹兒登儲，如今他這麼做不可不防啊。」

這番話讓竇太皇太后心裡格登一跳，她歷經數朝，頗有政見，知道權位爭奪歷來嚴酷微

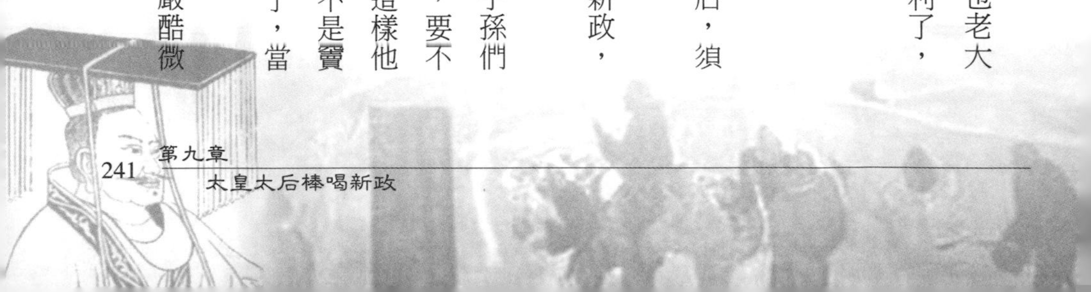

妙，變化多端，如果真像劉嫖說的，竇嬰的所作所為可真是要提防啦。皇上年少，一味追求功績，萬一被他們利用了，他們孤兒寡母可就身陷困境了。想到這裡，她當即讓內監們去傳劉徹，又對身邊的劉嫖說：「妳去看看阿嬌吧，這些事情我會跟皇上說。」劉嫖說動了母親，心裡有了底，這才放心地起身去見女兒阿嬌。

再說竇太皇太后，多日來連續不斷有人前來向她告狀，訴說新政是非，已經讓她備感頭疼，今天，劉嫖一席分析竇嬰的話，正說出了自己的隱憂，讓她尋找到了突破口。其實，她對竇嬰很瞭解，認為他不會有意圖不軌的野心，可是，偏偏劉嫖一說，她就迫不及待地相信了，其中緣由恐怕她自己也難說得清楚。

竇嬰到底是個什麼樣的人呢？

第二節 矛盾對立

一個叛逆的人——竇嬰

前面已經多次提到魏其侯竇嬰，他是竇太皇太后的親侄子，也是竇氏家族裡最出色的人物，他小時候，與漢景帝一起接受黃老思想教育，是竇太皇太后重點培養的人才之一。他性格豪爽外露，喜歡結交朋友，輕財重義，能文善武，進取有為，是個性情中人，長大後信奉儒術，排斥黃老思想，與姑母產生了摩擦。他們姑侄最大的一次衝突就是他反對漢景帝傳位梁王，這次事件後，竇嬰被迫辭去職務，連進宮請安的資格都被剝奪了。後來，七國之亂，竇太皇太后和漢景帝只好請他復出。竇嬰不負眾望，協同周亞夫一舉平叛，立下戰功，他因此被封為魏其侯，而且被拜為太子劉榮的老師，地位權勢日漸強大，成為當朝屈指可數的人物，前來巴結奉迎他的人不計其數。

不想宮闈中風雲變化莫測，栗夫人過於驕妒，害得兒子劉榮失去太子之位，長公主劉嫖與

王娡又積極運籌，竟然讓只有七歲的劉徹榮登儲位，做了大漢皇太子。這件事深深刺激了竇嬰，他雖然竭盡全力保護劉榮，最終也沒有保住他的性命。劉榮死了，他再次憤而辭職，跑到長安城南的藍田過起隱居生活。從這一點可見他性情耿直，難怪漢景帝說他喜怒形於色，不夠持重。

多虧高遂前去勸說，竇嬰才恍然明白自己的處境，回歸漢廷繼續任職。不過，從此後，他與漢景帝產生隔閡，不再像從前那樣備受嬌寵，追隨他的人也對他漸漸疏遠。

其中一個人的表現特別明顯，他就是田蚡。田蚡善於鑽營，一心向上爬，當竇嬰身為大將軍兼太子太傅時，他不過是一個小小郎官，他姐姐王娡也只是普通嬪妃，不能幫他多少忙。為了謀求個進身之階，田蚡投靠到竇嬰門下，每天給他請安、伺候、奉食，殷勤備至，比親兒子還要周到，人們都笑話田蚡低三下四，可他自己總覺得做得不夠好，加倍殷勤。可是，劉徹登上儲位、王娡晉封為皇后後，一切都變了，田蚡頓時高傲起來，再也不在竇嬰面前卑躬屈膝了，隨著劉徹登基，田蚡封侯進爵，也就與竇嬰平起平坐了。

竇嬰眼見此情此景，卻也無可奈何，恰在這時，劉徹重用儒生，遭到竇太皇太后反對，力主罷免了丞相衛綰。衛綰罷相，竇嬰和田蚡成為新的丞相人選，竇嬰雖然不如從前得勢，卻因為竇太皇太后的關係和自己在朝中的影響，極有可能拜相，他也始終沒有把田蚡放在心上，認為他以前跟隨自己，怎麼可能與自己爭奪相位呢？田蚡呢，極其聰明狡猾，他聽從藉福的建議，親自推舉竇嬰，這樣，竇嬰被拜為丞相，成為新的朝政負責人。藉福見自己的計策成功，竇嬰勢力復起，為了討好竇嬰，他前去對竇嬰說：「侯爺嫉惡喜善，重情重義，所以人們都敬重您，許多好心人都願意為您說好話，我勸說田蚡讓賢，他才向皇上推舉您啊。」

藉福一番表白，希望竇嬰對他有所感激，哪裡想到竇嬰根本瞧不上他這樣投機取巧的人，對他不理不睬。竇嬰心想，我拜相是因為我的才能，我有做丞相的能力，難道就憑你一句話，就憑田蚡的推薦，皇上就相信你們？真是笑話。

藉福沒有討得好處，心情鬱悶，他失望地說：「世上也有不少惡人，如果惡人多了，侯爺這種性格也會受到危害。侯爺，要是您能放寬胸懷，不嫉惡如仇，讓惡人也感覺您的恩德，不怨恨您的話，您肯定會永遠受到寵幸。否則，必定要遭受大禍。」

竇嬰正是得意的時候，哪裡聽得進去他這番話，很不耐煩地把他打發走了。後來的事實證明，竇嬰恩怨分明，過於直爽的性格確實不適合做丞相。後來他很快被罷相，最終遭受了滅頂之災。

竇嬰做丞相，正是劉徹大力推行新政的時候，他做為儒術的信奉者，也積極投入到這場運動當中。為了促使新政順利進行，他提議查辦皇親國戚，逐趕駐京王侯。這兩項措施觸動了權貴們的利益，引起了他們強烈的不滿，貴族們紛紛跑向後宮，向竇太皇太后告狀訴苦。尤其是竇家子弟，幾十年來憑藉竇太皇太后的關係享福作樂慣了，本以為竇嬰做了丞相會更加鞏固他們的權勢，給他們帶來更大的好處，哪成想這個自以為是的傢伙不但不為家族謀利益，反而變著法子害自己人，這還了得！於是，謾罵攻擊、冷嘲熱諷、抵觸反抗一股腦地拋向竇嬰，拋向這位新丞相，他能不能鎮壓住這場風波，幫助劉徹推行新政，穩固自己的相位呢？

竇太皇太后本來就對竇嬰有意見，提拔他也是為了鞏固家族勢力，可是他一意孤行，推翻黃老思想，明目張膽地採取儒術治國，推舉儒生做官，越來越大膽妄為，竟然連劉嫖也要趕走，連劉嫖的兒子也要治罪。怎麼辦？長此以往，竇嬰還把自己放在眼裡嗎？竇太皇太后越想越生氣，她對竇家的這個叛逆子弟無法容忍了，決定對他採取措施。

竇嬰做為竇家子弟，沒有追隨竇太皇太后信奉黃老之術，卻一味迷戀儒術，大力推行新政，與竇太皇太后矛盾漸深。他不接受前兩次辭職的教訓，依然故我地做事，又要再一次嚐到苦頭了。

這天，竇太皇太后召見劉徹，對他說：「聽說竇嬰要把劉嫖趕出長安去，這可不行，多年了都是她服侍我，她走了，我怎麼辦？還有，陳須年幼，即使犯點錯誤也是正常的，不能讓竇嬰為難他。」

劉徹無語，他知道這是姑母劉嫖向祖母告狀了，但要是這兩件事不執行，新政恐怕難以推行下去了。

竇太皇太后接著說：「皇上，竇嬰做事輕率，剛剛上任就做出這麼大動靜，你可要提防他。唉，還是先帝英明，當初就看透了他的本質。」

劉徹說：「祖母不要過慮，魏其侯也是性情豪爽的人，他大膽做事，破除陳規舊習，這有什麼不好的呢？要是他做事莽撞了，朕會提醒他。」

「哼，」竇太皇太后不屑地說，「我看他太自以為是了，你告訴他，我可以用他，也可以罷免他，讓他小心做事，不要招惹是非了。皇上，新政諸事也要重新考慮，我早就說過，那幫子儒生除了說大話還能幹什麼？文不能治國，武不能安邦，只知道擾亂朝政，用他們有什麼好處？漢朝建立七十年了，歷代先帝們採取黃老思想治國，國家富裕，百姓安樂，這有什麼不好？你非要聽信儒生的話，還要以儒術治國，這不是自取其敗嗎？」

聽著這通責備，劉徹默默不語，祖母已經多次對自己明敲暗擊，反對自己採取的一連串政策，不過像今天這樣聲色俱厲還是第一次，看來她是真動怒了。劉徹快速地思索著，輕聲說：「孫子聽說三代不同法，社會進步需要變革，如果沉溺於過去怎麼行呢？」

竇太皇太后聽了，臉色一變，凜然說：「什麼？你是說我老了嗎？說我不合時宜了嗎？你是在指責先帝們的錯誤嗎？真是太不像話了！」

祖孫倆談不到一塊，場面頓時緊張起來。

劉徹看到祖母動怒，不再言語。他非常孝敬，從沒有頂撞過祖母，歷來都是聽從祖母安排，朝政也都是向祖母稟報，如果惹怒祖母，他還真不知道該如何是好呢？

趙綰的建議

竇太皇太后出面干涉，新的政策無法推行。劉嫖不走，其他王侯就不會走；陳須不能嚴懲，其他皇親國戚也無法嚴懲；兩項措施無法進行，明堂也就成為一紙空談，眼睜睜地連個地址也久久不決。一幫子新提拔起來的儒生急等著建功立業，卻無法施展抱負，心情可想而知。

每天，丞相竇嬰府裡又人滿為患，他們大多是新上任的儒生官員，為了新政的事而來。這些人無法執行新政，一個個又焦又躁，憂心忡忡。趙綰和王臧做為新政的大力提倡者，儒生官員的代表人物，特別受人關注，也特別操心出力。這天，他們聚集在丞相府商量對策，趙綰說：「皇親國戚屢屢對抗新政，既不接受查辦也不離京回封地，時間久了，皇上恐怕也沒有好辦法了。」

竇嬰臉上帶著怒色說：「還不是背後有人撐腰他們才如此膽大妄為?!」

田蚡富有心機，在這次新政運動中他一開始積極回應，推薦了不少儒家人才，有意擴展自己的勢力，隨著新政遭到竇太皇太后大力反對，他有些猶豫彷徨了。如今，劉徹三番五次受到竇太皇太后訓斥，眼看新政無法推行，他不免產生消極心理，不過，他為人狡詐多慮，做事很有一套，不會輕易放棄任何利益。面對眼前微妙複雜的局勢，他決定採取腳踩兩隻船的辦法，所以，他一方面經常進宮給太后和太皇太后請安問好，訴說新政諸事都是竇嬰他們幹的，一面又積極上朝議事，為劉徹出謀劃策，唯恐皇上嫌他不夠盡心。這樣一來，他左右逢源，比起竇嬰和趙綰來都要吃香。今天，他也在竇嬰府上議事，聽竇嬰和趙綰這麼說，想了想說道：「丞相說得很對，依我看，他們沒有什麼能耐，要是無人給他們撐腰，還不乖乖聽從安排。趙大人，你是御史大夫，負責監察監督工作，應該積極上奏彈劾阻礙新政的人。」

竇嬰轉臉看看他，意思是說，怎麼，彈劾竇太皇太后嗎？

趙綰也吃驚不小，囁嚅著說：「太尉的意思是——」

話已經說出來了，田蚡不再避諱，他說：「皇上心意堅決，尊儒術，退百家；建太學，用儒生。這都是千古以來難遇的大事，我們身為三公，能不積極支持他嗎？如果這些措施應用得當，我們都是流芳百世的臣子，皇上也將成為古今少有的英武明君。現在遇到這麼點困難我們就無計可施的話，怎麼輔佐皇上成就大業？皇上又怎麼委託我們重任呢？」他倒是看得清楚想得明白，也有意輔佐外甥皇帝建功立業，所以才急巴巴說出這番道理，意圖催促竇嬰或者趙綰抓緊想辦法，不要半途而廢。

趙綰受到鼓舞，激動地說：「皇上重用儒生，儒家思想終於走上了政治舞臺，這是皇上的英明，也是儒家的機會，我們不能眼看儒術再次受到侮辱，我們要積極行動。」

王臧等人也紛紛表示，應該趁熱打鐵，幫助皇上下決心推行新政，治理國家。這時劉徹採取的政策實際上是表儒裡法，也就是用儒生，行德政；重法制，明國紀。儒家思想從產生到漢朝經歷幾百年歷史，雖然強調入世參政，卻沒有真正地被單獨用於治理國家，戰國時期思想紛呈和秦朝初年的焚書之舉，大大阻礙了儒術參與朝政的機會。劉徹在這種情況下聽取董仲舒尊儒術的主張，並且大力提倡推廣，所以趙綰說這是儒家的一個機會。

幾經商討，趙綰和王臧想出了辦法，他們說：「既然丞相和太尉都認為後宮干涉朝政，才導致新政無法推行，我們就上奏皇上，請他以後不要把政策方案彙報東宮了。竇太皇太后年紀大了，肯定不適應現在的這些事情，而且身體要緊，還是讓她頤養天年，安度晚年吧。」

竇嬰素來與姑母意見向左，這次劉嫖事件讓兩人再起隔閡，他早就不滿意太皇太后干政了，只是礙於雙方關係不便出口，聽趙綰一說，心情豁然開朗，高興地說：「這個主意不錯，不錯。」

田蚡鼓動趙綰等人做出這樣的決定，心裡也很得意，滿口說：「還是皇上提拔的人才有魄力，敢作敢為。好，趙大人你就放心去做吧，我和丞相一定全力支持你。」

趙綰本來打算他們一起上奏皇上言明此事，可是

竇嬰和田蚡卻一致表示，他們都是皇親，提出這樣的事情反而不妥當，竇太皇太后聽說了還以為是皇上的主意，對皇上不利，對新政也會不利，弄不好事與願違，還要牽連諸人。趙綰是御史大夫，提議此事是職責所在，即便竇太皇太后知道了也不會怎麼樣。

既然如此，趙綰不再猶豫，他奮筆疾書，連夜起草奏摺。第二天，上朝議事，他遞上了這道有名的奏摺，建議皇上以後國家大事不要向東宮報告，也就是不要聽取竇太皇太后的意見，等於剝奪了竇太皇太后的權力。

這件事情一經公開，朝野上下頓時像開了鍋一樣沸騰了。竇太皇太后身歷四朝，見多識廣，權位貴重，輔佐幼主，無人可及，說起來比皇上劉徹還要厲害，還要有權力，大漢江山實際掌控在她的手裡，而趙綰不過是一個小小儒生，因為受到皇上賞識，剛剛做了幾天御史大夫，竟然出言不遜攻擊當朝至尊，是不是活得不耐煩了？

早有人把奏摺的事報告了竇太皇太后，她一聽，冷笑幾聲，說出了一番令人膽戰心驚的話。接下來，不僅儒生們遭殃受迫害，就是竇嬰、田蚡，甚至劉徹都難逃一劫了。

第三節 太皇太后挫新政

新桓平第二

趙綰上奏摺，建議劉徹擺脫後宮干涉，獨自處理朝政，觸怒了竇太皇太后。多日來竇太皇太后對儒生們非常不滿，只是礙於劉徹不便與他們翻臉，這倒好，他們先下手為強，竟敢奪自己的權！她再也不用顧忌，立即派人喊來劉徹，冷笑著說：「趙綰是不是想做新桓平第二？」

新桓平是漢文帝時期的方士。所謂方士，指的是專門依靠鬼神之術騙取他人信任的人，他們謊稱神仙或者能夠結交神仙，懂得仙術，能助人長生不老等等。古人迷信，特別相信這些人和他們的法術，以求榮華富貴或者長生不老。帝王們生活優越，為了謀求長生，喜歡與方士們交往，也喜歡聽取他們的意見。新桓平正是看透了這些道理才混入後宮，成為漢文帝的近臣。為了討得漢文帝歡心，達到永保富貴的目的，他想了一個自以為妙的計策。

新桓平不知道從哪裡弄了一個玉杯，玲瓏別緻，非常好看，他偷偷地讓工匠在杯子的內壁刻上了四個字：「人主延壽」，然後把玉杯呈送給了漢文帝，十分詭秘地說：「臣多年研習法術，結交仙人，終於感動上天，這是臣在修習課業時仙人贈送給我的，他說皇上您福壽無疆，萬年常青不老。」漢文帝正巧身體不適，聽了這話當然心花怒放，高興地賞賜了新桓平。此後，他更加寵信新桓平，新桓平步步高升，做到大夫的高位。

做了高官後，新桓平又趁熱打鐵，提出了兩條建議，一是建議漢文帝改換年號，二是建議他進行祭祀天地的大禮。他還振振有辭地說：「改換年號，從頭開始，皇上因此得以長生；祭祀天地，祈求上天護佑，同樣可以求得平安康泰。」

漢文帝迷信新桓平，準備按照他的建議實施時，卻遭到丞相張蒼和廷尉張釋之反對。張蒼和張釋之早就看不慣新桓平弄虛作假、欺上瞞下的作為了，他們暗地派人跟蹤調查，發現新桓平毫無真才實學，不過地地道道一個騙子。更為可笑的是，他們追查出了在玉杯上刻字的工匠，工匠一五一十交代了新桓平讓他刻字的經過。什麼仙人贈杯，竟是新桓平欺矇皇上的罪證！張蒼和張釋之向漢文帝稟明此事，並且把工匠帶來對證。一問之下，真相大白，漢文帝如夢初醒，大呼上當，他仔細回想一下，連連後悔自己迷信鬼神之道，何等糊塗，痛恨方士欺詐逆行，何等可惡，他當即下旨革除新桓平的職務，把他交給張釋之審理。

新桓平惡跡暴露，哪敢頑抗，他只好交代了犯罪經過。張釋之秉公斷法，判處他大逆不道的重罪，將他滅門三族。

新桓平事件爆發時，竇太皇太后正是漢文帝的皇后，十分清楚前後經過，她對於新桓平的欺詐行為也是滿懷恨意，對於他的兩項建議記憶猶新。如今，想到劉徹重用儒生，儒生們狂妄的想法與新桓平的提議何嘗沒有相似之處。在竇太皇太后看來，他們都在利用皇上大搞活動，達到建立功業，以求升官發財的目的。而皇上不過是中了他們的圈套，被他們牽著鼻子走。既然新桓平沒有得逞，還能讓劉徹重蹈漢文帝被騙的覆轍嗎？所以，她召見劉徹，冷冷地拋出「趙綰想做新桓平第二」這句話。意思很明確，一，她警告劉徹，趙綰心懷不軌，欺瞞皇上，與新桓平一般無二，皇上被騙了；二，她要求劉徹嚴懲趙綰，就像當年懲治新桓平一樣，起碼也要判他個大逆不道的罪行。

劉徹聽了祖母的話，心裡著實為難，他既不認同祖母的見解，又怎麼忍心處置趙綰呢？他低垂著頭顱，不敢回話。竇太皇太后見劉徹不言語，心頭氣急，接著罵道：「你看看你用的這些人，趙綰、王臧，他們都是些什麼東西？且不說他們怎麼攛掇你修明堂、搞新政，單說說他們的為人，搬弄是非，挑撥離間，目無尊長，不知孝道，要是先帝還在世的話，只這幾條也夠他們受得了！這也罷了，他們竟然明目張膽誘惑你藐視孝道，真是匪夷所思！我們漢家最重視孝道，這你也知道，你祖父以孝聞名天下，由此受到世人敬重；你父親秉承孝道，也是以孝為先，這是我朝的制度和傳統，怎麼，你以為做了皇帝，膽子就大了，就無人管你了，你就可以做個不孝的子孫?!哼，你這個不孝的東西，還要包庇趙綰他們嗎？」

當時，人人講求孝道，要是長輩罵自己不孝，那是非常嚴厲的事情。劉徹聽祖母痛罵，嚇得跪倒在地，慌忙說：「孫子哪裡敢做不孝子孫。孫子繼承祖業，為了有所政績才下詔求賢，以求江山永固，社稷常青。」

站在旁邊的劉嫖擔心母親遷怒劉徹，對女婿不利，忙插嘴說：「皇上年少，都是竇嬰和田蚡推崇儒術，說王臧、趙綰等人有才能，所以才用了他們。」

提到竇嬰、田蚡，竇太皇太后更是怒不可遏，她打斷劉嫖的話說：「別提這兩人！他們辜負我的重託，做出這等悖逆之事，也不是東西！皇上，你要是我孫子，要想做個孝賢的子孫，就聽我的話，立即把趙綰、王臧捉拿下獄，把竇嬰、田蚡免職。」

劉徹呆呆地看著祖母，一時間不知怎麼回話。劉嫖卻很高興，忙示意劉徹說：「皇上，太后說得有理，這些人張牙舞爪，也該受點懲罰了。對不對？」

丞相、太尉、御史大夫三公同時被罷免，這可是震驚朝野的大事，意味著朝局大動，也等於架空了即位不到兩年的劉徹。他用的人才全部罷免，還有誰能輔佐他呢？

萬石君一家

竇太皇太后大發雷霆之怒，要求劉徹罷免竇嬰和田蚡，懲辦趙綰和王臧，年少的劉徹面臨

即位以來最大的困境，他究竟何去何從呢？

皇帝年輕的心備受煎熬，他多麼不想聽從祖母的安排，多麼想按照自己意願行事，可是事情已經超出他的控制能力，他過於激進的行為惹怒了權貴，也觸怒了老臣，目前的形勢對他非常不利。怎麼辦？劉徹苦思冥想，感到了回天無力的無奈，他知道祖母勢力強大，如果強硬對抗只會讓事情更加糟糕，情急之下，他只能被迫答應祖母的要求。他僥倖地想，等到祖母氣消了，再恢復竇嬰、田蚡的職位，把趙綰、王臧放了。他畢竟年輕，沒有充分體會到政治的險惡，對於權力也缺少正確認識，不過這一次的失敗和挫折，卻也是他將來的成熟和成功所不可或缺的道路。

轉眼間，漢廷經歷了巨大變動，丞相太尉罷免，御史大夫下獄，什麼明堂曆法、儒術新政，全都成了一團泡影。劉徹用駟馬安車請來的儒學大家申公也遭到審問，劉徹極力保護他，言明他與新政無關，竇太皇太后也聽說他見到劉徹，只說了一句話，表現並不積極熱情，才勉強放過他。申公倖免於難，草草地收拾行李回老家了。

事情並沒有就此結束，竇太皇太后罷免三公，立即開始組建新的朝廷負責人。她討厭誇誇其談的儒生，看重少說話多做事的人才，在她心目中，只有這樣的人才稱得上實幹家，才會腳踏實地為朝廷效力，為皇上做事。這次，她親自出面選拔丞相等人選，並且一再提醒劉徹說：「儒生們就會寫文章，寫得天花亂墜，讀得感人肺腑，可是有什麼用處？我看他們沒有趕得上萬石君一家子的。」

萬石君何許人？他是河內人氏石奮的雅號。石奮十五歲時就追隨漢高祖劉邦打天下，後來歷經惠帝、呂后、文帝、景帝幾朝，一直在朝廷做官任職。他為人忠厚樸實，做事謙虛恭謹，雖然沒有受過什麼教育，卻安分守己，處事恰當，合乎情理，無人可比。他有四個兒子，也同他一樣誠實可靠。到了漢景帝時，石奮和他的四個兒子都做了大官，每個人的俸祿都是兩千石，全家加在一塊共一萬石，漢景帝欣賞他們父子的人品，送給他一個雅號叫「萬石君」。

萬石君石奮一家子成為當時忠誠朝廷、本分實在的典範。據說，石奮家教非常嚴格，他的子孫都是從低級官吏開始做起，沒有人因為他而受到特殊提拔。石奮每次退朝回家，總是穿著官服接見子孫，以示互相敬重，不因為他們官職低輕視他們，而且他稱呼子孫們的官銜，而不叫他們的名字。經過這種樸素教育，他的子孫從不以官位低而怠慢工作，做什麼都兢兢業業，恪盡職責，很有成績。一旦子孫中有人犯了過錯，石奮的教育也非常奇特，他坐在飯菜旁一動不動，既不批評子孫，也不吃不喝。子孫們只好主動責備自己，由其他長輩脫去上衣，露出臂膀向他請罪，並且保證以後不再犯錯誤。石奮見此，才原諒他們開始進食飯菜。而子孫們到了加冕年齡，就算正式成人了，石奮只要看見成年的子孫時，即便是平常日子，他也穿戴整齊，戴上官帽，一絲不苟地為他們樹立榜樣。

石奮的行為舉止影響了子孫，他們一家因為孝順謹慎而聞名於屬地和漢廷，受到世人尊

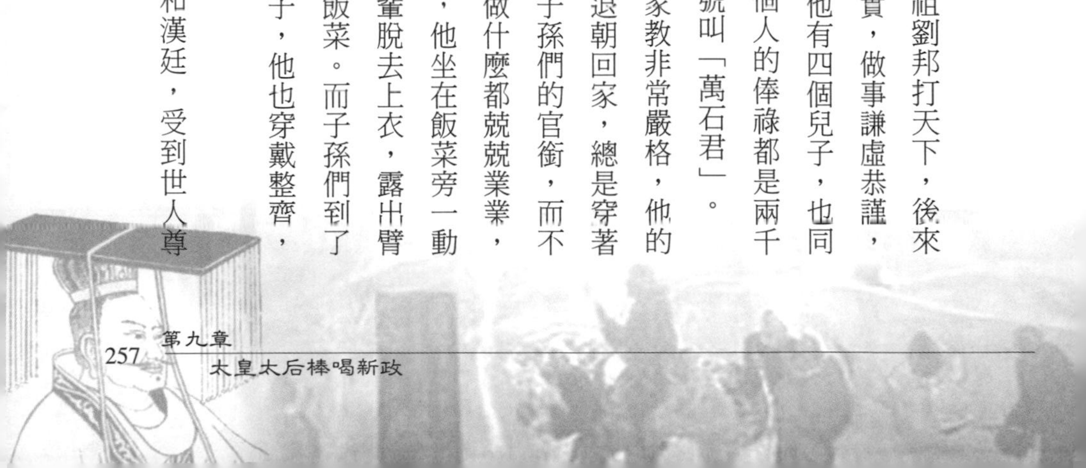

崇，也受到皇室成員敬重。

竇太皇太后特別欣賞石奮一家為人老實、行事謹慎的作風，她多次向劉徹提起他們，也是希望劉徹以他們為標準選拔人才。朝廷高官盡除，竇太皇太后再次提及萬石君一家子，打算讓劉徹重用他們。劉徹會採納祖母的意見嗎？

這時，石奮早就告老還鄉，他的大兒子石建都已是雙鬢白髮的老人，最小的兒子石慶也已值壯年。劉徹對於石奮不甚瞭解，對於石建卻有自己的看法。漢景帝時，石建就是朝中地位不低的官員了，每當百官聚集一堂，討論軍國大事時，他都表現得非常遲鈍，好像不善言辭，又好像不善與人爭吵一樣，其實他不過明哲保身，不輕易暴露自己的觀點罷了。如果沒有他人在場，他常常侃侃而談，發表個人的主張，博得景帝誇獎。漢景帝認為他老實有主見，因此格外信任器重他。石建擔任朝中高官之後仍不忘孝道，他準時地每隔五天回家一次去給他的老父親石奮請安。每次，他都是偷著將老父親換下來的衣服拿去親自洗乾淨，然後再交給僕人，讓僕人交給父親，這樣做，是為了不讓父親知道是他自己洗的。

劉徹參與朝政後，注意到這個現象，曾經提醒父親說：「石建貌似忠厚，實則內含奸詐。他與人同朝稱臣，卻故意裝出笨拙的樣子，是對人不誠實；他為了討好君主而人前人後表現不同，是對君主不忠。我看這樣的人多了，對朝廷實在有弊無利。」

漢景帝聽了，仔細琢磨著說：「也有道理，不過他們一家子這樣做慣了，恐怕也是舊習難改。」

劉徹分析得不無道理，萬石君一家子如此謹小慎微做事，墨守成規，不求進取有為，肯定不利於朝廷發展，不適合社會需要。而且，他們以誠實自居，又不敢直面矛盾和問題，充其量只是聽話的臣子，怎麼算得上能臣賢才呢？

劉徹即位後，廣納良才，改革朝政，這一切都與萬石君一家極其衝突，劉徹當然不會重用他們。如今，竇太皇太后罷免儒生，再次念及萬石君一家，認為他們聽話能幹，是最好的朝臣人選。劉徹心裡想，他們算什麼能幹，除了按部就班完成指令還能做什麼？要這樣的人管理國家還不是步步後退，最後能剩下什麼？

劉徹這樣想，自有他的理由，早在做太子時，他就關注過石建的做事風格，認為並不可取。劉徹登基後，一件事情讓他對石建認識得更深刻了。有一次，石建批閱文件，發現屬吏寫的公文上的「馬」字少了一點（古代「馬」字寫作「馬」），不禁大驚失色地說：「馬有一尾四足，少了一點等於少了一足，這可是死罪啊。」說著，連忙恭恭敬敬地添補上一點。

這件事傳出後，人們都誇他認真細緻，劉徹聽了，卻搖著頭說：「堂堂侍郎，為了區區一點大驚失色，雖說做事認真，也太過迂腐了。要是朝臣都像他一樣，只知道拾遺補漏，哪裡有精力處理別的事？國家還有什麼前途？」

雖然劉徹清楚萬石君一家的作為，對他們一絲不苟的精神多次提出異議，認為他們與激流勇進的社會浪潮不相符合。可是，竇太皇太后怒喝新政，罷免了劉徹任用的高官，朝廷局勢變得微妙莫測之際，劉徹為了緩和矛盾，為了救出趙綰等人，被迫同意了祖母的意見，決定任用她提議的人。

第十章

新政失敗，劉徹蟄伏

進步與頑固總是相生相伴、互為消長，少年劉徹奮發有為、建立強國偉業的夢想一再受挫，趙綰、王臧被迫自殺，竇太皇太后任用新的丞相和御史大夫操控政權。這時，淮南王劉安蠢蠢欲動，覬覦皇位，鬥爭一波未平一波又起。

劉徹在這次失敗中是崛起還是沉淪呢？還有什麼意想不到的事情等待著他呢？

第一節　新政完敗

二臣自殺

經過竇太皇太后阻撓，劉徹推行的新政被迫中斷，他提拔重用的朝臣也大多被革職查辦。為了防止儒生繼續影響朝政和皇上，竇太皇太后採取了嚴厲手段打擊他們，罷免竇嬰、田蚡，把儒生官員的首領人物趙綰、王臧下獄治罪。劉徹無奈地面對現實，接受祖母的安排，將朝廷官員換成推崇黃老思想的人物。繼任的新丞相是許昌，他一直是黃老思想忠實的信徒；新御史大夫是莊青翟，也是竇太皇太后賞識的人物；新郎中令就是前面提到的石建。他們三人都不是儒家人物，多年來順從竇太皇太后的指令，深受竇太皇太后信任器重。竇太皇太后還恢復漢景帝時制度，廢除太尉一職，以此表示她將與劉徹新政走徹底不同的道路。這樣一來，政權基本上操控在竇太皇太后的手中，劉徹成為了有名無實的少年天子。

政權過渡完畢，竇太皇太后並沒有對儒生們徹底放心，這天，她召見劉徹，聞訊處置趙綰、王臧等人的情況。劉徹說：「趙綰、王臧輔佐孫子搞新政，雖然行為過激，言辭魯莽，做錯了事，可是念他們還算忠心的分上，把他們打發回家算了吧。」他一心為兩人開脫，希望能保全他們。

竇太皇太后一聽，陰沉著臉說：「怎麼，就這麼便宜他們？皇上，我已經派人調查他們了，說不定有讓你震驚的事情發生。」

果然，不一會兒許昌進來秉奏說：「太皇太后、皇上，臣奉命審理趙綰、王臧一案，發現他們貪污行賄，多行不義，犯有不可饒恕的大罪。」

貪污行賄？劉徹吃驚地瞪大了眼睛，他怎麼相信自己重用的人才竟會做出這等劣事呢？竇太皇太后卻露出興奮神色，連忙追問：「嗯，這兩個嘩眾取寵的傢伙竟然做出這等卑鄙事情，你快說說，到底怎麼回事？」

許昌說：「他們本是默默無聞的儒生，既無功勞又無才能，憑什麼做上高官？臣經過徹查才知道，原來他們賄賂朝廷權貴，得以見到皇上，並以花言巧語騙得皇上信任，擾亂朝政，犯下罪過。」

竇太皇太后點著頭說：「我說他們是新桓平第二，果然沒有冤枉他們！新桓平以假玉杯欺騙先帝，趙綰、王臧又以花言巧語矇蔽皇上。哼，皇上，你都聽見了嗎？這就是你選拔的人才！他們合夥算計你你還被矇在鼓裡呢，像這樣的人應該判處極刑，以儆效尤。」

劉徹忙問許昌：「丞相，你說他們賄賂權貴，可有證據嗎？權貴指的又是什麼人？」

許昌看看劉徹，欲言又止。

竇太皇太后不耐煩地說：「皇上，你還想包庇他們?!丞相沒有證據能亂說嗎？權貴能有誰？還不是竇嬰、田蚡之流，要不是他們你能接近儒生、採用儒術嗎？我看你越大越糊塗了，竇嬰、田蚡罷黜官職、保留侯位已經夠便宜他們了，怎麼，你還想把他們再揪出來？」

真是話不投機半句多，劉徹自幼受到父慈母愛，祖母對他也百般疼護，要風有風要雨有雨，過著無憂無慮的生活。沒有想到，即位不到兩年，本打算建立功業，卻遭到無情打擊，一度支持他的祖母不但奪了他的權力，還越發看他不順眼了。劉徹低頭接受訓斥，萬般無奈地說：「祖母，此事關係重大，孫子也想弄個明白，所以才這麼問。聽祖母教誨，孫子知道是怎麼回事了。」

「知道了就該即時做出決定。」竇太皇太后不依不饒地說，「趙綰他們欺君罔上，罪不可恕，丞相，你依照新桓平案件處理他們。」

新桓平被滅門三族，這可是極重的處罰，劉徹急忙求情說：「祖母，這兩件事情不能等同而論，新桓平欺君屬實，趙綰他們不過賄賂權貴，證據還不確鑿，不能判處極刑啊。」

竇太皇太后沉著臉說：「你不要管了，丞相自會審理清楚，不會冤枉任何人。丞相，你放心大膽查案，要是牽連到竇嬰、田蚡，也不要手軟，懂嗎？」

劉徹求情不成，反而激起竇太皇太后徹底打擊儒術的決心，連竇嬰和田蚡也不準備放過了。他這才明白政權鬥爭的殘酷無情，心潮起伏，久久不平。當初爭奪儲位他還年幼，都是母親和劉嫖施展手段的結果，他做了九年太平太子，文學武略都大有長進，卻沒有體會到權力鬥爭的慘烈和無情，如今一朝登基，年少的他終於有了切身體會。這件事，也加重了他鞏固皇權、加強統治的信念，為他以後開創大一統的封建帝國提供了不可或缺的經驗。

劉徹在祖母面前無計可施，又不忍心對趙綰等人施以極刑，他苦悶多時，決定去獄中探望趙綰、王臧。這天，他在韓嫣陪同下微服來到監獄，看見田蚡匆匆走在他們前面進了監獄。劉徹想了想，停在外面沒有進去。

原來，田蚡聽說竇太皇太后要查辦他們，心中害怕，所以趕緊來到獄中，希望趙綰、王臧不要供出他來。他見了趙綰、王臧說：「太皇太后大怒，奪了皇上的權，還要對你們嚴厲追查。皇上為了保護你們已經與太皇太后鬧翻了，恐怕皇位也難保了。」

趙綰、王臧聽了大驚失色，他們說：「皇上有什麼錯？太皇太后不能這麼做。」

田蚡嘆氣說：「誰敢勸說太皇太后？依我看，皇上這次在劫難逃，我也要倒楣了。」

「沒有其他辦法了嗎？」趙綰焦急地問。

田蚡假裝思索著說：「唉，許昌、石建都是有名的頑固派，他們好不容易抓住你我的過錯，能輕易放過我們嗎？他們非要置你我於死地，皇上卻是個情義中人，非要保住你倆性命，你說說，這個矛盾不解決，他們怎麼肯甘休？」
趙綰、王臧壓根不知道許昌查辦他們行賄之事，還以為田蚡說得句句是實呢，他們都是聰明人，頓時想通了田蚡話中深意。趙綰大義凜然地說：「侯爺不要說了，趙綰受皇上重用，本來想輔佐皇上建立功業，哪想到事與願違，我對皇上厚愛無以為報，自知罪孽深重，怎麼會連累皇上？」說著，他轉身看看王臧，苦笑著說，「看來我們得早走一步了。只要我們不在了，皇上也就不用為此事犯難，太皇太后也就放過皇上，我們捨身救主，雖悲猶榮！」
王臧泣不成聲，趴在地上哀嚎痛哭。田蚡冷眼旁觀，逐漸放下心來，他想，只要他倆不在了，我也就沒有危險了，皇上也不用為他們與太皇太后鬧彆扭了，真是一舉多得。
田蚡勸說完趙綰、王臧，起身走出監獄回府。這邊，劉徹一直暗中觀察著，等田蚡一走，他轉身進了監獄。獄中，趙綰、王臧死心已決，見到劉徹親來探監，心情更加激動，他們訴說了一通感恩戴德的話，與劉徹揮淚作別。劉徹哪裡知道田蚡提前來下的圈套，安慰他們說：「你們一定要堅持住，時機成熟了，朕自會來救你們。」
劉徹前腳離開監獄，趙綰、王臧後邊就自殺身亡了。消息傳來，劉徹大感震驚，他會被這一連串的打擊擊垮嗎？

一個危險的人物

趙綰、王臧自殺，意味著新政徹底失敗，儒生們徹底遠離了朝政。面對這一切，劉徹有些無法容忍了，他正值年少氣盛，接受失敗已經不易，還要接受祖母為他安排的諸位大臣，忍氣吞聲過日子，對於生性活躍、積極進取的他來說無異於形同監禁。劉徹苦悶焦躁，無法繼續忍受下去了，當他聽到趙綰、王臧自殺的消息時，他再也忍不住了，當即跑向竇太皇太后的宮中，與祖母爭辯理論，指責她害死了趙綰和王臧。

竇太皇太后正與阿嬌聊天，聽到劉徹為趙綰和王臧的事指責自己，氣得拍打著案几說：「你這個不孝的東西，你父皇在世的時候也沒敢這樣對待我！你想怎麼樣？要我死了你才高興嗎？！」

阿嬌忙勸說：「祖母不要氣壞了身體。皇上，人已經死了，你還跑來與祖母計較，這不是惹事生非嗎？他們擔心罪行暴露，所以自殺了，祖母仁慈，已經下旨不再追究這件事了，我看這已經便宜他們了，要是認真查辦起來，他們的罪行恐怕還要嚴厲得多。」

劉徹怒氣沖沖地對著阿嬌說：「妳不要多嘴了，朝政大事也是妳懂的嗎？」

阿嬌也不示弱，譏諷地說：「朝政？你懂朝政還能惹出這些麻煩？好端端的搞什麼新政，我看送給你個皇上都做不好！」她受母親劉嫖影響，念念不忘幫助劉徹登儲即位的事，把這位

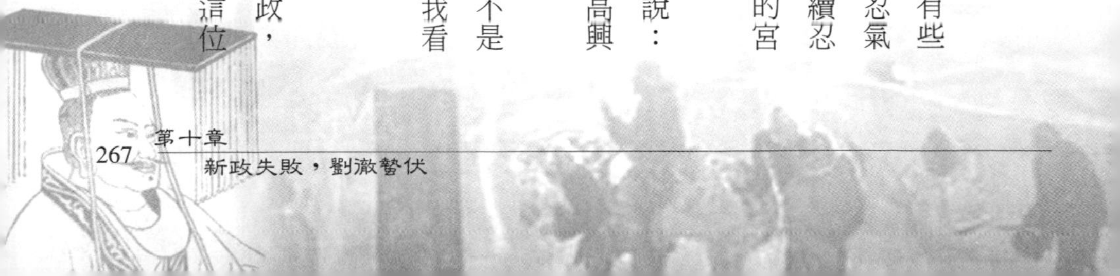

表弟皇上管得非常嚴格，動不動就拿此說事，以顯示自己的特殊和重要，暗地諷刺挖苦劉徹。每次，劉徹都是默默忍受，很少與她爭吵。

可是，今天劉徹正在氣頭上，他見阿嬌諷刺自己無能，多日的苦悶一下子爆發了，怒喝道：「妳胡說什麼？朕即位是先帝的主意，與妳何干？以後再提此事，朕就廢黜妳，妳也不要做皇后了。」

阿嬌哪裡見過劉徹這樣兇惡地對待自己過，先是一愣，繼而又哭又叫，撲到竇太皇太后懷裡斷斷續續地說：「祖母——祖母，您可要為我作主，我做錯什麼了，他竟敢要廢黜我。他可真是個負心人，當初還說什麼蓋所金屋子讓我住，全都是騙人的鬼話……」

竇太皇太后一手摟住阿嬌，一手指著劉徹說：「你真不想讓我活了嗎？你看看，這後宮都變成什麼了？這裡是你們夫妻吵架的地方嗎？你呀你，後宮尚且管理不好，怎麼做個好皇帝！」

這裡一通吵罵，很快傳到太后王娡那裡，她來不及細想，匆匆趕往竇太皇太后宮中。一家人聚齊了，王娡又是安慰阿嬌，又是痛斥劉徹，忙碌半天才算平息了諸人的怒氣。竇太皇太后冷冷地對她說：「妳看到了嗎？阿嬌進宮已經快兩年了，到現在也沒點動靜，她總是說皇上對她冷淡，我還不信，今天聽了皇上的話我才明白了，他還要恩將仇報呢。」她說的是阿嬌遲遲沒有身孕這件事。

王娡訕笑幾下，蹲在竇太皇太后身邊幫她捶著腿說：「母后，徹兒年輕，說話難聽您就教訓他，可不能跟他真生氣，氣壞了身子可不得了。再怎麼說，他也是您的孫子，您看著長大的，您再多費費心教導教導他，過幾年長大懂事了，指不定多感激您呢。」她一邊說著一邊朝劉徹使眼色，暗示他認錯請罪。

經過這通吵鬧發洩，劉徹心裡暢快了不少，他漸漸冷靜下來，看著祖母、母親和妻子這三個與自己息息相關的女人，思前想後，苦笑一聲說道：「先帝把家庭和江山交給了朕，朕卻弄得一團糟糕，將來有何面目與先帝相見。」說完，他揚長而去。

誰能想到，劉徹這次大膽地與祖母、妻子爭吵，並且不顧母親暗示，倔強地離諸人而去，為自己埋下了一顆危險的種子。

劉安像。

這顆危險的種子來自何方呢？他就是淮南王劉安。劉安是前淮南王劉長的兒子，他父親劉長是漢高祖劉邦最小的兒子，母親早死，自幼跟隨呂后長大。劉長生性嬌寵，漢文帝登基時，他們兄弟八人就剩下他兩個了，因此他格外受到關注。漢文帝對這個幼弟關愛有加，有求必應，不亞於漢景帝與梁王的關係。劉長日益嬌縱，目無法紀，朝臣們對他都有意見，漢文帝不得不採取措施，讓他離開封國到偏遠的地方生活反省。劉長自小過著錦衣玉食的日子，不堪忍受路途艱辛，在路上拒絕進食，還沒有到達該就死了。追隨他的人就編了一首歌謠說：「一尺布，尚可縫；一斗粟，尚可舂。兄弟二人不能相容。」漢文帝失去弟弟，非常難過，聽到這首歌謠，心情更糟，當時劉長的兒子們年幼，只有七八歲，為了寬慰後人，他就把劉長的四個兒子全都封侯。

劉安自幼聰穎好學，博覽群書，以文采見長，他還精通音律，擅長琴瑟，十七八歲時出落得文質彬彬，一表人才。漢文帝很喜歡他，就讓他繼承父業，做了淮南王。劉安為了沽名釣譽，在封地內廣施恩惠，安撫百姓，結交各路人才，名聲雀起，人們都說他賢能。

劉安是個聰明人，也是個富有心機的人，他時時不忘父親慘死的事情，對漢文帝懷有怨恨之心。他自視甚高，常常縱觀朝局，分析諸多皇室子弟，覺得他們都不如自己，認為自己有問鼎天下的能力，有了這種想法後，他更加努力地博取好名聲，以求達成心願。為了達到目的，他讀書之餘，採納謀士的建議，學習秦朝的呂不韋，讓手下人著書立傳，寫了不少文章，彙編成冊，這就是流傳後世的《淮南子》。書籍流傳天下，他聲名更大，讚譽滿天，超過了皇室所有子弟，是人們心目中的賢王和皇室的希望。劉安高興地看著自己的成果，更急切地為皇位謀劃著。他想，當年漢文帝不過是普通諸侯王，在偏遠的代地居住了十幾年，以賢德仁孝聞名天下，受到大臣們擁戴，所以登上天子位，我親行仁義，名滿四海，為什麼不能像他一樣做皇帝呢？

七國之亂時，吳王劉濞曾經聯繫過他，他也有意參與造反，可是他的丞相卻用計阻止了他。丞相謊稱帶兵叛亂，實則帶著兵馬抗擊聯軍，確保城池安全。叛亂平定，漢景帝以淮南王堅守封地，忠誠不二為由，對他獎賞封賜，更看重他了。

劉安因禍得福，內心得意非常，他背地裡擴充兵力，製造兵械，仍然沒有忘記謀反奪位的計畫。無奈七國之亂後，漢景帝削弱諸侯勢力，諸侯們也都安於現狀，不敢輕舉妄動了。劉安只好暫且聯絡自己的幾個弟弟，意圖達到謀反奪位的目的。

劉安有個女兒，名叫劉陵，聰慧美麗，伶牙俐齒，是個才女。劉徹登基後，劉安就讓女兒進京，密切關注朝政變化。劉陵攜帶金銀珠寶進京，加上公主的身分，很快結交認識了京城權貴們，成為世人爭相交往巴結的貴人。劉陵以自己的聰明很快打進未央宮，成為竇太皇太后身邊的紅人，她嘴巴極甜，左一聲祖母，右一聲祖母，叫得比親孫女還親。竇太皇太后一直喜歡劉安，見他調教的女兒也如此乖巧懂事，非常滿意，經常對劉陵說：「妳父親很久沒有進京了吧，妳給他傳個話，就說我想他了，讓他勤來走動走動，都是一家人，不要疏遠生分了。」隨著劉徹新政失敗，竇太皇太后收回權力，朝局經歷巨大變動，劉陵覺得機會來了，她派人給父親送信，說明朝政情況，讓他早做定奪。

劉安時時關注著朝局，對於朝廷發生的一切心似明鏡，他不無欣喜地想，朝政大動，人心不穩，劉徹和太皇太后產生隔閡，我可以利用這個機會有所作為了。他等待了十幾年，終於盼來了今天，不知道他要採取什麼辦法達到目的呢？

第二節　危機又起

劉安進京

劉安打算進京探詢消息，於是向手下眾多謀士詢問有什麼好建議。謀士們投靠劉安，大多數為了各人謀求利益，獲取地位錢財，他們知道劉安的心意，總是對他阿諛奉承，順著他的意願說話。劉安因此對他們格外寵信，每當聽人說自己有登基的可能，就對此人大加封賞；每當聽人說天下太平，勸他不要有非分之想，他就非常生氣。許多游士紛紛來到劉安門下，不管有無才能，都以諂諛劉安為能事，一時淮南國內各路人才雲集，圍攏在劉安周圍，他謀反之心也更滋

劉安墓。

壯了。

這些人裡有一個例外，他就是伍被。伍被是淮南中尉，掌管當地兵權，他從七國之亂中得到教訓，認為區區淮南，不足以與漢廷抗爭，雖然每每參與劉安謀反策劃，卻不看好這件事，總是勸說劉安要從長計議。劉安雖然厭煩伍被，卻深知謀反離不開他，因此只好接受他的建議。劉徹即位時，劉安以他年幼，總想著取而代之，伍被看出了他的心意，再次勸說道：「大王不要過於急躁，如今天下安定，我聽說皇上雖然年少，卻下詔選賢，雄心勃勃，採取諸多措施加強皇權，打擊諸侯權貴勢力，不可小覷。」

劉安不耐煩地說：「依你的意思，我只能蝸居一方算了。」

左吳說：「大王不要著急，我看這正是機會。皇上如此搞下去，必定觸怒權貴，引起諸侯不安，天下大亂，大王不是正可以趁機起事嗎？」

劉安立即轉怒為喜，興奮地說：「對，對，不亂不治，真是上天助我啊。」

他抓緊培養兵士，置辦軍械，單等朝政一亂，就可以見機行事了。

果然，劉徹即位不到兩年，因為新政的事遭到權貴和老臣們強烈不滿，竇太皇太后出面干涉，祖孫矛盾不斷升級，終於導致朝政大變。前次劉徹在後宮與祖母爭吵，並且憤然離去，當然不會瞞過劉陵的耳目，她認為劉徹已經失去權力，失去人心，不過是個傀儡皇上，是奪取天下的時候了。劉安接到密報，聯繫到最近諸侯權貴們對劉徹的抗議以及朝臣們人心不安諸事，激動地認為可以起兵奪權了。他召集心腹臣屬商議此事，伍被依然提出異議，他分析說：「以前，伍子胥曾經向吳王直諫，吳王不聽從他的意見，伍子胥說：『臣看見麋鹿野獸出沒姑蘇臺上了。』以此預言國家將要滅亡。如今大王一意孤行的話，臣也只好說：『臣看見王宮內荊棘叢生，露水打濕衣衫的情景了。』」

劉安又驚又怒，擔心起兵不成反惹禍端，決定先行進京探個究竟。左吳進言說：「大王進京，有一個人可以結交，他會幫你做很多事。」

「誰？」劉安忙問。

「武安侯田蚡。」左吳成竹在胸地說，「他是皇上的舅舅，很受皇上寵信，為人狡詐多智，善於偷營取巧，是個可以利用的人。」

劉安早就知道田蚡，劉陵也多次提起他，是劉陵在京城交往密切的人員之一。不過他是劉徹的舅舅，難道會背叛外甥投靠自己？

左吳看出劉安疑惑，接著說：「田蚡與竇嬰不同，他權慾心重，不肯放過任何機會，早年為了升官，不惜低三下四給竇嬰『做乾兒子』。聽說皇上這次搞新政，他表面一套，背後一手，明裡支援皇上，暗地裡卻巴結太皇太后和權貴們，還用計害死趙綰等人，是個不折不扣的權術之人。如今皇上失勢，他也跟著倒楣，心裡肯定不會善罷甘休，大王趁機結交他，他一定會感激涕零，幫著您出謀劃策。」

劉安仔細一想，輕聲笑道：「你倒是看透了田蚡這個人，可惜皇上還矇在鼓裡，指望他輔佐呢。呵呵。」

劉安的太子叫劉遷，雖然只有十幾歲，卻與母親一心支持父親謀反，常常參與父親密謀的會議，他聽了左吳和父親的話，也跟著笑起來。

接著，謀士們你一言我一語，為劉安設計進京的具體內容和步驟。會議後，劉安的王后荼向他獻計說：「陵兒來信中多次提到太皇太后為皇后沒有身孕一事著急，我琢磨著，要嘛劉徹和皇后感情不合，要嘛就是沒有生育能力，你想，後宮嬪妃無數，皇后不行，其他人也不行嗎？所以我大膽估計，恐怕劉徹有問題。」

萬物之推移也非以一時之變化而定吾所以自得也
吾所謂得者性命之情處其所安也夫性命者與形俱
出其宗形備而性命成性命成而好憎生矣故士有
一定之論女有不易之行規矩不能方圓鉤
繩不能曲直天地之永登丘不可為脩居
卑不可為短是故得道者窮而不攝達而不榮
處高而不機持盈而不傾也
而不朗久而不渝入火不焦入水不
濡是故不待勢而尊不待財而富不待力而強平虛下
流與化翱翔若然者藏金於山藏珠於淵
不利貨財不貪勢名
是故不以康為樂不以慊為悲
貴為安不以賤為危形神氣志各居其宜以隨天地之
所為夫形者生之舍也氣者生之充也神者生之制也
一失位則二者傷矣是故聖人使人各處其位守其職
而不得相干也故夫形者非其所安也而處之則廢氣
不當其所充而用之則泄神非其所宜而行之則昧

《淮南子》。

劉安吃驚地看著王后說：「王后說的是件大事啊。皇上無後，朝政不安，諸侯紛立，天下必亂，這可是關係江山社稷的大事。如果真如王后估計，我更要充分準備了。」

王后說：「太皇太后常常誇你，要是皇上無後，你倒可以勸說她把儲位傳給你，這不省卜起兵的麻煩，還能名正言順地做皇上。」

劉安驚喜地抱住王后，激動地說：「妳可真是我的智囊。」是啊，如果像王后說的，劉安真像漢文帝一樣以諸侯王的身分登基稱帝，實現夢想，自己多年的努力也就沒有白費，何樂而不為？

有了兩手準備，劉安非常得意地攜帶《淮南子》一書和無數金銀財寶上路了。

劉安進京的消息很快傳遍京城，權貴王侯們紛紛回應，都想結交這位名貴，長安城內外無人不討論淮南王。劉安金鞍銀車奔赴長安，一路上，激情難抑，胸懷蕩漾，他正值四十歲的黃金歲月，人生經歷豐富，才學超人，聲名赫赫，滿懷野心，這一去，就要面對最重要的時機了，他究竟如何作為呢？

田蚡的陰謀

長安城中熱心期待劉安的人很多，田蚡就是其中一個。他罷官之後，只保留侯爵之位，過著賦閒的日子。可是他是個閒不住的人，哪裡能夠忍受寂寞？眼見皇上失勢，竇太皇太后對自

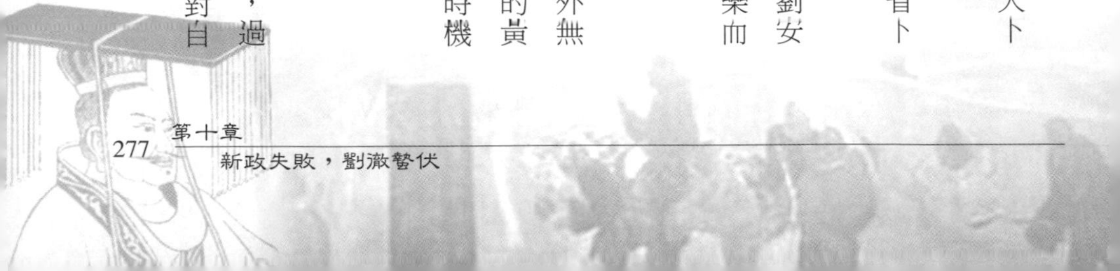

己又不理不睬，怎麼辦？他思來想去，開始尋覓新的途徑以求騰達。人心貪婪，他對於眼下富貴還感到不滿足，聯想當年他出身平民，不過依靠姐姐王娡才得以步步高升，封侯進爵，位極人臣，劉徹遭受挫折之際，他不但不想辦法積極幫助外甥，還自私地謀求個人前途，真是不可思議。

這次，田蚡把目光集中在劉陵身上。自從劉陵來到長安，大肆結交權臣和貴卿，早已與田蚡打成一氣，兩人互相利用吹捧，成為關係密切的朋友。當時，田蚡剛剛做了太尉，權位貴重，管理全國軍隊，劉陵為了討好他，送給他許多財寶美女，有意拉攏他。田蚡來者不拒，接受賄賂，積極引薦劉陵，吹捧劉安。劉陵因此成為未央宮常客，受到兩位太后的喜愛。劉安的名字響徹後宮，竇太皇太后總是得意地說：「劉安父親去世的早，都是先帝養育他才成人，他有了今天的成績，也是我們皇室的驕傲。」劉安是漢文帝的侄子，也就是她的侄子，他們的父親劉長去世時，她是皇后，清楚其中因由，今日這麼說，也是有意掩飾當年人們對劉長之死的異議。

今田蚡無奈的是，自己的官位不穩，竇太皇太后怒喝新政，不念他的好處，無情地罷免了他。在閒居的時日裡，他依然經常與劉陵來往，談古論今，寫書作畫，對劉安的《淮南子》懷有敬羡之意。劉陵瞭解田蚡，也清楚他在王娡和劉徹心目中的地位，別看田蚡一時失勢，只要皇上和太后不倒，他總有重新出頭的日子。為此，她沒有表現出任何不一樣，依舊像從前那樣對待田蚡。田蚡倒是反過來巴結劉陵，希望她在竇太皇太后面前為自己美言，以求永保富貴。

不久，田蚡聽說劉安要進京，他開始積極準備謀劃。為了顯示敬重之意，田蚡迎出長安，在驛站灞上為劉安接風洗塵。劉安一路前來，正思量著如何結交田蚡呢，卻見他早早地在長安城外迎接自己，心情喜悅。兩人把酒言歡，大有相見恨晚之意。席間，田蚡向劉安索要《淮南子》，並且極盡奉承之詞讚美，劉安聽了，內心舒暢無比，他說：「太皇太后專門囑託劉陵讓我帶的，要是她老人家喜歡，我也就心滿意足了。」

田蚡忙說：「太皇太后總是念叨大王，您來了，她一定很開心，聽說您著書立傳，她還說這是皇室的榮耀。」

劉安笑瞇瞇的，過了片刻才說：「我十分想念太皇太后，要不是國內事務繁多，早就該來看她老人家了。」

兩人各懷鬼胎，說著言不由衷的話，互相打探對方虛實。

灞上是長安城外最近的驛站，負責接待來往官吏、使者等。當時，交通通訊設施不完備，國家只能通過驛站傳達各種資訊，非常不便利。據說，劉安為了籌備謀反，快速傳遞消息，曾經在各地私設通訊關卡，成為獨立的通訊網路系統，也是私人最早設立的一種通訊系統。可見他確實很有能力和實力，是劉徹政權潛藏的危機之一。

劉安和田蚡一邊喝酒一邊欣賞著霸上景色，說著無關痛癢的話。突然，田蚡笑了，似乎漫不經心地說：「唉，太皇太后對我有意見，怨我攛掇皇上重用儒生，這回好了，我無官一身輕。大王這次進京，我一定好好奉陪，讓您玩個痛快。」

劉安略一思索說：「武安侯不要自暴自棄，天下誰不知道你的才能？皇上需要你輔佐，太皇太后年齡大了，到時候還不是皇上說了算。」

「呵呵，」田蚡搖著頭說，「大王取笑了，我有何才能？像大王您才是真正的賢德之人，名聞天下，可惜蝸居一方，不能施展抱負。」

劉安側目而視，一時無法確定田蚡的真正意圖，只好打著哈哈說：「徒有虛名而已，哪敢在天子腳下枉談賢德，當今皇上才是賢德的人。」

田蚡嘴角掛著笑意，湊到劉安跟前說：「太皇太后比你我都瞭解皇上，她為什麼痛下決心治理朝政？明擺著是對皇上不滿。文景二帝孝賢天下，國富民強，太皇太后深知其中治國道理，能讓皇上瞎搞嗎？我們臣子受到拖累無所謂，只是漢家天下有難啊。」

劉安見話已至此，也不再避諱躲閃，問道：「武安侯這話是什麼意思？漢廷太平無恙，人才濟濟，怎麼會有難呢？」

田蚡極其神秘地看一眼劉安，想了片刻似乎痛下決心說出了一些令劉安大驚失色的話。他說：「皇上登基兩年了，至今兒女全無，無子可立。您說這件事情嚴重嗎？太嚴重了！太子不立，朝局不穩，這是人人皆知的道理。所以我說漢家有難。」

劉安聯想王后所言，頓時嚇呆了，皇上無子這件事卻非一般，已經引起多人關注了。他目不轉睛地盯著田蚡說：「武安侯所慮確實值得深思。」

田蚡接著說：「大王是高祖的嫡孫，賢德有名，親行仁義，天下人都在傳揚您的美名，依您的德才治理天下必定會超過三王五帝。皇上一旦出現意外，太皇太后一定會立您為儲，接管漢家江山，如此一來，危難自然解除，江山社稷將永保太平。」

劉安聽罷此言，心花怒放，他立即命人將攜帶的珍寶送給田蚡，與他密談細聊起來。從此，兩人關係密切，非同一般，田蚡成為劉安在京城最重要的內線人物。其實，田蚡是個兩面派，做事總留有後手，他對於劉安當然也不例外。

第三節

劉徹的對策

王娡罵子

劉安結識了田蚡，大受鼓舞，滿懷激動地進京見太皇太后。竇太皇太后聽說劉安進京了，親自召見他，接受他奉獻的書籍和寶物，十分高興。劉安殷勤備至地服侍太皇太后身邊，不亞於當年的梁王劉武，竇太皇太后不無感慨地說：「可惜武兒早去了，你們倆自小都愛讀書學習，結交名士賢人，先帝很喜歡你們。要是他活著，也有不小成績了。」

劉安忙說：「太皇太后，臣寫《淮南子》曾經得到梁王支持，說起來，這本書也有梁王的功勞。」

「是嗎？」竇太皇太后驚喜地撫摸著書本，似乎在親撫自己的愛子，「梁王才學不低，手下名人才子也很多。」她沉吟一下，沒有繼續說下去。

劉安接著說：「是啊，司馬相如就曾經跟隨過他，現在可是天下數一數二的才子了，辭賦非常有名。太皇太后，臣這次進京也要與他見見面。」

他二人聊天談地，其樂融融，倒是格外愜意。劉安為了巴結竇太皇太后，請她為太子劉遷指婚。竇太皇太后笑呵呵地說：「真快啊，你的太子都該成婚了。好，我一定為他選門合適的婚事。」

劉安稱謝說：「劉遷十五歲了，娶妻生子是大事，所謂不孝有三，無後為大，我這做父親的也不敢大意。」

這句話觸動竇太皇太后的心事，她臉色有些難看，沉默片刻然後說：「是啊，也該早為他們打算了。對了，有件事情你要費費心，皇上娶親兩年了，還沒有子女，我擔心日後有變，你結交的人士廣泛，有機會為他推薦推薦醫家，看看有無良策。」

劉安心裡一陣喜悅，看來劉陵和田蚡說得不錯，太皇太后也為此事著急了。他立即說：「太皇太后放心，臣一定盡心盡力去辦，不讓漢家出現危機。」

竇太皇太后喜愛劉安，當然瞞不過眾人的眼睛，劉安在京城的日子也不閒著，廣交權臣和貴卿，對他們施以恩惠，擴大自己的影響。丞相許昌等人都成為他的好友，不斷為他說好話，進良言，加上田蚡為他四處宣傳，劉安成為京城最受注目的人物。他似乎越來越明確地看到有朝一日登基臨朝的情景了。

劉安進京，也受到劉徹關注，他自小就知道這位才學出眾的皇叔，對他很敬佩。如今，劉安獻書送寶，引起京城轟動，他也很高興，以為這是皇室興事，哪裡料到人心叵測，劉安會有謀逆奪位的野心，舅舅田蚡會出賣自己。

劉徹經常召見劉安，詢問淮南情況，探討文學知識，兩人關係融洽，很受人羨慕。劉安當然不可錯過機會，在劉徹面前表現積極恰當，為自己謀求更高聲譽和地位。在一些善於鑽營的人看來，劉安爭儲的希望更加大了。

但世上沒有不透風的牆。劉安四處活動、廣結權貴，引起劉嫖注意。劉嫖聽人們議論皇上沒有子女，劉安有可能爭奪皇位的消息，大吃一驚，她急忙趕往未央宮去見太后王娡，與她商量這件事。王娡聽了，也是大驚失色，她急急地問：「真有這樣的事？這可如何是好？」

劉嫖說：「劉安極力巴結太皇太后，一看就不懷好意，妳忘了當年梁王的事嗎？皇上年少，又得罪了太皇太后，大權被剝奪，這樣下去終究不是個辦法，得想想法子。」劉徹是她女婿，事關己身，她當然不會胳膊肘向外拐，想想看，劉安奪位，皇后阿嬌又該如何處置？

王娡想想說：「聽說武安侯與劉安交往也很密切，怎麼沒聽他提及此事呢？他如今無權無勢，也不能幫上忙了。我這就召見徹兒，問問他到底怎麼回事。」

劉徹很快來到太后宮中，聽了劉嫖訴說的情況，哈哈一笑說：「妳們多慮了，劉安是個讀書人，哪有這樣的野心？」

「不要笑了，」王娡氣憤地打斷他的話，「你知道什麼？長公主與我費盡心思助你登儲即位，你不好好做皇上，偏偏和太皇太后對著幹，這不是自尋死路嗎？現在大權被奪，你還不知悔改，不向太皇太后認錯，死了兩個儒生就跑去大鬧，還不與新任丞相等人合作，有你這樣的皇帝嗎？劉安進京來了，誰人不誇讚他賢德仁義，太皇太后也很喜歡他！告訴你，你這個皇帝就是太皇太后首肯才做上的，她可以立你，也可以廢你，她可以隨便找個人替代你，你明白嗎？」

匈奴遺址。

母親的痛罵，讓劉徹心裡又驚又懼，自從與祖母吵架，他就沒有去給祖母請過安，也沒有去過皇后阿嬌的宮中，對於朝政也是不理不睬，採取與祖母對抗的態度。特別是祖母提拔起來的幾位高官，他連看都不看他們一眼，每次上朝，丞相許昌等人上奏大事，他都輕蔑地諷刺挖苦他們，不聽他們發言議事。這次劉安進京，他經常與劉安泡在一起，要嘛出外遊獵，要嘛談論文學，對於朝政和後宮漸漸疏遠。年輕的他只圖一時痛快，哪裡想到背後暗藏的危機？

劉嫖在旁邊也說：「皇上，不是我說你，阿嬌進宮也兩年了，她過得如何，我這個做母親的心裡清楚。即便她脾氣不好，不也是皇后嗎？而且太皇太后非常寵愛她，皇上，你們倆可不能心不齊，這會給他人機會的。」

劉徹垂手聽她們訓斥，心裡亂糟糟的，他想，阿嬌的事怎麼也扯進來了？太皇太后真有立劉安的心思？劉安真有爭位的野心？朕這個皇帝已經有名無實，難道他們還不死心嗎？

韜晦之計

劉徹無精打采走出母親宮中，心裡雜七雜八地想著事情，突然出現的危機讓他措手不及，思緒紛亂，一時難以平靜下來。這時，韓嫣帶著幾個人走過來，他見劉徹神情恍惚，關切地問：「皇上怎麼了？哪裡不舒服？」

劉徹搖搖頭說：「沒什麼。」

一名宮女匆匆走了過來，向劉徹施禮說：「皇上，太皇太后召見您。」

劉徹眉頭微蹙，思索著沒有說話。韓嫣見此，提醒他說：「皇上，聽說邊關派回了人員，太皇太后可能為此事召見您。」

自從南宮公主遠嫁匈奴，幾年來兩國邊境倒算平安，貿易不斷，交往頻繁，很多早年投奔匈奴的漢人紛紛回歸。怎麼邊關突然派回人員來了呢？是不是又有什麼問題？劉徹想著邊境大事，立刻把後宮爭鬥拋置腦後，隨著宮女向祖母宮中走去。

竇太皇太后正是為了邊關的事召見劉徹，原來，匈奴單于名叫軍臣，他對漢廷富貴十分貪戀，內心並沒有放棄侵佔大漢疆土和財物的打算。不久前，有一個生意人到匈奴做生意，單于貪圖他的財貨，讓人把他搶了。這個人害怕被害，謊稱可以把邊關城鎮馬邑勸降投靠匈奴。單于相信了他的話，對於馬邑的繁華十分垂涎，讓他回去做內線，自己帶領十萬鐵騎攻入武州。由此兩國邊境再次出現戰事，危機四伏。

劉徹見到來者，問明情況知道邊境危險，十分氣憤地說：「兩國和親，匈奴居然違背誓約，太不像話了，朕即刻下令派兵支援邊關。」

丞相許昌說：「皇上不要著急，臣聽說單于寵愛南宮公主，臣想只要我們派使者去見公主，讓她勸說單于，並且送去大量糧食、絲綢、茶葉等財物，這場戰爭肯定會化險為夷。」

南宮公主遠嫁後，以美貌和聰明得到單于寵幸，接連生了兩個兒子，在匈奴的地位非同一般。而且聽說，她的兒子就要被立為太子了。

竇太皇太后點著頭說：「丞相說得有理，和親的目的就是平息戰爭。我聽說南宮在匈奴生活不錯，很有威望，這就對了，堂堂大漢公主理應如此。皇上，不要動不動就發兵交戰，還是要多動腦子想辦法。」

劉徹聽著他們的話，眼前浮現出與姐姐生離死別的情景，心裡一陣陣激憤。他多麼想說：

國家遭受欺凌，權臣將領無以為計，百萬男兒壯士畏手畏腳，卻要依靠一個弱女子，這真是讓人恥笑！泱泱大國，無力保護子民，卻把百姓們辛苦勞動所得奉送匈奴，真是令人氣憤！可是，他硬生生地咽下這句話，表情默然地注視著地面，腦海裡閃爍著剛剛太后對自己的痛罵，天哪，這兩幅畫面交替出現，讓他覺得無法堅持下去了。

竇太皇太后聽劉徹沒有說話，追問一句：「皇上，丞相已經說了，你就抓緊派人去匈奴吧，還有什麼想法嗎？」

劉徹定定心神，無可奈何地說：「孫子這就去辦，祖母儘管放心好了。孫子多謝祖母教訓，沒有別的想法。」說完這句話，他心裡頓時平靜下來，猛然間，他覺得自己成熟了，老練了，懂得如何與祖母周旋了。真不知道這是福是禍？劉徹咬著嘴角想。

竇太皇太后滿意地說：「好，丞相，皇上已經說了，你抓緊物色人選，準備財物去吧。」接著，她又對劉徹教導一番，大意不過要求他遵循祖制，清淨無為，像先帝們學習，不可惹是生非，聽信謠言等等。

劉徹默默聽著，再也沒有提出異議。他總算看清了時局，認識到自己與祖母的力量懸殊，不會再做無謂抗爭了。他想起歷朝歷代政權鬥爭中，韜光養晦也是一條重要計策。越王勾踐臥薪嚐膽能夠重振江山，晉楚交戰退避三舍取得勝利，這都是古人的經驗，自己應該從中接受教訓啊。要是一味與祖母作對，不但朝廷不穩，恐怕社稷也要遭殃，自己也有可能失去皇位，那樣的話，所有的理想與抱負也就化為烏有了。想到這裡，劉徹頓覺心情一變，恭敬地說：「祖母，孫子年幼，惹祖母生了不少氣，現在想明白了，以後請祖母多多教誨。」

「這還差不多，」竇太皇太后眉開眼笑，「皇上，祖母為你整頓朝綱，你可要好好學學，不要再犯錯誤了。」

他們說著話，劉嫖走了進來，她不放心劉徹，擔心他與太皇太后爭吵，再生事端，趕過來查看，卻見他們有說有笑，為之一喜，趁機對竇太皇太后說：「皇上年輕，做錯事也屬正常，以後還指望您多教育。對不對，皇上？」

劉徹微笑著說：「孫子自幼受祖母養育，才有今日榮耀，不敢有任何不敬之念。朝政複雜，孫子以後一定悉心向祖母學習。」

這番表白果真打動了竇太皇太后，她雖然沒有放歸權力，卻不再與劉徹劍拔弩張地相對了。漢廷在她的治理下恢復先前制度，她基本上控制了朝政，劉徹也就過上另一種新的天子生活。

第十一章
新的天子歲月

失去權力，並不等於失去信心和勇氣，劉徹為了避免與祖母衝突，開始遊獵四方，結交豪傑，養精蓄銳。這次，匈奴入侵在他胸中再次燃燒起熊熊烈火，為此，他張貼皇榜尋求出使月氏國的人才，打算左右夾擊匈奴，誰會完成這一重大而意義深遠的歷史使命呢？

第一節 張騫通西域

大膽的想法

劉徹從失敗中漸漸醒悟，他無心於祖母控制下的朝政，卻又不甘心無所事事、遊手好閒地過日子。他懷有理想，是個積極進取的人，怎麼能夠忍受目前的困境呢？每天除了讀書練劍，遊獵騎射，他總在尋找新的事情去做，以求安慰自己，以求有新的成績。

這天，韓嫣為他帶來幾個人，都是從匈奴回歸的。他們騎馬來到南山腳下，打獵圍捕，玩得很盡興。韓嫣望著一頭獵獲的野豬，笑著說：「今天可有一頓豐盛的美餐了。怎麼樣，比起匈奴地界來這裡算得上天堂吧。」

幾個人紛紛搶著說：「以前聽人說大漢如何富有，我們回來後，算是見識到了。這些消息要是傳回匈奴，肯定會有更多人投靠過來。」

劉徹特別關心匈奴的事，問他們：「匈奴兵強馬壯，這些年從大漢搶去了不少財物，嚴重騷擾大漢邊境，你們認為有什麼辦法可以擊退他們嗎？」他依然念念不忘擊敗匈奴，永保邊境安穩的決心。

幾個人聽了，不好意思地搖搖頭，其中一個叫堂邑父的匈奴人說道：「兩國多次交戰，大漢都是無功而返，所以才採用和親政策。皇上的意思要抗擊匈奴嗎？」

「對，」劉徹拔箭遠射，一隻飛翔的雄鷹應聲落地，他頭也不回地打馬跑向雄鷹，大聲說，「朕一定要擊退匈奴，確保大漢邊境安穩，人民安居樂業。」

韓嫣知道劉徹的心思，招呼幾個人跟隨劉徹前行。堂邑父邊走邊說：「皇上箭術高超，不比遊獵為生的匈奴人差啊。當年，我跟隨大軍攻打月氏國，就見他們的國王射落過飛鷹，當時我們都很敬佩他。」

月氏國？劉徹回頭問：「月氏國在什麼地方？他是匈奴的敵人嗎？」

馬踏匈奴。

韓嫣搶著答道：「月氏國在匈奴的西北邊，常常受到匈奴欺負，我在匈奴時，單于還經常派兵征討它。」

堂邑父說：「後來，匈奴大敗月氏國，把他們的國王殺了，單于命人剁下他的頭當飲酒的器具，月氏人害怕了，扶老攜幼向西北逃遁，至今不知流落何方。」

劉徹認真地聽著、思索著，突然說：「月氏國與匈奴有不共戴天之仇，要是我們聯繫他們，前後夾擊，何愁匈奴不滅。」

韓嫣立即說：「皇上英明，月氏國人單勢薄，總想報仇卻沒有能力，要是我們聯繫他們，他們肯定會積極回應。」

堂邑父面帶愁容，搖著頭說：「皇上，月氏國在遙遠的地方，地址不明確，而且，要想與他們交往，必須穿過匈奴地界，危險重重，如何過得去？」

劉徹目光深沉，不容置疑地說：「只要有決心，沒有做不到的事。月氏國只要還在，就一定能夠聯繫上，與其坐等時間流逝，不如主動出擊。」

這件事情很快就奏報竇太皇太后，她想了想覺得與朝政關係不大，而且希望渺茫，不過是劉徹少年心性好奇，打算搞點小名堂罷了，就點頭同意了。劉徹下詔尋求出使月氏國的人選，滿朝文武大臣無一人應詔，把劉徹晾在朝堂。他們可能與竇太皇太后想法一致，認為這是劉徹的幻想與胡鬧，一個無人去過無人知道底細的地方，怎麼可能找到呢？路上還要穿過茫茫草地，穿過兇悍殘暴的匈奴地界，怎麼可能安全抵達呢？

無人回應，並沒有熄滅劉徹胸中燃燒的火焰，他經過深思熟慮，認為這個想法雖然大膽，卻完全有可能實現，於是他決定貼榜招賢，從全國範圍內徵求出使尋找月氏國的人。

他的決心和毅力終於有了回報，皇榜張貼出三天後，有人揭榜應詔，要赴遠地尋找月氏國。劉徹高興地接見揭榜的人，為他設宴送行，準備路途所需。他也許沒有想到，由此中國開始了走向世界的歷史，他也成為中國最早具有世界眼光的皇帝，這次出使成就了他個人的偉業，也成就了漢朝乃至整個中國的偉業。

天子送行

揭榜的人叫張騫，漢中人，他不過是一名郎官。所謂郎官，實際上是皇宮的侍衛人員，相當於今天的保衛幹事，地位低，俸祿少。漢文帝時的廷尉張釋之就曾經做過十年郎官，因為長久得不到提升，對他的哥哥說：「為了供應我做官，家裡花了不少錢，我還是不做官了。」此官位不僅不能掙錢，反而還要往裡

貼錢，可見其地位之低。

張騫就做著一名這樣的官員，他自小性格堅強，善交朋友，是個胸懷理想和抱負、夢想著建功立業的人。做為郎官，每天都做同樣的事情，卻很難有所成就，張騫漸漸厭倦了這份工作。無奈沒有門路結交權貴，無法提拔官職，他只能默默地等待機遇。

劉徹搞新政的時候，張騫為之激動了一段時間，他看到很多儒生被召進朝廷，做上高官，參政議事，也躍躍欲試。可是還沒等他行動，竇太皇太后一記棒喝，新政完了，皇上也失去權力，朝政又恢復昔日的沉朽平靜，張騫只好死心塌地地繼續做郎官，為一日三餐謀劃。他是騎郎，負責皇宮人員的馬匹出行等事宜，因此經常遠遠地見到劉徹，為這個少年天子豪邁大膽的舉止吸引，常常暗自發出敬佩之意。有一次，劉徹外出遊獵，親自射中一頭大熊，張騫聽說後，跑去觀看，見到形體碩大的大熊，不無感慨地說：「天子真是神人。」還有一次，劉徹聽說河內發生火災，燒了上千戶人家，就派曾為太子洗馬兼自己老師的汲黯去視察安撫，結果汲黯去了後回來說：「家裡失火，燒了房子，沒什麼憂慮的。臣從河南走，看到那裡水災成禍，淹了上萬戶人家，百姓無以生存，自相殘食。臣拿著皇上賞賜的使節可以調動地方官吏，就趁便打開河南倉庫賑

張騫像。

濟災民了。」劉徹不但沒有怪罪他，反而誇獎他賢德。張騫聽說這件事後，見到汲黯說：「皇上信任儒術，卻依舊重用你這樣信奉黃老學說的人，讓你這樣的怪人留在朝廷，皇上真是胸懷寬廣。」汲黯性格倔強，不注重禮節，常常當面指責他人，直來直去，不給人留面子，喜歡的人就交往，不喜歡的人卻一刻也不容忍，對於劉徹也屢屢直諫，毫不留情，所以世人都把他當成怪人。

張騫深深佩服劉徹的進取精神，認為他必將成為具有雄才大略的英主明君，對於他打算與月氏國交往的大膽想法非常欽佩，他滿懷激情揭下皇榜，進宮見駕。

劉徹貼出榜文後，焦急地等待著消息，三天了，終於有人揭下皇榜，他非常高興，立即召見張騫。劉徹上下打量張騫，只見他二十歲上下，身材健壯，精神抖擻，眉宇間流露出堅毅神色，一雙眼睛透露著正直的光芒。劉徹滿意地點點頭，問道：「張騫，此去路途艱險，前途未卜，你揭榜應詔，難道不怕嗎？」

張騫施禮回答道：「臣敬佩皇上遠大的目光，也痛恨匈奴屢屢騷擾我邦邊境，能夠為國家安定貢獻力量，這是臣的心願。不管路途多麼險阻，臣必定不負聖意，不辱使命，一定想盡辦法完成任務。」

「好！」劉徹激動地說，「朕佩服你的雄心壯志。月氏國位置不明，路上又要經過匈奴地界，充滿了危險，你有什麼要求和想法儘管提，朕一定全力滿足支持你。」

張騫說：「臣奉命出使，路途遙遠又陌生，臣想多帶人馬前行，以防萬一，臣也想帶著熟悉匈奴環境的人員，確保順利通過匈奴地域。」

劉徹同意了，他說：「你只管放心挑選人才，只要你相中的都可以帶走。」

張騫接著說：「皇上能夠張榜選才，臣也要學習這種開明的作法，臣請皇上再次張榜，願意跟隨臣去的自然會主動應詔。」

於是，劉徹下令貼出第二道皇榜，把張騫將要出使月氏國的消息公佈於眾，希望有志之士踴躍報名。

張騫品性賢良，為人大度，雖然年齡不大，卻有一定的名聲，人們聽說他奉命出使月氏國，得到皇上重用賞識，一時傳為佳話。許多年輕人走出家門，走向應詔之路，打算跟隨張騫探詢未知世界，建立偉大功業。劉徹看到眾人回應，格外開心，把挑選人員的工作全權交給張騫，對他說：「你根據情況選拔人員。另外，朕為你推薦堂邑父，他是匈奴人，看看合不合適做你的嚮導。」

張騫對於堂邑父格外看重，兩人很快成為至交。他受命選拔人員，從眾多應詔者選出了一百人，接著，劉徹下令準備充足的車馬財物，供張騫出使應用，並為他親寫國書，親贈使節，做為大漢使者的信物。

西元前138年，張騫帶著一百人收拾齊備，準備踏上西去的道路。劉徹送出長安，到灞上為他們餞行。酒席宴上，劉徹親自為張騫斟酒祝願：「你是大漢的使者，身負重命，望你不要忘記大漢的國土，百姓的期待，朕祝願你一路平安，成功歸來。」

張騫接過酒杯一飲而盡，眼含熱淚說：「臣此番遠去，不管遇到什麼艱難險阻，都不會背叛國家，不會忘記皇上的深情重託，不完成使命誓不歸來！」

宴罷啟程，劉徹彎身捏起一撮土，放進一個金色木匣裡，交給張騫說：「故土難別，你此去千里迢迢，見此如見朕，如見大漢國土臣民，望你一路保重。」張騫揣好木匣，揮淚而別，帶著人打馬向西而去，衝去茫茫未知的世界。劉徹騎馬送行，送了一程又一程，不忍離去。

張騫通西域的偉大意義

誰曾想，君臣這次分別，一別就是十三年。張騫帶著人穿過匈奴地界時，被他們扣留，在匈奴整整生活了十一年，可是張騫不忘劉徹囑託和身負使命，始終沒有變節投降，在堂邑父的幫助下逃離匈奴，一路西去，沿途經過大宛，終於尋找到了月氏國，開創了大漢與西域各國交往的歷史。

西域指的是玉門關和陽關以西、蔥嶺以北、巴爾喀什湖以東以南、天山南北的今新疆地區，西漢初年，西域與漢朝中間隔著匈奴，被匈奴控制，漢朝與他們幾乎處於隔絕狀態。當

西域國出土畫作。

時，西域分佈著大小三十多個國家，有的國家幾十萬人，有的國家才幾千人。他們有的過著逐水草遊牧的生活，有的依靠沙漠綠洲，種植五穀過著定居的日子。這裡物產豐富，例如，于闐國生產玉石，天上以北的國家則以駿馬聞名天下。

西元前138年，即位剛剛兩年、不滿十八歲的劉徹為了聯合月氏國夾擊匈奴，派遣張騫出使西域。張騫奉命遠行，被匈奴扣留十一年後仍然不忘使命，幾經周折通過大宛終於找到月氏國。他本來以為月氏國在北方，在匈奴的日子裡才得知月氏國遷往西方了。他一路西行，首先來到大宛，大宛國王早就聽說過大漢，十分嚮往漢朝的繁榮強盛，表示願意與漢朝交往。張騫以大度的胸懷接納了大宛國王的請求，留下信物，對他說：「我回去稟報大漢天子，天子一定會送來數不盡的財物和珍寶，實現你的願望。」大宛國王很高興，他派人幫助張騫前往月氏國，繼續完成使命。

月氏國原來在祁連山一帶遊牧，被匈奴擊敗後一路西遷，曾經發誓報仇。他們遷往阿姆河流域，那裡氣候適宜，物產豐美，生活安定下來，新繼任的國王是原國王的王后，她脫離匈奴魔掌，覺得當下生活安逸，不願意再與匈奴打仗。不過，當她聽說大漢富饒繁華的盛景，也十分羨慕，表示願與漢朝交往。張騫離開月氏國，陸續遊歷了其他幾個西域國家，瞭解了西域的情況和西域人想與漢朝交往的願望，輾轉回國。沒有想到，回歸的路上，他們再次被匈奴抓住，又被關押一年多，等他們逃脫匈奴回到長安時，同去的一百人只剩下了張騫和堂邑父二人，這已經是西元前125年，距他們離開長安整整十三年！

十三年的艱辛沒有磨滅他們的意志，沒有動搖他們的決心，沒有改變他們的愛國熱忱，這份力量令無數後人敬仰讚嘆，成為大漢民族的驕傲。此時，與匈奴的戰事屢屢發生，雖然張騫沒有說服月氏國，但是他的壯舉足以讓已經成熟地控制朝政的劉徹感動流淚。劉徹高度評價張騫出使西域的意義，提升他為太中大夫，讓他負責西域事宜。

西元前119年，匈奴被漢朝擊敗，無法阻礙漢朝與西域各國的交往，通往西域的道路已經打通。劉徹再次派遣張騫出使西域。這次，張騫率領龐大的使團分頭訪問西域各國，西域各國通過張騫瞭解了漢朝，也紛紛派遣使者來到長安。他們見識到漢朝的繁榮與強盛，無不流露驚訝欣羨之意。劉徹禮貌地接見他們，並送給他們大量貴重禮品，讓他們帶回去交給各自的國王。各國本來就有意結交漢朝，見到漢朝貴重的禮物，聽說大漢天子的誠意，都高興地前來歸附。這次出使建立西漢與西域各國的友好關係，加強了經濟文化交流，促進了西域的開發。

張騫通西域之後，中國的絲和絲織品，源源不斷地從長安運出，經過河西走廊、今新疆地區，到達中亞、南亞和西亞，再轉運到大秦，形成了著名的絲綢之路。

透過絲綢之路，中國的鑿井、冶鐵等技術傳到西方；中亞的葡萄、黃瓜、胡蘿蔔、大蒜等農作物，羅馬的毛織品、玻璃等手工業品和雜技，以及印度的佛教傳入中國。

西漢開始了經營西域的活動，到了西元前60年，西漢設立西域都護，對西域進行政治、軍事管理，保護商旅往來。這是新疆地區歸屬中央政權的開始。鑿通西域，開闢絲綢之路，這一偉大的壯舉影響了中國和世界。據說，在古代羅馬，絲綢的價值相等於同樣重量的黃金。羅馬人以能穿上中國絲綢為榮。有一次，羅馬凱撒大帝（西元前100～前44年）穿著一件華貴的中國絲袍到劇場看戲，引起全場轟動，被看做是絕世豪

敦煌畫作 張騫通西域圖。

華。

張騫通西域，讓中國走向了世界，讓世界認識了中國的強大，這震懾古今的舉動來自一個少年天子大膽無畏的決策，不甘服輸和勇於探知未來的精神。正是這一創舉，讓劉徹成為世界上最偉大的帝王之一。撫古追今，誰不為少年天子劉徹所震撼，誰不為張騫所感動，大漢張揚的民族氣節是後人永遠的仰望。

第二節 遊獵四方

喜歡打獵的皇帝

回到張騫第一次離開長安遠赴西域的日子，劉徹打馬遠行送走張騫，依然駐馬觀望，直到張騫等人的身影消失在茫茫塵埃之中，直到隨行的侍從幾次請求他回宮，他才戀戀不捨地調轉馬頭，心事重重地走回長安、走回未央宮。

張騫走了，劉徹的生活又恢復到昔日的狀況，為了散心，為了避免與祖母發生衝突，為了穩住皇位，他開始了遊獵四方的日子，這是他韜光養晦之計的一個方面。在人們眼中，那個進取有為、敢說敢做、胸懷天下、思想活躍的皇帝不見了，代之而起的是一個只知遊獵玩樂、無心國家政事、毫無進取之心的傀儡天子。這一切的背後，將會隱藏著什麼樣的故事呢？

說起射獵，這是劉徹的強項。他自幼練習騎射，喜歡圍捕射獵，多次在皇家園林內射殺野獸，身邊的人都很佩服他。漢景帝時，儒生轅固生被竇太皇太后扔進野豬圈，他曾出面相救，後來，隨著年齡增長，他的身體強健，武功高強，更把射殺野獸當成樂事。他個性好強，尤其喜歡挑戰大型野獸，諸如狗熊、野豬等等。每次打獵，遇到大野獸，他都會奮勇上前，親自搏殺。有一次，他帶著幾個人在南山打獵，天色漸晚，突然一頭大野豬衝出來，野豬體形碩大，兇相畢露，嚇得諸人連連後退。劉徹面不改色，拔箭射去，射中了野豬的耳朵，野豬狂怒了，嚎叫著向他撲去，劉徹急忙閃身避開，拔出寶劍與野豬廝殺。幾個來回，劉徹沉著應戰，瞅準機會一劍砍中野豬的脖子。頓時，野豬哀嚎一聲，拼盡力氣做最後一撲，劉徹再次閃開，與野豬巧妙周旋，終於，野豬血流太多，躺下去不動了。侍從們這才趕過來，七手八腳捆住野豬，把牠拖到馬車上。劉徹經常不顧危險搏殺野獸，引起漢景帝擔心，他叮囑說：「你是太子，做這種事太危險了，以後要注意安全。」

劉徹卻說：「與野獸搏擊，鍛鍊敏捷的身手和反應能力，這點危險不算什麼。」

此後，他依然常常外出打獵，每次遇到大野獸還是親自上陣，樂此不疲。時間久了，漢景帝見他身體更加健壯，膽量也

比以前增大，就很少管他。劉徹由此聚集了一幫熱愛打獵的朋友，他們一有時間就外出行獵，呼嘯山林，倒也豪邁壯觀。

自從做了皇帝，劉徹一心忙於新政，沒有時間外出，對於行獵生疏了一段時間。現在，劉徹失去權力，成了有名無實的天子，他有足夠的時間行獵了，於是，行獵的隊伍再次組織起來，一群血氣方剛的少年聚集在劉徹身邊，外出打獵，忘乎所以。

劉徹日日遊獵，很少關心皇后阿嬌，這引起她不滿，她就到竇太皇太后那裡告狀，對她說：「皇上天天出去打獵，這哪像個天子？而且他喜歡搏擊野獸，這也很危險。我勸他他也不聽，祖母，你管管他吧。」

竇太皇太后表情淡漠地說：「皇上總是讓人操心，好了，你把他叫來，我說說他。」

劉徹被召進祖母宮中，竇太皇太后冷着臉對他說：「你還跟小時候一樣不讓人省心，聽我的話，即便不能做個好皇帝，也要做個普通皇帝，派張騫去尋找什麼月氏國，還要遊獵四方，這都是你應該做的事嗎？」

劉徹抱定主意不與祖母爭吵，所以默默聽著並不反駁。竇太皇太后其實清楚他遊獵的目的，也覺得這樣一來朝政更加穩當，樂得如此，不過礙於皇后阿嬌哭訴，近日又聽到大臣們對此頗有異議，擔心劉徹做出過分舉止才輕微地提醒他一下。她聽劉徹不言語，也不願深究，又說了三言兩語就把他打發走了。

要是以前，劉徹不會在意祖母批評，可是現在他處事全面了，為了防止祖母干涉，防止大臣們發現，又不耽誤遊獵，他想出個新主意。他微服易裝，扮成貴公子，假稱是平陽侯。平陽侯是他姐夫曹壽的封號，曹壽娶了平陽公主，所以賜封平陽侯。他又命打獵的一夥人等候在宮門外，與他們約好時間，每天天未亮，他們就騎馬駕車奔上遊獵的道路了。

一開始，劉徹等人不過在長安近郊打獵，他們在終南山打鹿逐兔，行獵遊玩，隨心所欲，悠閒快哉，似乎忘卻塵世煩惱，過著神仙一般的日子。就在這時，一件事情發生了，劉徹的遊獵日子能否繼續進行下去呢？

遊獵風波

一天，劉徹帶著眾人在終南山麓飛奔射獵，只見野兔四處逃奔，飛鳥慌亂啼叫，鹿走狐跳，馬追人喊，真是一派熱鬧景象。一行人馬越追越歡，哪裡顧得上良田與荒野，頓時，一大片莊稼被踩毀，又一大片莊稼被踐踏。早起的農民來到田間，看到辛辛苦苦種植的莊稼被毀，心疼非常，高聲叫罵。劉徹打馬跑在最前面，眼看就要追上獵物了，掏出弓箭正要遠射，忽然聽到有人大聲叫罵，他慌忙勒住馬匹收起弓箭觀望。細看之下，他心驚肉跳，怎麼，這麼多莊稼被馬匹和獵物踐踏了？

農民們圍上來，扯住他們就要理論。韓嫣呵斥他們說：「不就是幾棵莊稼嗎？有什麼了不起的，我們跟隨平陽侯狩獵，你們不要惹是生非。」

農民們不依不饒，叫喊著：「平陽侯就能踐踏莊稼嗎？這也太強詞奪理了。這是天子腳下，難道沒有王法了？」

劉徹急忙打馬過來，對農民們說：「平陽侯也不能踐踏莊稼，你們說得對。來人，看看糟蹋了多少土地，給他們補貼。」

幾個侍從留下來交涉此事，劉徹帶著其他人繼續追趕獵物去了。這次，劉徹要求他們行進小心，不能踐踏任何一點良田。他沒有想到，留下交涉的侍從們沒有滿足農民要求，雙方調解不成，再次大打出手，並且將戰火引到了他身上。

原來，侍從們瞧不起農民，沒有按照劉徹吩咐辦事，私自扣留補貼農民的錢財。農民們不滿意，雙方爭吵不休。後來，有人到縣衙門告狀，請縣官派人管理此事。此地關係到兩個縣——戶縣和杜縣，兩地縣官聽說有人遊獵此地，還踐踏百姓土地，心想，天子腳下，什麼人如此膽大妄為？皇上多次下令注重農事，我們也不能不管。他們立即派人前去圍捕劉徹他們。

兵丁來到田間，農民們也操起耕作用具，很快將劉徹等人圍困起來。劉徹驚訝地看著眼前情景，心裡叫苦不迭。韓嫣擔心劉徹受傷，走出來說：「我要見縣令說話。」

兵丁嘿嘿笑著說：「縣令正在衙門等著你呢，走吧。」說著，把劉徹一行押往縣衙。堂堂天子，被押至縣衙受審，這也是千古奇談了。劉徹叮囑手下人不要輕舉妄動，到了縣衙門說清楚，也就罷了。

可是，兩地縣令根本不聽他們解釋，見韓嫣拿出天子專用弓箭，冷笑著說：「你們先冒充平陽侯，接著又說是天子，說謊都不會，真是夠笨的。就你們冒充之罪，足可以判個大逆不道了。」

劉徹見他們不信，想了想指著隨行寶馬說：「這是朕的御用馬匹，馬鞍器具都是專用的，這回你們該信了吧。」

兩縣令面面相覷，不知道該不該相信，他們嘀咕道：「看他的東西都是皇上專用的，難道真是天子？」「不對呀，他要是天子，還能聽你我審問？對你我如此客氣？再說他身邊侍從都是身手不凡的人，還能乖乖被俘來到縣衙門？」「可是看他氣宇不凡，滿身貴氣，應該不是平凡之輩。」

他們左右為難，可急壞了韓嫣等人，生怕夜長夢多，橫生事故對劉徹不利，他斷喝一聲：「你兩個有眼無珠的傢伙，是不是活得不耐煩了？」

兩縣令對視一眼，想到此地離長安不遠，聽說皇上喜好打獵，極有可能真是皇上。看他手下人個個不同尋常，還是不要招惹是非了，即便不是皇上，不過糟蹋幾片莊稼地，讓縣裡補貼百姓就算了，還是放走他吧。於是兩人慌忙跪倒，對劉徹磕頭說：「小人們有眼無珠，還望皇

上大仁大德不要計較。」

劉徹笑著說：「計較什麼，本來就是朕做錯了。你們秉公做事，愛護百姓，朕看應該獎勵你們。」

什麼？兩縣長似乎接到天上掉下個大餡餅，驚喜得合不攏嘴。他們抓捕皇上，皇上還誇獎他們，哪有這樣的好事？他們一個勁磕頭不止。

劉徹笑笑，讓人留下補貼百姓的錢財，帶著人馬離去了。這個故事本該到此結束，可是劉徹因此受到驚醒，他不願意看到因為自己的愛好給百姓帶來麻煩，又想出了一個新辦法。

第三節 遇險情與巧用人

風波再起

在長安周圍射獵範圍狹窄，很容易損害到百姓的田地，也不能盡興。劉徹少年豪情，興致所致，決定涉足遠方，射獵遊玩，如此既可以滿足打獵的情趣，又不至於危害百姓，何樂而不為！

隨即，劉徹帶著人馬開始了遊獵四方的日子。他們行程越來越遠，漸漸離開長安幾十里甚至幾百里，最北到陝西涇陽縣，最西到陝西興平縣黃山宮，最南到陝西周至縣的長楊宮，最東到陝西西安東南的宜春宮。有時為了追尋獵物，他們還能突破這個範圍，到更遠的地方去。如此算來，劉徹的行蹤廣闊，遊歷很多，從這件事上也可以看出他豪放勇敢、眼光遠大的個性。也許正是這種放懷於四野的豪情，鍛鍊了他無畏

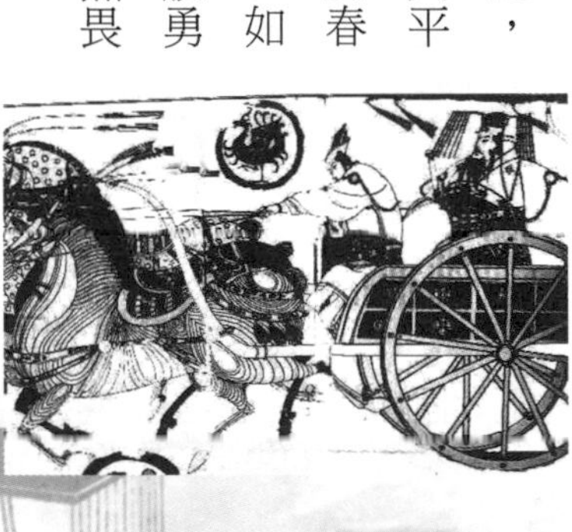

的精神和寬廣的胸懷。

在這種忘情於山野的遊獵歲月裡，一件意想不到的事情發生了。有一次，他們一路追逐獵物，不知不覺天黑了，竟然闖到柏谷縣境內。這時，劉徹看手下人都累了，而且此地遠離長安，就讓他們找旅店住下，準備第二天再趕回長安。柏谷縣離長安三四百里，誰能想到皇帝夜晚來投宿。

隨從們按照劉徹旨意去尋找客店，他們都是皇帝近侍，平日裡連文武大臣見了都禮讓三分，哪裡把一個小小柏谷縣放在眼裡。可是他們想錯了，更做錯了，他們指手畫腳的行為很快為他們帶來了麻煩。眾人趾高氣揚地走進一家客店，吆喝店老闆前來伺候。一名隨從還大聲喊道：「快點，快點，準備飯菜茶水和乾淨床鋪。」

店老闆沒好氣地說：「等一等。」

原來，店老闆是個血性之人，最見不得有人囂張傲慢，看這夥年輕人身帶刀劍，舉止狂野，錯把他們當成強盜了。

隨從說：「等什麼，先端上茶水來。」

店老闆衝他們怒吼道：「茶水早就沒了，尿倒有。」

隨從大怒，上前就要與店主廝打。這時，劉徹隨後走進客店，連忙制止隨從，不讓他無理取鬧。店老闆找個臺階趕緊溜到後面，他對這夥年輕人始終不放心，一面囑託妻子暫時照應他們，一面偷偷召集了鎮上的一幫年輕人，準備暗地捉拿劉徹他們。

店老闆的妻子是個聰明人，她察言觀色，對丈夫說：「我看這些人帶刀拿劍，不是些平凡人，尤其那個領頭的，你看他雖然穿著樸素，卻有一股凜然不可侵犯的貴重之氣。依我看，這群人根本不是強盜，倒像是貴族子弟，你不要亂來。」

店老闆不耐煩地說：「婦道人家有什麼見識，貴族子弟能跑到我們這個偏僻小地方來？我仗義行事，有什麼不對？既然他們落到我的手裡，我就不會讓他們繼續危害一方了。」

店老闆娘說不過丈夫，想了想說：「這樣吧，我看他們人多勢眾，又攜帶兵器，恐怕不好對付。你還是先等等，半夜時分，他們都睡著時再動手會有更大把握。」

店老闆覺得有理，就同意了妻子的意見。老闆娘十分殷勤地為他燒菜燙酒，並勸他多飲幾杯，壯壯膽氣。店老闆是嗜酒之人，喝著喝著就管不住自己，在妻子的勸說下很快喝得爛醉。妻子生怕他酒醒了再鬧事，就拿繩子把店主捆起來。然後，她勸走丈夫召集的鎮上青年，來到前廳，為劉徹等人準備豐盛的飯菜。而劉徹他們為了防止事態惡化，一直耐心地待在客房裡，好幾次，隨從們都想衝出去找店主理論，都被劉徹制止了，他說：「我們深夜投宿，要懂得店家規矩，不能惹是生非。你們也該明白，要不是你們過於招搖，能惹出這場風波嗎？」隨從們垂頭喪氣，不敢應聲，可是皇上都忍受了這樣屈辱，他們還能怎麼辦？

現在，老闆娘大事化小，小事化無，她出來說明事情前後始末，劉徹他們這才放心大膽地

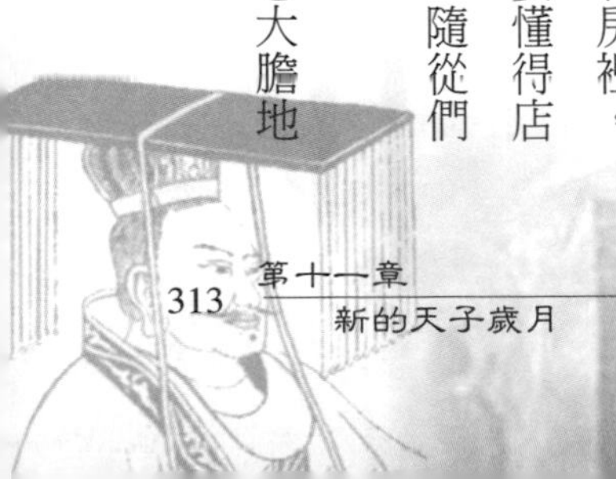

吃飯喝茶，心情為之一爽。第二天，劉徹一覺醒來，辭別老闆娘，帶人回長安了。回到長安，他立即命人召見店老闆夫婦入朝。店老闆夫婦吃驚不小，自己平民百姓，怎麼皇上突然召見？他們懷著忐忑的心來到長安，走進浩浩未央宮，見到天子劉徹，頓時嚇得腿都軟了，撲通跪倒在地磕頭不止，話都說不出來。劉徹笑吟吟地看著他們，說出一番令他們更為驚訝的話，不知道劉徹到底如何對待店老闆夫婦，是懲罰還是獎賞？

巧用人才

劉徹看著店老闆夫婦，微笑著說：「你們還認識朕嗎？前幾天到你家客店投宿，朕可是記憶猶新。」

店老闆娘結結巴巴地說：「皇……皇上，我們做錯了，做……做錯了，您大人不計小人過，饒了我們吧。」

店老闆跪在地上，一聲不吭。

劉徹依然笑微微地說道：「誰說要懲罰你們啦？朕召你們進京，是為了獎勵你們。」獎勵？店老闆夫婦更加吃驚了，不明白皇上到底是什麼意思。

劉徹說：「老闆娘臨機應變，護駕有功，朕賞賜妳黃金千斤。」

老闆娘聽了，張大著嘴巴，半天才回過神來。當時，中產人家一年的收入大約黃金百斤，一千斤黃金等於十年的收入，這一下，老闆娘可發財了，她激動地磕著頭說：「皇上，民婦救皇上是應該的，皇上賞賜民婦，真是讓民婦羞愧啊。」

「不用客氣了，」劉徹說，「這是妳應該得到的。」他看看店老闆接著說：「店老闆，你有什麼說法嗎？」

店老闆見劉徹賞賜妻子，又是喜悅又是驚懼，心想，救皇上有賞，密謀害皇上豈不是罪加一等？聽到劉徹問話，他戰戰兢兢地說：「我——我以為你們是強盜呢。」

老闆娘趕緊瞪一眼丈夫，怪他不會說話，替他說：「我丈夫平日裡結交豪俠，喜歡做些行俠仗義的事，那天多喝了幾杯，就不知道天高地厚了，皇上您可要原諒他啊。」

漢武帝立無字碑。

劉徹故意試探老闆，聽他憨直地說出心裡話，不但沒有生氣，反而認為他性格耿直，為人豪爽，不欺軟怕硬，是條好漢，十分高興地說：「店老闆警惕性高，不畏強梁，是個人才。這樣吧，開店委屈了你，不適合發揮你的特長，你就進宮做朕的護衛官如何？」

這可出乎人們意料，賞賜店老闆娘也就罷了，還要對預謀害己的人封官重用，真是前所未聞！

許多人不理解劉徹的舉動，有人甚至勸他說：「店老闆曾經頂撞過您，還聯合他人打算對您下手，這樣的人留在身邊太危險了。」

劉徹呵呵一笑：「店老闆對付的是強盜，哪裡是朕啊，朕難道連這點道理也不明白嗎？他敢於伸張正義，說明他是個正直善良的人，這樣的人留在朕的身邊有什麼危險？」

這件事情不大，卻充分顯示了劉徹用人方面獨特的眼光和能力。正是他大膽用人、廣納賢才，才造就了大漢盛世的輝煌和偉大，也為大漢乃至中國貢獻了無數人才。人才濟濟是當時社會重要現象，諸如前面提到的東方朔、司馬相如等等，還有寫出不朽著作《史記》的司馬遷，抗擊匈奴的衛青、霍去病等等，可謂數不勝數。這些有名的人物創造了歷史，同樣，像店老闆夫婦這樣的小人物，他們也是歷史的見證。

劉徹賞封完店老闆夫婦，回顧這段時間的遊獵生活，有些悵然若失。他激情四溢、豪情萬丈，卻又理智冷靜，善於認清自己，這些特點集中在一個人的身上，集中在一個天子的身上，是多麼矛盾，多麼難以調和。但是，劉徹達到了完美的和諧，他張揚的個性和理智的頭腦並存，他感情豐沛又善加控制，這一切決定了他人生的豐富多彩，決定了他事業的輝煌，決定了大漢民族歷史的某些特色，不得不令人深思暢想。

再說劉徹，遊獵生活中的點點滴滴湧上心間，特別是兩次風波，看似無謂，實際上深深印刻在他的腦海裡。一次踐踏了百姓莊稼被捉，一次被誤認為強盜差點被害，不能再這樣下去了，劉徹提醒自己，遊獵固然不是壞事，總是騷擾百姓也不是辦法。身為天子，政權被他人控制，還不能暢懷所欲地去做自己愛好的事，也夠鬱悶的。他暫時放棄了遊獵計畫，生活變得更加無味和苦悶，為了排遣心中愁悶，他開始經常到姐姐平陽公主府上飲酒。這時，有人為他提出了修建上林苑的計畫，他聽了，立即拍手叫好，派人著手實施，由此一大串關於上林苑的故事又被引出來了。

第十二章

放縱上林苑

上林苑究竟是幹什麼用的呢？劉徹為什麼修建上林苑呢？難道僅僅為了遊獵取樂嗎？丰姿絕代的上林苑開創皇家苑林先河，其間奇花異草，山川秀美，珍禽猛獸，數不勝數，劉徹徜徉其中，是沉醉享受還是有其他目的呢？

第一節

擴建上林苑

關於上林苑的計畫

劉徹無事可做，經常到大姐平陽公主府上飲酒。平陽公主從小就疼愛劉徹，對他關心備至，劉徹也很尊敬她。平陽公主的丈夫就是前面提到的曹壽。這天，劉徹來到姐姐府上，談起遊獵的事情，跟隨的大臣吾丘壽王獻計說：「皇上因為關心農事放棄遊獵，臣倒有個主意，既能保證皇上遊獵興致，又不會再次發生騷擾百姓的事。」

劉徹酒性正濃，忙問：「什麼主意，快說。」

吾丘壽王說：「皇上可以擴建皇家苑林。您看，阿城以南，周至以東，宜春以西這個範圍之內本來就是秦王朝的皇家苑林，這裡川原秀麗，河流縱橫，風景優美，是打獵的好處所。戰火焚毀了苑林，把這些地方修建改造成為規模宏大的苑林，直通終南山，皇上不就可以在其間躍馬奔馳，無所顧忌了嗎？」

劉徹眼前一亮，高興地說：「好主意。朕想起司馬相如的《子虛賦》來了，裡面介紹了一個規模宏偉、氣勢壯闊、美不勝收的苑林景致，叫做上林苑。聽說秦王朝的皇家苑林也叫上林苑，我大漢國富民強，盛世佳境，不比賦中國家差，更比秦王朝強盛，也應該建立這麼一個苑林，就把這個苑林取名上林苑。」他年輕好強，性情外露，對於這樣的事情當然拍手稱快。

當即，他命吾丘壽王全面負責上林苑擴建事宜。為了保證農民利益，劉徹要求他說：「不管計畫如何實施，都不能讓百姓受到損失。」吾丘壽王獻計得逞，心裡得意洋洋，他開始了丈量土地，規勸百姓遷徙等工作。他邀功心切，做了部分工作後就上奏劉徹說：「臣已經測量了土地，有些百姓需要遷移，他們聽說皇上修建苑林，都很高興地答應搬走了。」

劉徹說：「將把他們遷往何地呢？是不是比現在的土地還要肥沃？」

吾丘壽王說：「苑林佔據杜縣和戶縣的土地，這兩地村民可以遷到長安轄區，臣已經測量了長安轄區土地，比他們原來土地還要多。」他報喜不報憂，長安轄區土地雖然多，卻都是荒田，哪裡比得上他們原來土地肥沃？

接著，吾丘壽王全面分析修建苑林的可行性，說得劉徹一個勁點頭答應。他投其所好巴結皇上，想著一旦建成苑林，自己就會成為有功之人。再說，龐大的苑林工程本身就很偉大，像梁王的兔園，就是聞名遐邇的美景盛觀，令無數人心馳神往。

其實，對於上林苑，劉徹心裡另有打算，如果說他一開始為吾丘壽王的計畫吸引，是因為遊獵玩樂，接下來，他經過仔細思索，依然決定擴建上林苑，則懷著不為人知的秘密。

劉徹忘形遊獵，不顧朝政以來，竇太皇太后與他關係漸趨緩和，諸侯權貴們也不再有不滿表示，劉安幾次派人打探，都說劉徹已經失去權力和信心，國家政權隨時可以落入自己手中，不用急著密謀叛亂了。劉徹心裡非常清楚，自己韜晦之計已經取得效果，大家都把他當成無所作為的人了。這樣最好了，劉徹暗暗想，自己主動示弱，祖母不會那麼強烈地與自己作對了，暫時來看，皇位是沒有什麼危險了。這裡邊關係非常複雜，既要麻痺祖母，讓她看到自己聽話順從；又要麻痺劉安等諸侯，讓他們以為皇上貪玩幼稚，不足為慮。可以說，劉徹遊獵一方面出於個人愛好，另一方面更是為將來大計考慮。如今，他聽吾丘壽王擴建上林苑的計畫，痛快地答應下來，也有這兩方面的原因。他思慮過，自己整日外出遊獵，疏於朝政，那麼將來一旦發生政變，自己將何以應付？必須有所準備，可是準備又不能公開化，不能讓祖母等人知道，怎麼辦？吾丘壽王建議擴建上林苑，開闢一片廣闊的天地專門供劉徹享用，在他看來，這為他

的苦悶尋求到解脫的良方。不是嗎？修建一片屬於自己的天地，可以擺脫祖母干涉，擺脫朝臣監視，可以按照自己的意願培養人才，為將來奪回政權做準備。

劉徹一刻也沒有停止思索，內心時時為奪回政權掙扎著。他已經深刻認識到權力爭奪的殘酷和微妙，他懷有遠大志向，豈肯將權力拱手送人？如果說他登儲即位受到多人幫助，那麼將來有一天，自己這位天子能否順利奪回權力、真正掌控朝局呢？吾丘壽王擴建上林苑的計畫一下子打動了他，讓他不僅眼前一亮，心底也燃起熊熊光芒。一座上林苑，掩藏著朝臣的打算，掩藏著劉徹的目的，這個上林苑計畫很快就被正式採納推行了。

為了掩飾真正的目的，劉徹下旨大張旗鼓擴建苑林，並讓吾丘壽王想盡所想將上林苑建設得超級豪華高級，他不無認真地說：「我堂堂大漢，比起司馬相如筆下的國度更要富有強盛，一定要比那個上林苑還要華麗奢侈。」司馬相如筆下描述的苑林稱「君未睹夫巨麗也，獨不聞天子之上林苑乎？左蒼梧，右西極，丹水更其南，紫淵徑其北；終始霸產，出入涇渭……」詳細描寫了苑林的氣派高貴、奢靡無度，是一篇勸諫帝王節儉從善的名賦，曾經得到劉徹高度評價，如今，劉徹卻違背當初意願，硬生生地把賦中苑林當作效仿追尋的對象，令人百思不得其解。

他這些反常的舉動引起許多朝臣不滿，反對劉徹的朝臣藉機提出異議，再次對劉徹展開攻勢。還有通過他提拔起來的部分低級官吏，他們沒有受到政權更替影響，依然做著朝廷小官，眼睜睜看著皇上越來越離譜，越來越不務正業，誰不焦急？對於擴建上林苑，他們提出了不同看法。面對多方壓力，劉徹能否建成上林苑實現自己的打算呢？這些提出反對意見的人都有誰？他們提出什麼理由反對擴建上林苑？劉徹又是如何對待的呢？

東方朔直諫升官

朝臣反對，劉徹一概不予理睬，依然故我地撲在擴建上林苑的事業上，津津有味，不厭其煩，好像他不再是皇帝，而是修建苑林的工作人員。他每天早起晚睡，查看地形走向，商討用料器具，其樂無窮盡，自在又逍遙。對於朝政，他已經完全放手了，除了上林苑，在他心目中似乎只留下了空白。

有一個人看不下去了，他就是東方朔，這個以滑稽著稱，以講笑話聞名的人自從在劉徹身

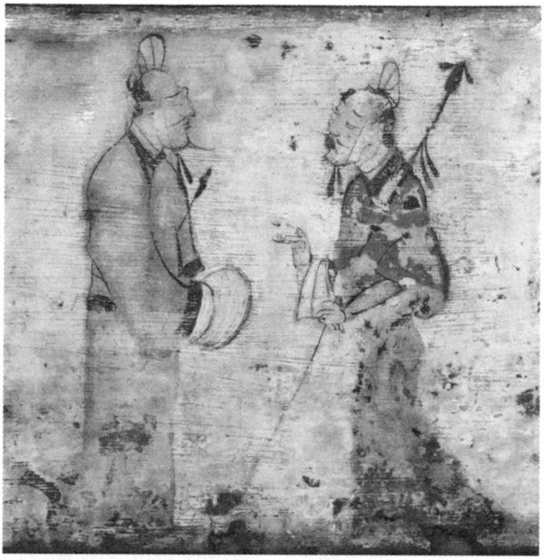

東漢磚畫 上林苑。

邊當官，就深受劉徹喜歡。他言談幽默，知識廣博，不但能逗劉徹開心，還能為他解疑答難，解絕不少難題。有一次，皇宮御苑裡忽然鑽出一頭奇怪的動物，人們趕緊報告了劉徹，劉徹帶著一群人來觀看，可是誰也不認識這頭怪物，不知道牠的名字和來歷。劉徹想起東方朔見多識廣，就諮詢他。東方朔一眼認出了動物，卻故弄玄虛地提出條件：「皇上，臣知道這是什麼動物，但是您要賞賜臣美酒佳餚，臣才告訴您真相。」劉徹瞭解他，當即笑著滿足他的要求。東方朔酒足飯飽，又想出個新點子，他瞇著眼睛說：「皇上，臣羨慕他人擁有廣闊的田地苑林，這才叫富足的生活，您也賞賜臣點土地和花園，臣才告訴您答案。」劉徹並不介意，哈哈大笑著同意了東方朔的請求，他知道這頭動物一定很有來歷，要不然東方朔不會以此提出這麼多要求。果然，東方朔得到滿足，指著動物說：「牠名叫騶牙，是一種罕見的動物。臣聽說騶牙出現，遠方必有來歸附的人，牠是提前來通知的。」劉徹聽了，若有所悟地點點頭，過了不久，東越戰事爆發，東甌國主動提出向內地搬遷。劉徹記著東方朔的話，見果有人歸附，非常高興，賞賜了他許多錢財，對他更加賞識。

還有一次，劉徹將獵獲的野豬分賞眾臣。正值夏日炎炎，豬肉放在朝堂上很長時間了，卻不見分肉的官員。東方朔拔出佩劍割下一塊肉，對大家說：「大熱天，肉容易腐爛，壞掉了可惜，大家快動手割肉拿回去吧。」劉徹聽說這件事後，故意責難他擅作主張，看他如何應答。東方朔詼諧地說：「朔來，朔來，受賜不等詔書下來，何其無禮！揮劍割肉，何其勇敢！割得不多，何其廉潔！帶回家交給妻妾，讓她們秉受皇恩，何其仁愛！」劉徹聽了，被他機智靈活的話語逗樂了，指著他說：「你可真是聰明，朕讓你批評自己，你倒好，這不是反倒表揚自己嗎？」說完，又賞賜他一石酒，一百斤肉，讓他拿回家去。

東方朔嘻嘻哈哈慣了，很少一本正經說話做事，可是這次面對上林苑，面對忘形山野不顧政事的劉徹，他卻第一次認真起來，他不能眼看著劉徹如此沉迷下去，他要喚醒皇上。他準備了充足的資料和理論來見劉徹，對他說了一番大道理。

來到君主面前，東方朔慷慨陳辭：「皇上，您千萬不能擴建上林苑。終南山是關中的天險屏障，位置險要。漢王朝興起，為什麼拋開鄰近都城洛陽，遷居到涇渭之南的長安？就因為這裡是天下富庶之地，地理位置重要，秦王朝利用這裡的便利條件，向西吞併西戎蠻夷，向東吞併六國諸侯，建立了統一大業。皇上，且不說終南山對於戰事的重要性，單說說它自身的價值。終南山出產金銀玉石，供給工匠們手工業生產的原材料，讓他們賴以生存；山腳附近的土地，盛產稻米五穀、白薯雜糧，到處生長著瓜果樹木；就是不大的水塘裡，也生活著各種遊魚蝦蟹。說起這些物產，都是窮苦百姓維持溫飽、遠離饑寒的巨大財富，當地人把這塊地方看作最好的土地，每畝價格高達黃金一斤。臣有三條理由認為不可擴建上林苑。一，如果皇上把終南山和附近的土地全部規劃到上林苑內，那麼斷絕了百姓林產漁業的受益，他們被迫離開肥沃的土地，生活肯定陷入困苦之中，而且減少了國家的賦稅收入。二，毀壞良田，拆掉房屋，變成遍地是荊棘、荒草和林木的苑林，必將吸引更多野獸至此。野獸肆無忌憚地活動，踐踏人家祖先的墳墓。人們見此，誰不思念故土，悲泣被驅逐的命運，從而怨恨皇上？三，上林苑規模宏大，工程浩繁，光是在四周砌牆就要浪費無數人力物力。況且這裡地形複雜，遍佈亂石和溝壑，沒有車馬行走的大道，運送貨物都很危險，勉強壘牆也有隨時傾覆的危險。」

聽完東方朔這通長篇大論，劉徹沉默許久，他心裡激烈地起伏著，要說東方朔說的一點沒錯，他提出的三條意見也很正確，尤其侵佔民地，造成百姓反感讓劉徹備感痛心。這番話出自東方朔之口，讓他倍覺嚴重。怎麼辦？放棄擴建上林苑，繼續漫無目的日子，眼睜睜看著政權變動等著被動挨打？不用說，劉徹的地位已經非常微妙，他敢於抗爭就會與祖母產生更深刻的矛盾，祖母不會長久容忍他。漢景帝的兒子很多，隨便找個人都可以取代劉徹，還有劉安等諸侯虎視眈眈，不會輕易放棄爭位的打算，皇位一不小心就有失掉的危險。要是不顧這些現實，義無反顧地擴建上林苑呢？一，麻痺諸位政敵，讓他們放鬆對自己的關注；二，養精蓄銳，等待時機奪回政權。

劉徹反覆思索著，東方朔見他不說話，以為他無動於衷，加重語氣說：「歷代帝王都有毀滅國土的教訓，遠的有殷紂王，他在後宮設置集市，命宮女侍衛們穿梭往來玩做買賣的遊戲，結果各封國以為他玩物喪志都背叛了他。還有楚靈王，他蓋章華臺，豪華絕代，結果楚國民心離散。近的有秦王朝，秦皇大興修築阿房宮，意欲建造天下最偉大的建築，造成天下大亂。臣東方朔斗膽亂說，皇上，希望您體察臣的一片赤膽忠心。」

劉徹站起身來，一把扶起東方朔說：「你忠心耿耿，朕早就明白。你說得非常對，擴建上林苑確實有許多不妥當的地方，你能大膽直諫，朕終於看到你德才兼備的能力，好，朕晉封你為太中大夫，賞賜黃金百斤。」

東方朔花錢如流水，劉徹經常賞賜他錢財以資助他，可是每次他都把錢花得一乾二淨，這也是他被稱作「狂人」的一個原因。他見劉徹不但接受他的建議，還提升自己的官職，欣喜交加，當即叩頭謝恩。

劉徹對他賞封完畢，板下面孔說：「雖然你說得都對，可是我依然要擴建上林苑，這次，你做為太中大夫參與此事，記住，你的任務是保證百姓安全搬遷，盡量減少他們的損失。」

東方朔聽了，傻愣當場，他自以為聰明自負，總能一眼看穿他人心事，現在卻不明白劉徹為什麼會做出自相矛盾的決定和事情，真讓他丈二和尚摸不著頭腦了。

第二節 上林苑生活

開皇家苑林先河

劉徹明知道擴建上林苑的害處，卻不聽任何勸阻，義無反顧地大肆擴建活動。他封賞完東方朔，立即召見吾丘壽王，問訊他工程進展情況，並要求立即動工實施。吾丘壽王領命而去，尋訪秦王朝上林苑舊址，龐大宏偉的上林苑開始擴建了。

東方朔莫名其妙地看著眼前的事實，百思不得其解。這天，他隨劉徹來到上林苑施工現場，觀看工程進展情況。新的上林苑在舊址上擴建，省去不少麻煩，工程進展很快，劉徹對吾丘壽王說：「不要太麻煩，盡量保持自然景觀。」

東方朔半含嘲諷地說：「人工建造，自然景觀，何其矛盾！」他對劉徹擴建上林苑仍然含有怨言。

劉徹看他一眼，笑著說：「東方朔，朕要建造一座宏偉苑林，彰顯大漢威儀，有什麼才

盾？大漢富有四方，強大無比，已經不是開國之初了，你說說，普通百姓富裕了還要添置家具，國家富裕了為什麼不能有所表示？」

東方朔被問住了，轉轉眼珠說：「臣愚昧，帝王之家，富有天下，還用表示什麼？不過是貪圖享樂的說詞罷了。」他倒是毫不客氣。

劉徹並不生氣，平靜地說：「朕也該享受一下了。先帝們浴血奮戰創立帝國，艱苦奮鬥發展強大，為了什麼？還不是為了讓後人過上舒服安穩日子。現在天下太平，國富民強，朕還有什麼不滿的？沒有了，朕要做個無憂無慮、快快樂樂的天子。」

東方朔更迷糊了，在他心目中，劉徹十六歲即位就能下詔求賢，任用良才，推行新政，是個不折不扣的進取天子，怎麼，政權變動打擊得他失去信心了？還是他順從了舊勢力，放棄了原來的自己？抑或改變了策略來尋求新的治國之道？

擴建上林苑不僅讓東方朔迷惑，也迷惑了許多人，包括竇太皇太后和劉安等人。雖然朝臣們屢屢為上林苑事件向竇太皇太后提出異議，但她沒有阻止劉徹，相反，她覺得劉徹擴建苑林，有助於朝政安穩，減少與自己的摩擦，有好處。劉安等諸侯王呢，見劉徹縱情於山野，無心朝政，再也沒有人對他們採取打擊削弱的策略了，能不高興嗎？特別是劉安，他懷有爭位之心，本來還想採取武力呢，現在看到劉徹如此不堪，所作所為簡直可用昏庸二字形容，那麼以賢德著稱的自己不是可以順利奪位了嗎？

不管眾人心思如何，上林苑按部就班地擴建著，在劉徹大力督導下，很快就竣工了。這是一座怎樣的苑林？從自然山川來看，南有巍峨挺拔的終南山，山峰高聳，岩石奇異，林茂竹密，景色十分壯觀。陵峻溝深，變化萬千，高大的諸如白鹿原、少陵原、神禾原、樂遊原、龍首原等，姿態各異，紛呈萬端。北邊涇渭二河從西北流向東南，波濤翻滾，像銀蛇一樣蜿蜒耀目，環繞著長安和上林苑一帶，其他眾多河流也是競相奔流，壯美秀麗。

據史料記載，上林苑東起鼎湖宮（在今藍田縣焦岱鎮）、昆吾（在今藍田東北），南到御宿川（在今河川一帶）及終南山北麓，西南到長楊宮、五柞宮（在今周至縣），向北跨過渭河，繞黃山宮（在今興平市馬嵬鎮），沿渭河之濱向東。苑林周圍以土城牆圍繞，長約二十多公里，四周開有十二道高闊的苑門。其範圍大致包括今天的藍田、長安、戶縣、周至、興平五個縣（市）和西安、咸陽兩個市區，總面積約為二千五百至三千平方公里。這樣大的面積在歷

代皇家園林中堪稱第一，無與倫比。

上林苑不僅規模宏偉，自然景致引人入勝，而且宮室眾多，建築壯麗輝煌。據《關中記》載，上林苑中有三十六苑、十二宮、三十五觀。三十六苑中有供遊憩的宜春苑，供御人止宿的御宿苑，為太子設置招賓客的思賢苑、博望苑等。十二宮包括建章宮、承光宮、望遠宮、蒲陶宮等。三十五觀包括白鹿觀、象觀、鹿觀及射熊館、博望館等。這些宮和觀用途各異，如演奏音樂和唱曲的宣曲宮；觀看賽狗、賽馬和觀賞魚鳥的犬臺宮、走狗觀、走馬觀、魚鳥觀；飼養和觀賞大象、白鹿的觀象觀、白鹿觀；引種西域葡萄的葡萄宮和養南方奇花異木如菖蒲、山姜、桂、龍眼、荔枝、檳榔、橄欖、柑桔之類的扶荔宮；角觝表演場所平樂觀；養蠶的繭觀；還有儲元宮、陽祿觀、陽德觀、鼎郊觀、三爵觀等。苑中種植了大量名貴果樹，奇花異草，品種繁多，不一勝數。據說各地進獻的樹種多達2000餘種，梨樹有紫梨、青梨、芳梨、大谷梨、金葉梨、耐寒的瀚海梨、東海的東王梨等十幾個品種；棗樹有玉門棗、赤心棗、崑崙山西王母棗等；各種桃、李、杏、梅更是五花八門，琳琅滿目；還有南方的荔枝、柑桔等等。真可謂彙集天下異品，呈現盛世氣象。上林苑還養育珍禽異獸，老虎、黑熊、麋鹿、野豬、狐狸、兔子等百獸雜聚；飛鷹、山雉、仙鶴、天鵝多種禽鳥群棲，一派富貴高雅景觀。據《漢書・舊儀》載：「苑中養百獸，天子春秋射獵苑中，取獸無數。其中離宮七十所，容千騎萬乘。」

上林苑自然景物優美，又有華美的宮室組群分佈其中，是包羅多種多樣生活內容的園林總體，是秦漢時期建築宮苑的典型代表。另外，上林苑開啟苑中建湖的先例，修建了諸多湖泊，見於記載的有昆明池、鎬池、祀池、麋池、牛首池、蒯池、積草池、東陂池、當路池、大一池、郎池等。苑中最大宮殿建章宮北就是太液池。據《史記．孝武本紀》載：「其北治大池，漸臺高二十餘丈，名曰太液池，中有蓬萊、方丈、瀛洲、壺梁象海中神山，龜魚之屬。」太液池是一個面積開闊的人工湖，池中築有三神山，因此著稱天下。三神山源於神仙傳說，據此創作了浮於大海般悠悠煙水之上的三座石山，水光山色，相映成趣，各種水生植物遍佈岸邊，平沙上禽鳥成群結隊，怡然自得，趣味盎然，開後世自然山水宮苑的先河。這種「一池三山」的佈局對後世園林影響深遠，並成為創作池山的一種模式。《三輔故事》載：「太液池北岸有石魚，長二丈，廣五尺，西岸有龜二枚，各長六尺。」《西京雜記》中記述了太液池畔植物和禽鳥的情況：「太液池邊皆是雕胡（茭白之結實者）、紫擇（葭蘆）、綠節（茭白）之類……其間鳧雛雁子，佈滿充積，又多紫龜綠鱉。池邊多平沙，沙上鵜鶘、鷓鴣、鵁青、鴻猊，動輒成群。」

上林苑美哉壯哉，令人仰嘆感喟，無怪乎文人墨客爭相為它賦文傳頌，其中司馬相如的《上林賦》、揚雄的《羽獵賦》、班固的《西都賦》和張衡的《西京賦》都是流傳千載的名篇佳作。班固在《西都賦》中描述到：「於是天子乃登屬玉之館，厲長楊之榭，覽山川之體勢，觀三軍之殺獲，原野蕭條，目極四裔，禽相鎮厭，獸相枕藉。然後收禽會眾，論功賜胙，陳輕

騎以行，騰酒車而斟酌，割鮮野食，舉燧命爵。饗賜畢，勞逸齊，大輅鳴鸞，容與徘徊，集乎豫章之宇，臨乎昆明之池。左牽牛而右織女，似雲漢之無崖，茂樹蔭蔚，芳草被堤，蘭草若發色，曄曄猗猗，若摛錦布繡，燭耀乎其陂。玄鶴白鷺，黃鵠鵁鶄，鶬鴰鴇，鳧鴻雁，朝發河海，夕宿江漢，沉浮往來，雲集霧散。於是後宮乘㦰路，登龍舟，張鳳蓋，建華旗，祛黼帷，鏡清流，靡微風，澹淡浮。濯女謳，鼓吹震，聲激越，響厲天，鳥群翔，魚窺淵。招白間，下雙鵠，揄文竿，出比目。撫鴻幢，御矰繳，方舟並騖，俯仰極樂。遂風舉雲搖，浮游普覽，前乘秦領，後越九嵕，東薄河華，西涉岐雍，宮館所歷，百有餘區，行所朝夕，儲不改供。禮上下而接山川，究休佑之所用，采遊音之歡謠，第從臣之嘉頌。於斯之時，都都相望，邑邑相屬，國借十世之基，家承百年之業，士食舊德之名氏，農服先人之畎畝，商修族世之所鬻，工用高曾之規矩，粲乎隱隱，各得其所。」

這就是上林苑，年輕的劉徹從此在這個屬於自己的苑林裡馳騁、休憩、遊獵，研讀和創作文學作品，培養武士人才，養精蓄銳，開始了又一種嶄新刺激而暗藏玄機的天子生活。

羽林郎的故事

提起羽林郎，許多人都會記起唐朝詩人王維的《少年行》，其中一首寫道：「出身仕漢羽林郎，初隨驃騎戰漁陽。孰知不向邊庭苦，縱死猶聞俠骨香。」描述一位出身羽林郎的少年將軍苦戰沙場、雖死猶榮的故事。

羽林郎，正是劉徹在上林苑生活期間培養的人才。上林苑建成後，他幾乎日夜居留在上林苑，白天遊獵玩樂，夜晚住宿休息，表面上悠哉悠哉，實際上，他並沒有忘記當初建苑的目的，聚集了許多少年俊傑之才。這些人多是名門望族子弟，不過十五六歲年紀，團結在劉徹周圍，形成一股不可低估的勢力。這群少年都懂騎射，喜愛遊獵，劉徹心裡很高興，開始按照兵法培養他們，並且設立建章騎營，組成了一支騎兵部隊。班固在《西都賦》中寫的「天子覽山川之體勢，觀三軍之殺獲」正是描述劉徹組建部隊的場景。《漢書・舊儀》中寫「容千騎萬乘」，正是描述此部隊規模之大。

經過劉徹精心培養，這群少年士氣高漲，騎射之術大進，成為一支作戰勇猛、忠實可靠的人馬。後來，劉徹見人員眾多，武功急進，大為喜悅，取疾如羽，多如林之意為他們改名為羽林。羽林們都是年輕人，又是皇上近侍，很快就成為勇敢、灑脫、時尚和進取的代名詞，成為長安城一道嶄新耀眼的風景。這群少年成人後大多參加征伐匈奴的戰事，英勇善戰，殺敵立功，他們豪情萬丈，不畏死亡，以效忠國家朝廷為榮耀，受「縱死猶聞俠骨香」的理想所感召，多少人拋頭顱，撒熱血，身死戰場，擊退了匈奴頑寇。劉徹為了撫慰這些亡靈，曾經把他們的子孫召集起來，加以照顧訓練，號稱羽林孤兒，可見劉徹對於自己在上林苑培養的這群人多麼看重。漢宣帝時，改中郎將和騎都尉統領羽林，自此，羽林因為統領為中郎將的緣故而被後世稱作羽林郎。這就是羽林郎的來歷。

羽林郎們日日陪伴皇上身邊，當然成為非常受人關注的人物，加上他們年少風流，更是瀟灑傲然，不可一世。劉徹為了掩飾自己的目的，一方面暗地培養羽林郎們的武功，另一方面，依然與他們放浪形骸，縱情苑林，似乎不知朝夕，只圖快樂。有些羽林郎遊獵之餘，經常走進酒店飲酒作樂，舉止傲慢無禮。人們知道他們是皇上近侍，誰也不敢得罪他們，一時間，羽林郎放蕩不羈的行為也在街頭巷尾傳開。

東方朔偷桃圖。

一次，劉徹和羽林郎們喬裝改扮在酒店飲酒，他們喝多了，嘻笑怒罵，無所顧忌。恰巧這件事被丞相許昌的家人看見了，回去報告許昌，許昌又趕緊進宮稟報竇太皇太后。竇太皇太后聽了，生氣地說：「皇上越來越不像話了，擴建上林苑耗資巨大，難道是讓他來揮霍的？我倒要派人去上林苑看看，他到底在那裡幹些什麼？」

她派人去探查，結果那人回來報告說，皇上在上林苑遊獵玩樂，結交少年兒郎，有時候讀書賦詞，遍交天下名士，其他的就沒有什麼了。竇太皇太后點點頭，她想，皇上年輕，這樣也好，慢慢的心性平和了，更有利於他將來掌握政權，恐怕他知道以前的過錯，不會冒冒失失搞什麼新政了。不過，他日夜與少年混在一處，不務正業，哪像個皇帝。恰在這時，膠東王入京，他是漢景帝與王娡的妹妹所生的兒子，儀表不俗，舉止大方，也是少年俊才。膠東王聽說上林苑景致非凡，趕去遊玩。劉徹見到弟弟，格外高興，帶著他遊獵上林苑，並設宴款待他，席間，羽林郎總令韓嫣作陪，態度傲慢，並不把膠東王放在眼裡。膠東王由此生氣，回宮對竇太皇太后告狀說：「皇上的侍臣都這麼無禮，我還不如放棄封地回來做皇上的侍臣呢。」

竇太皇太后氣憤地說：「我早就知道韓嫣這個人，除了攛掇皇上遊樂，沒有別的本領，現在，他竟敢蔑視諸侯，真是不得了啊。」為了給膠東王出氣，她下旨捉拿韓嫣。

韓嫣被捉，劉徹急忙回宮求情。竇太皇太后藉機訓斥他說：「韓嫣是什麼人，值得天子求情？告訴你吧，韓嫣多行不義，告他的人可多了。」

劉徹說：「韓嫣服侍孫子多年，沒有功勞也有苦勞，望祖母饒他不死。」

「什麼苦勞？」竇太皇太后輕蔑地說，「四處遊獵還是隨意出入宮闈？他既無文采又不懂治國道理，皇上接近他沒什麼好處！你不要求情了，我會派人審查他的罪行，一定按罪處置，不會冤枉他。」

劉徹苦求無效，只好狠心離去。不久，韓嫣果被賜死。

韓嫣之死，深深觸動劉徹。他更深地將自己隱藏起來，隱藏在上林苑，這一時期的生活更

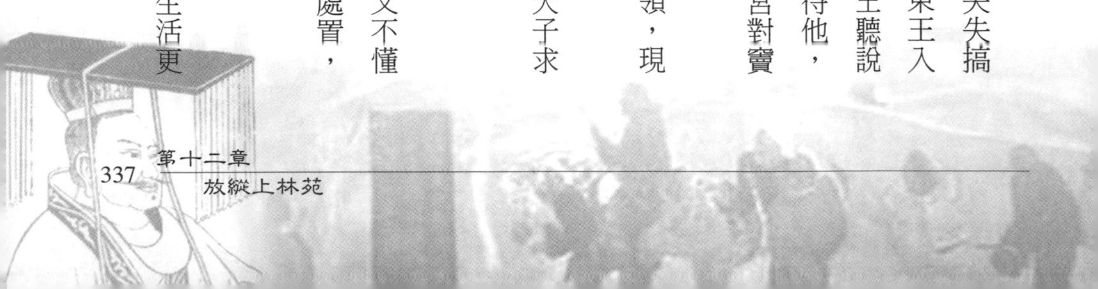

多變成了讀書做賦，而不是遊獵玩樂。

劉徹在上林苑的生活繼續被朝臣議論指責，東方朔卻有了新的看法，他當初極力反對建苑，現在對此事一言不發。有人諷刺他說：「東方朔，你以賢人自居，直諫皇上，皇上不聽你的，反而狂放無度地揮霍浪費，你怎麼不直諫了，是不是太中大夫一職就把你收買了？還是你怕丟了官？」

東方朔笑瞇瞇地，他已經看透了劉徹放縱上林苑的目的，也清楚他培養羽林郎的目的，可是他又不甘心被人奚落，立即回敬道：「古代賢人喜歡隱居山林，我東方朔臉皮厚，就暫時隱居在朝廷吧。」他以此暗指皇上之舉也是隱藏鋒芒、養精蓄銳之意。

他人沒有聽出他話中深意，以為他又說笑話自我解嘲呢，都哈哈大笑。這句話也是「小隱隱於林，大隱隱於朝」這一說法的來歷。

上林苑與羽林郎的故事還有很多，後世對這個充滿浪漫刺激又輝煌華麗的苑林無限嚮往，對豪情英勇、灑脫不羈的羽林郎們也各有看法。北周的庾信這樣描寫他們：「結客少年場，春風滿路香。歌撩李都尉，果擲潘河陽。折花遙勸酒，就水更移床。今年喜夫婿，新拜羽林郎。定知劉碧玉，偷嫁汝南王。」唐朝的王昌齡更是寫了他們勇赴戰場，義氣豪發的一面，詩中說：「西陵俠年少，送客過長亭。青槐夾兩路，白馬如流星。聞道羽書急，單于寇井陘。氣高輕赴難，誰顧燕山銘。走馬還相尋，西樓下夕陰。結交期一劍，留意贈千金。高閣歌聲遠，重闕柳色深。夜間須盡醉，莫負百年心。」另一名詩人張籍詳盡抒寫他們如何得幸如何立功的經過，詩這樣寫道：「少年從出獵長楊，禁中新拜羽林郎。獨到輦前射雙虎，君王手賜黃金鐺。日日鬥雞都市里，贏得寶刀重刻字。百里報仇夜出城，平明還在倡樓醉。遙聞虜到平陵下，不待詔書行上馬。斬得名王獻桂宮，封侯起第一日中。不為六郡良家子，百戰始取邊城功。」追讀這些古詩佳作，令人暢想翩翩，「十八羽林郎，戎衣事漢王。」這是一群什麼樣的少年，這是一個什麼樣的朝代，不管他們立下戰功，留下美名，還是放浪不羈，留下罵名，這都是一群鮮活的少年，一群激情彭湃、熱血衷腸的大漢民族之子，歷史在他們手中留下嶄新一頁，不禁讓人撫卷吟哦：今有羽林郎，踏歌上林苑。輕裘依白馬，峨冠飛霞光。目含銀漢水，身墜日月璫。撫琴春色動，劍舞起蒼茫。羽林郎，羽林郎，浮雲片片，浣紗女子水袖綿綿清波蕩。桃之夭夭，腮紅怎比秋霜染，杏花灼灼，半點塵俗湧滄浪，草長寸心，寸寸柔絲繞衷腸。棄我青鋒戟，遣我千里駒，隨風蝶影動，雨落燕雙棲。當壚把酒三江醉，似有無數心曲逐浪高。羽林郎，羽林郎，寶馬香車，載我萬種風情歸故鄉。

在上林苑的日子裡，劉徹培養了一批忠實衛士，一支強悍部隊，為他順利全面掌控政權提供了必需的保障，也為日後抗擊匈奴提供了許多優秀將領和兵士。後來，劉徹受此事影響，於西元前119年驅逐匈奴，鞏固北方邊境後，他又派司馬相如等人出使西南夷邦，一面尋找通西域的捷徑，一面開疆擴土。

第三節 敬神與方士

回到劉徹放縱上林苑的歲月，這時，還有一件事情是他喜歡做的，那就是敬奉鬼神。他為鬼神之事所迷，源於外祖母平原君臧兒。他小時候聽外祖母講過神君的故事，神君是長陵女子，不幸兒子夭折，神君悲哀至死。她死後，魂魄附在宛若的身上，宛若就為她立祠，並且祝拜她。世人聽說神君魂魄顯靈，紛紛去祭拜她，求她保佑平安。果真，去祭拜的人有的治好了病，有的免去災禍，從此，神君的名聲更響了。臧兒年輕時，為了謀求顯達，曾經多次前往神君祠祭拜，後來，她的兒女們都顯貴了，她更加迷信神君。因此，她念念不忘神君的事，對劉徹等人多次提及。劉徹即位稱帝後，臧兒崇拜神君的故事傳得更廣，更多人去祭拜神君。

當時人們非常崇信鬼神方術，劉徹也不例外，他親自去祭拜神君，祈求國泰民安。結果，他聽到神君說話，非常驚喜，就把神君請到上林苑，為她設置專門館舍敬奉。

劉徹敬神，許多懂得鬼神方術的人紛至沓來，希望為皇上效力。有一個人叫李少君，擅長祠灶、穀道之事，自稱能使人長生，使物不老。武安侯田蚡把他招至家中，設宴招待他。席間，有一位九十多歲的老人，少君見了他，竟然說與他的祖父是朋友，並且詳細述說曾經一起遊獵的地方。老人幼時跟隨祖父去過這些地方，今天聽少君這麼說，果然一般無二，滿座皆驚。田蚡立即把他引薦劉徹。劉徹見到李少君，哪裡相信傳言所說，拿出一件銅器考問他。李少君毫不遲疑地回答：「這是齊桓公十年的時候，擺放在柏寢臺上的銅器。」劉徹命人查閱資料，果然，這是齊桓公的器具。諸人頓時驚駭異常，都把李少君當成神仙。

劉徹記得漢文帝時新桓平的故事，對李少君也不十分信任。不過，這時他為了掩飾自己練兵之心，也就隨著眾人推崇李少君。隨後，還有很多懂得鬼神方術的人進宮侍駕，這些人雖然宣言迷信，迷惑世人，但他們做為道家的神教系統分支，其存在也有一定意義。例如，他們建議劉徹採取新的紀元方法，放棄以往用一二三的方法，避免造成混淆，為統計時間提供了更準確的幫助。劉徹接受這個建議，採取一元為六年的方法，第一元稱為建元，表示開始，第二元稱為元光，因為這年出現長星，第三元稱為元狩，因為有獵獲角獸，依此類推。後來，劉徹還採取過四

漢武臺。

年一元的方法，不管怎麼說，從此，歷代帝王都以這種方法來紀年，這也是一種創舉。還有，封禪、祭天諸事也漸成規模，並為後世效法。祠灶、祭神也成為民間信奉模仿的活動，成為一種文化傳承。另外，方士們著書立說，宣講鬼神和法術故事，也使小說這種文學體裁得以發展。小說起源於何時難以考究，不過，在當時確實已經存在並被方士們使用了。

所以說，劉徹的豐功偉績不僅表現在文治武功上，還在於他為漢民族創立了許多可以效法的模式，成為兩千多年久久不衰的文化因數，為中華民族的文明發展，打下了堅實的基礎。

而且，劉徹並非一味聽信方士之人的話，他與欒大的故事就是一個例子，欒大自稱是神仙的使者，受到劉徹重用，後來，劉徹派他往東海蓬萊尋找神仙，結果他跑到泰山腳下蹓躂一圈，回來欺騙劉徹。劉徹識破他的奸計，將他斬首示眾。

劉徹是個真性情的人，他信奉鬼神而不避諱，發現欺詐當即指出改正，試問古今帝王有幾人能夠做到？試問古往今來的天下蒼生，誰不為鬼神所心動、所敬畏？

對於劉徹信奉鬼神一事，雖然引來無數批評，清朝人吳裕垂卻有獨特看法，他論略說：「武帝雄才大略，非不深知征伐之勞民也，蓋欲復三代之境土。削平四夷，盡去後患，而量力度德，慨然有捨我其誰之想。於是承累朝之培養，既庶且富，相時而動，戰以為守，攻以為禦，匈奴遠道，日以削弱。至於宣、元、成、哀，單于稱臣，稽玄而朝，兩漢之生靈，並受其福，廟號『世宗』，宜哉！

武帝生平，雖不無過舉，而凡所作用，有迴出人意表者。始尚文學以收士心，繼尚武功以開邊城，而猶以為未足牢籠一世。於是用雞卜於越祠，收金人於休屠，得神馬於渥窪，取天馬於大宛，以及白麟赤雀，芝房寶鼎之瑞，皆假神道以設教也。

至於泛舟海上，其意有五，而求仙不與焉。蓋舳艫千里，往來海島，樓船戈船，教習水戰，揚帆而北，懾服朝鮮，一也。揚帆而南，威振閩越，二也。朝鮮降，則匈奴之左臂自斷，三也。閩越平，則南越之東陲自定，四也。且西域既通，南收滇國，北報烏孫，擴地數千里，而東則限於巨壑，欲跨海外而有之，不求蓬萊，將焉取之了東使方士求仙，一猶西使博望鑿空之意耳。既肆其西封，又欲肆其東封，五也。惟方士不能得其要領如博望，故屢事尊寵，而不授以將相之權，又屢假不驗以誅之。人謂武帝為方士所欺，而不知方士亦為武帝所

漢武帝祭天處。

欺也！」

他列舉了五條做為劉徹派人到東海尋仙的理由，他認為，劉徹名為尋仙，實則為了鞏固國家，安撫四夷，確保江山穩固。劉徹是個好奇心強，喜歡探究未知的人，張騫能通西域，為什麼他人不能東渡大海，貫通東方呢？

翦伯贊曾經風趣地描述漢武帝：「說到漢武帝，會令人想到他是生長得怎樣一副嚴肅的面孔？實際上，漢武帝是一位較活潑、較天真、重感情的人物。他除了喜歡窮兵黷武以外，還喜歡遊歷，喜歡音樂，喜歡文學，喜歡神仙。漢武帝，是軍隊最英明的統帥，又是海上最經常的遊客，皇家樂隊最初的創立人，文學家最親切的朋友，方士們最忠實的信使，特別是他的夫人最好的丈夫。他絕不是除了好戰以外，一無所知的一個莽漢。」

由此來看，鬼神和方士讓人們更全面瞭解了漢武帝劉徹，讓這個人物有血有肉、感情充沛，對他充滿敬佩的同時，也倍覺親切。

第十三章

少年天子的愛情

説起感情，劉徹的愛情故事不得不提，他迎娶了助他登上儲位的阿嬌，並且冊立她為皇后，不幸的是，這段充滿政治色彩的婚姻並不美滿。劉徹年輕氣盛，豪情萬丈，他會甘心如此生活下去嗎？他能否遇到自己的心上人？權位面前，他敢於為了愛情一搏嗎？

第一節　初識衛子夫

又一個長公主

劉徹少年豪情，放縱上林苑，經常去他大姐平陽公主家裡做客。說起平陽公主，隨著劉徹登基即位，她已經是當之無愧的長公主。比起他們的姑母劉嫖，這位長公主的地位和作用也不容忽視。她對於劉徹來說，不亞於劉嫖之於漢景帝，他們姐弟四人，兩人嫁到了匈奴，剩下劉徹和平陽公主，所以兩個人感情格外深厚。

說起劉徹的姐姐，還有一人需要提及，這人就是王娡未進宮前生的女兒金俗。想當年，王娡抛女別夫入宮侍奉漢景帝，撇下的幼女正是金俗。金俗在父親的撫養下長大成人，並在當地長陵結婚生子，過著平淡普通的日子。她當然不敢對人言說自己的身世和母親是誰，這可是危及性命的大事。

後來，劉徹縱情上林苑，得以遠離皇宮，廣泛接觸百姓生活，偶爾間，他聽韓嫣說起母親進宮前還有一女兒，就生活在附近的長陵。他當即驚呼：「你怎麼不早告訴朕！」他命人去金俗家探視，果然，金俗正是王娡的大女兒。劉徹很高興，決定親自去迎接金俗進宮。天子出行，蹕道旆旗，輿車良駒，威武不必細說，壯觀令人嘆服。這樣的隊伍浩浩蕩蕩離開皇宮，直奔長陵小市。

來到長陵，劉徹急於見到姐姐金俗，乘車直入裡門，直到金俗門前。他派騎營圍住金俗家，唯恐有人藉機生事。然後，他下馬車，步行入內，親自去見金俗。可是，他尋找半天卻不見姐姐金俗的影子。劉徹忙大聲呼喊，以求金俗聽見。

金俗哪裡去了？原來，她們一家哪裡見過天子威儀，聽說天子盛裝威嚴地臨門，還以為他來翻舊帳，追究自己的過錯呢。什麼過錯？自己是太后的女兒，卻不是劉室後裔，這是太后不貞的活證據呀，要是皇上追究起來，為了維護皇室尊嚴還不得殺人滅口，除去金俗。金俗害怕被害，所以急忙躲藏到裡間屋子的床底下去了。

劉徹找不到姐姐，哪肯甘休，他審問家人，家人說出真相。他聽了，心裡著急，忙來到裡間，彎腰扶出金俗，流著眼淚說：「大姐，妳怎麼藏在這裡！」金俗跪倒就要磕頭，劉徹制止說：「大姐，我們是一家人，妳不用這麼大禮。」說完，與她手拉手走出家門，與她同乘一車趕回皇宮。

把金俗接到長樂宮，劉徹即刻帶她跑去見母親王娡。王娡看他氣喘吁吁的樣子，不解地問：「皇上怎麼這麼累？你幹什麼去了？」

劉徹興奮地說：「今天去長陵見到大姐，把她接回來了。所以急著告訴母后。」

王娡大驚：「什麼？她在哪裡？」

劉徹指著金俗說：「這就是大姐。」

王娡細細打量眼前女子，不覺放聲大哭。金俗見狀也撲倒在地抽泣不止。劉徹陪著母親、姐姐哭泣多時，勸說道：「今日團圓，值得慶賀。朕已經命人佈置酒宴，請母后和姐姐邊吃邊慢慢細聊。」

劉徹幫母親尋回離別多年的女兒，可見他多麼注重感情！多麼勇敢果斷！他拋開世俗傳統觀念，不以金俗的身世慢待她，封她為修成君，賞賜她黃金千萬，奴婢三百，田地百頃，住宅一座，對她的子女也善加對待，與皇親國戚基本一致。

劉徹就是這樣重情重義地對待姐姐們，所以他的姐姐們也特別看重他、喜歡他。平陽公主身為長公主，對他的關心愛護更是面面俱到。

平陽公主不是等閒之輩，她受姑母劉嫖幫助劉徹登儲即位，從而嫁女為后，榮寵有加這件事影響，也想著操縱劉徹的後宮之事。劉徹成婚後，一直沒有生兒育女，成為皇室焦慮關注的問題，平陽公主見此情景，積極尋覓各地美女，對她們培養教導，打算把這些人送給弟弟劉徹。

無奈，皇后阿嬌忌妒心強，憑藉著竇太皇太后和母親的護佑，對劉徹管得很嚴，除了自己，不讓他接觸其他任何女性。浩浩未央宮，佳麗三千，劉徹身為天子，卻無法接近她們。所以，他做了兩年天子後，只有皇后一人，沒有晉封任何夫人或者其他嬪妃。

本來，阿嬌獨霸後宮，加上娘家勢力，她如果稍微聰明或者能夠認清形勢，不以驕貴自居，做個賢良皇后的話，她滿可以永享後宮榮華。但是，她一味對劉徹指手畫腳，橫加無禮，讓事情越變越糟糕。自己家幫助劉徹登上帝位這件事，並以此脅迫劉徹，讓他聽從自己的話。如果劉徹是個平庸懦弱的人，她也許會成功，可是，劉徹少年天子，豪情四方，勇於進取，豈肯聽命於人？更不要說受婚姻羈絆了。因此他與阿嬌矛盾漸深，並且最終離她越來越遠，這段金屋藏嬌誕生的婚姻就要走上窮途末路了。

阿嬌看不清後宮暗藏的詭秘殺機，不滿劉徹對自己的冷淡，整日無事生非，連竇太皇太后對她也有看法了，就在這時，平陽公主卻忙著為劉徹私選美女，暗蓄勢力。看起來，新的後宮爭寵風波蓄勢待發。

天子戀歌女

終於，劉徹被阿嬌的驕橫激怒了，他日夜停留上林苑，正是擺脫阿嬌的開始。有一天，他從上林苑去平陽公主家做客，在這裡，他遇到了一個對他至關重要的人物。

劉徹在平陽公主府上飲酒，席間，平陽公主問：「皇上，我最近新購置了一個樂班，她們彈奏吟唱都很出色，要不要她們為您表演？」

劉徹善通音律，喜歡音樂，尤其無心朝政，放縱上林苑以來，除了遊獵讀書，他還結交了各個方面的藝術人才，向他們求教學習，對於音樂的欣賞能力大為提高。後來，劉徹創辦樂府，任用李延年等有名的樂人，對中國的音樂文化也是一大貢獻。

他聽平陽公主推薦樂班，點頭說：「好，民間隱藏著許多優秀藝術人才，大姐妳是不是也要做伯樂？」

平陽公主笑著說：「我哪有那個本事，不過湊趣取樂罷了。」她的真正用心卻是為皇上選擇美女，謀求更高權勢。她傳下話去，不一會兒，一對樂人嫋嫋婷婷走上前來。

劉徹看了一眼，低頭飲酒。樂人們都是平陽公主花錢買的奴才，大多演奏平日裡喜慶熱鬧的曲子。幾曲終了，劉徹笑笑沒說什麼。他覺得這些曲子平淡無奇，沒什麼奇異精妙之處。

衛子夫像。

最後，一個體態輕盈、面容秀麗的年輕女子走到前面，她手拿玉笛，輕輕吹奏，只聽曲聲淒婉悠揚，比他人別有一番韻味。聽著聽著，劉徹入迷了，很久以來，他沒有聽見這樣催人心魄、動人肝腸的曲子了，真是讓人心懷激盪。

平陽公主見劉徹喜歡這首曲子，非常高興，當即喊過吹曲子的女子說：「少兒，皇上喜歡妳吹奏的曲子，妳快拜謝皇恩。」

少兒就是衛子夫，她的母親是平陽公主家奴，人稱衛媼。衛媼生育了四男兩女，長男衛長君，次子衛青，三子衛步，四子衛廣，長女衛孺，次女衛子夫。

衛子夫輕盈下拜，劉徹仔細觀望這位女子，不禁被她清麗絕倫的氣質深深打動，心裡劇烈地跳動著問：「妳學笛子多久了？這首曲子是不是《思鄉怨》？」

衛子夫偷眼打量劉徹，見他年輕英俊，儒雅有禮，少女之心怦怦跳動，臉色緋紅地回答：「妾是公主家奴，因為公主錯愛，讓妾跟隨樂班學習曲子，才學了幾個月。妾吹奏的正是《思鄉怨》，聽說垓下之戰時，丞相張良向高祖獻計，以四面楚歌擊敗不可一世的楚霸王。後來，張良根據當時情景譜了一首曲子，就是這首《思鄉怨》。」

劉徹目不轉睛地聽她述說那段戰火紛紛的歲月，娓娓道來，句句明晰動聽，更為她吸引，接著說：「姑娘說得很好，難得妳不僅會吹奏，還能講述曲子的來歷，可見是個聰明有心的人。」

聽到誇獎，衛子夫臉色更紅潤了，眼波閃爍，風情無限，低低說道：「皇上過獎了，妾不過家奴出身，哪裡配得上聰明二字。」

劉徹看著她羞紅的臉頰，可愛的神情，心裡湧動著說不清的激情，脫口而出：「姑娘不必謙虛，古往今來，出身寒苦而有志天下的人很多，朕選用人才就不以出身而論。」

平陽公主察言觀色，見他們談得投機，說得彼此動心，暗暗高興，她決定為他們添把火。於是，她轉過臉對衛子夫說：「少兒，妳還不感激皇上對妳知遇之恩嗎？妳不是會唱歌嗎？為皇上清唱幾曲吧。」

衛子夫點頭答應，突然大膽地轉向劉徹問：「皇上，不知道您喜歡哪些歌謠？」

劉徹與衛子夫目光相對，頓覺身上一陣震顫，他慌忙說：「《詩經》篇篇精緻雅倫，讀之令人盪氣迴腸，抒懷感喟，朕喜歡這些詩歌。」說到這裡，他停下不說了，他突然想起，衛子夫家奴出身，恐怕沒有機會接觸《詩經》，跟她談論這些豈不是讓她自卑？他有些後悔地看看衛子夫。

哪裡想到，衛子夫雖然出身低賤，卻是個有心人，她出入平陽公主府上，有機會接觸書本和文化，對於《詩經》並不陌生，聽劉徹說喜歡《詩經》，當即吟唱邶風裡的《靜女》篇章「靜女其姝，俟我於城隅。愛而不見，搔首踟躕。靜女其孌，貽我彤管。彤管有煒，說懌女美……」歌聲美妙悅耳，引人遐想。劉徹聽著，無法自拔，讓衛子夫繼續唱下去。

衛子夫特別激動，不停地唱著，似乎在宣洩胸中無法表達的情懷，她唱著衛風裡的《木瓜》：「投我以木瓜，報之以瓊漿。匪報也，永以為好也。投我以木桃，報之以瓊瑤。匪報也，永以為好也。投我以木李，報之以瓊玖。匪報也，永以為好也。」

接著，衛子夫又唱了幾首歌曲，首首宛轉悠揚，動人心魄。劉徹已經忘卻周圍一切，在他眼裡只有衛子夫的身影，在他耳朵裡只有衛子夫的歌聲，他被這個出身寒賤卻氣質矜持獨立、知書達禮、溫柔大方的女子迷住了。而衛子夫早就被劉徹舉止非凡、談吐文雅所吸引，也是芳心暗許。兩人不同尋常的表現被平陽公主看在眼裡，內心止不住的喜悅。看來，這場宴席就要實現她的想法了。

酒宴結束，劉徹去尚衣軒休憩，這是平陽公主專門為他準備的寢室。劉徹前腳離開，平陽公主後面催促衛子夫前去侍駕。衛子夫來到尚衣軒，這裡十分清幽，她與劉徹單獨見面，兩顆年輕驛動的心再也無法控制，他們互訴衷腸，表達彼此的愛慕之情。由此，一段令人傳頌的愛情故事誕生了。衛子夫以灰姑娘得幸天子，真是一步登天；劉徹貴為天子，卻為一名低賤的歌女付出愛情，他追求自由追求愛情的精神令人喟然失色。兩人真情相愛，讓多少人為之瞠目結舌。

劉徹得遇衛子夫，內心狂喜不已，他少年情懷，能不渴望愛情嗎？愛情讓劉徹意氣風發，精神倍增，他不顧一切決定把衛子夫帶回皇宮。

衛子夫坐到劉徹的馬車上，無限留戀地回望平陽公主府邸，此時此刻，她心裡百感交集，得遇天子，是平陽公主的安排，得遇愛情，卻是自己追求和夢寐以求的，她能不愛眼前的劉徹嗎？她已經失去方寸，被這個年輕豪情的天子深深打動了。不管前方是幸是禍？為了愛情，她都要勇敢地闖一闖。

平陽公主送出府邸，她拍打著衛子夫的後背，開著玩笑說：「少兒，妳進宮後不管遇到什麼事，一定好好吃飯，多多保重。記住，富貴了可不要忘記我這個媒人。」在她看來，後宮佳麗無數，衛子夫不過普通女子，進宮後很難得到皇上長久寵愛，所以叮囑她保重等事。

誰也沒有想到，這場看似平常的天子歌女之戀沒有墜入常理，草草結束。衛子夫進入皇宮，竟然步步高升，最後母儀天下，成為大漢皇后。

第二節 後宮風波

阿嬌大鬧後宮

衛子夫進宮了，這件事立刻傳到皇后阿嬌耳中，她勃然大怒，當即跑到劉徹宮內質問。劉徹知道她的為人，對她不理不睬。阿嬌在劉徹那裡得不到說法，並不死心，急匆匆趕往竇太皇太后宮中告狀。竇太皇太后聽了她的話，不緊不慢地說：「這有什麼大驚小怪的，皇上寵幸嬪妃是正常的事，以後妳不要總是管得皇上那麼嚴，這樣對妳沒有好處。」她是過來人，做了二十多年皇后，深知後宮爭寵之事，早就覺得阿嬌太過驕恣，而且阿嬌久不生育，她豈能讓阿嬌獨佔後宮呢？

阿嬌氣憤地說：「寵幸嬪妃也就罷了，您看看皇上領進宮的是個什麼人？是歌女，是奴僕，是個低賤的人！」

「不要吵！」竇太皇太后制止她說：「什麼低賤，只要皇上喜歡她就不低賤！」她自己就

是宮女出身，因為漢文帝寵幸才做上皇后，阿嬌這麼說，當然讓她不快。

阿嬌一肚子氣沒處撒，立刻派人去請母親劉嫖。劉嫖進宮見母親竇太皇太后，向她訴說此事。為了引起母親重視，她哭訴著說：「阿嬌與皇上青梅竹馬，兩人感情深厚，您還記得皇上小時候說過的話嗎？他們得以結為夫婦，也是先帝點頭同意的。阿嬌進宮後，皇上不忘舊情，晉封她為皇后，這說明皇上還是喜愛阿嬌的。皇上年輕氣盛，拈花惹草也是情理之中的，不過後宮佳麗三千，他不去寵幸，招引不知底細的女子，似乎有辱我大漢威儀啊。」

她畢竟老辣，專揀能夠打動母親的話說。竇太皇太后聽了，點著頭說：「嗯，妳說得還在情理之內，也罷，皇上既然把人領進來了，也不能隨便趕出去，我勸勸皇上，讓他不要過分寵幸那個歌女也就是了。」

劉嫖高興地謝過母親，又轉身去長樂宮見太后王娡，她不客氣地對王娡說：「如果沒有我支持，皇上可是坐不上皇位的，這一點妳比誰都清楚。怎麼，現在做了皇上，翅膀硬了，不想認舊帳了？阿嬌哪裡不好，她做錯什麼了？皇上整日裡遊獵四方，不知道體貼阿嬌，妳難道不管管他嗎？」

王娡遭到質問，還不知道因為何事呢，急忙問：「怎麼，兩人又吵架了？」

「吵架倒好了！」劉嫖惱怒地說，「皇上去平陽公主府上，突然領回個歌女，寶貝似得寵著呢。阿嬌去問了一下，皇上反而罵阿嬌不懂事。」

王娡腦袋裡嗡地響了一下，天哪，皇上遊獵縱情，不理政事，已經有人覬覦皇位了，怎麼，他還敢得罪皇后和太皇太后，這樣下去，皇位能夠牢固嗎？她來不及細想，即刻趕往劉徹宮中責問他。

此時，劉徹正與衛子夫在皇宮花園賞景談心，兩人情意濃濃，難捨難分。突然，王娡帶著人怒氣衝衝走過來，指著衛子夫說：「妳是什麼人？敢與皇上如此親暱無禮。」

劉徹剛要起身解釋，卻見王娡一邊制止他，一邊命令道：「來人，把這個女子帶走，等候處置。」

衛子夫大驚失色，急忙往劉徹身後躲藏。劉徹臉色大變，申辯說：「母后，她是朕的嬪妃，不可以隨便帶走。」

「嬪妃？」王娡冷笑著說，「我是太后，有權力處置你的嬪妃。我看她不適合服侍你身邊，就讓她做個普通宮女吧。」

劉徹哪肯聽命，不願交出衛子夫。王娡沉重地說：「皇上，前番大長公主和我對你說的話你都忘了嗎？皇位不穩，什麼事都要小心，你難道又把這些事置之腦後了？還是有意毀滅母親十幾年來的苦心經營？」

一番話說得劉徹低頭不語，聰明的衛子夫從王娡的話中聽出端倪，主動站出來說：「妾身分低賤，做普通宮女也就心滿意足了，請皇上讓我跟隨太后去吧。」

劉徹看著衛子夫，心底湧動著萬千情愫。王娡這才打量一下衛子夫，見她眉清目秀，氣質素雅，想想她說的話，不由對她另眼看待，說道：「妳跟隨我到長樂宮做事，以後有機會了，自然能夠見到皇上。」

事已至此，劉徹只好答應母親，讓她帶走了衛子夫。衛子夫回首相望，淚眼淒淒，這回，她才明白臨出門時，平陽公主對她的交代。後宮深似海，一朝失勢，幾時得以見君顏？

劉徹悄悄叮囑衛子夫：「一定要堅強，不管遇到什麼事，都要多保重。朕會想辦法接妳回來的。」

這對小戀人被無情地分開了，他們能不能團聚重敘舊歡呢？

衛子夫受寵

劉徹不會忘記衛子夫，不會忘記初戀情人，他日思夜想盼望著再次見到心上人。這天，他派人去長樂宮打探，回報說太后安排衛子夫做了清掃宮女，負責後宮園林衛生工作。他聽說衛子夫無恙，暫時放下心來。

趕走了衛子夫，阿嬌內心得意洋洋，她秘密派人跟蹤衛子夫，聽說太后安排她留在長樂宮，擔心皇上舊情復燃，再去與她約會，她決定一不做二不休，給她來個下馬威，叫她死了想念皇上的心。決心已定，她帶著宮女太監一群人趾高氣揚地來到長樂宮，對衛子夫又是辱罵又是毆打。可憐衛子夫，一個弱女子，哪裡經得住這般折騰，身心俱傷，欲哭無淚。她在絕望中期盼著劉徹，銘記分手時他說的話，苦苦煎熬著。

很快，劉徹聽說衛子夫被欺負的事，他義憤填膺，不顧一切衝到長樂宮，要求見衛子夫。王娡豈肯讓他們輕易見面，對劉徹教訓一通，打發他走了。這可如何是好？劉徹焦躁難耐，他必須儘快想辦法救出衛子夫，要不然，阿嬌很有可能再次欺負她。

想來想去，劉徹決定大膽救人，把衛子夫帶到上林苑內生活。他命令手下羽林郎們喬裝進宮，秘密救走了衛子夫。

這樣，衛子夫被秘密安排到上林苑建章宮，與劉徹形影不離，感情日濃，過著幸福的日子。世上沒有不透風的牆，況且阿嬌時時派人盯防劉徹，這件事很快就被她瞭解得一清二楚。她氣得咬牙切齒，向兩位太后訴說此事，要求她們主持公道。

本來，衛子夫無故失蹤，王娡已經猜到劉徹所為，不過她心疼兒子，也就睜一隻眼閉一隻眼沒有深究。阿嬌發現了，並且向她告狀，她還能不管嗎？竇太皇太后聽了，對劉徹的作為頗不認同，冷冷地說：「貴為天子，後宮嬪妃無數，還要跑到外面納垢藏污，真是太不像話了！」

阿嬌得到她們支持，更加理直氣壯了，當即派人去捉拿衛子夫。衛子夫會不會再次遭到驅逐的厄運呢？

命運被劉徹和衛子夫勇敢追求愛情的精神感動，向他們伸出了幸運之手。原來，衛子夫受寵不久，就懷上了身孕。這可是個天大喜訊，劉徹因為沒有子女受人議論，連皇位也由此受到威脅，現在好了，衛子夫懷孕給那些懷有二心的人一記重擊，劉徹能不興奮雀躍嗎？正當他想著如何把這件事告訴兩位太后時，阿嬌派人來捉拿衛子夫。

劉徹嚴厲地申斥來人，並且親自帶著衛子夫回宮見太后。阿嬌見他們目中無人地回到皇宮，氣得差點暈過去。劉徹對兩位太后說：「衛子夫懷有朕的骨血，是有功之人，請祖母和母親善待她。」

竇太皇太后和王娡聽了，喜上眉梢，立即轉變先前態度，拉著衛子夫的手問長問短，親切關懷。她們期盼皇上生子，比誰都要焦急，為此事不知費了多少心思，沒有想到，衛子夫受寵不久就懷孕了，這不是皇室最大的喜訊和安慰嗎？

他們滿心歡喜地談論此事，哪裡想到阿嬌的惱怒和仇恨。衛子夫懷孕受寵刺激了她，她不能眼看事情就這麼發展下去，她要努力挽回劉徹的心，她要努力保住自己的皇后位子。憤怒使人喪失理智，何況阿嬌也不夠聰明。失去竇太皇太后支持，她唯一可以依靠的就是母親了。劉嫖不能再去求母親，把怒氣撒到平陽公主身上，跑到她府上大哭大鬧。兩位長公主見面了，劉嫖指著平陽公主嚷道：「妳瞧妳做的好事啊，引狼入室，這不是要害了阿嬌嗎？當初皇上要不是我幫忙，他能做上皇帝嗎？你們這叫做忘恩負義！知道嗎？」她也許沒有想到，平陽公主所為無非是向她學習罷了。

平陽公主為了衛子夫的事正暗自得意，但如今可不能顯露出來，只好陪著笑臉說：「皇上寵幸衛子夫，無非她懷有身孕。妳想想，皇后進宮好久了，一點動靜也沒有，皇上能不著急嗎？依我看，妳不要吵了，趕緊想辦法讓皇后懷上身孕吧，只要生下龍子，皇上還不照樣寵幸皇后。」

劉嫖想了想，覺得沒有其他好辦法，只好起身回府積極請醫抓藥去了。為了讓女兒懷孕，她請遍了各地名醫，花費九千斤黃金（指黃銅），結果，竹籃打水一場空，阿嬌一直沒有如願。《史記・外戚》上記載說：「陳皇后求子，與醫錢九千万，然竟無子。」可以看出劉嫖的富有和她急於為女兒求子的決心。

劉嫖氣急敗壞，又無法報復正在受寵的衛子夫，竟然想出了一個怪招，報復衛子夫的家人。她派人綁架了衛子夫的弟弟衛青，打算折磨死他。衛青當時不過是平陽公主的馬夫，被劉嫖綁架，能有活路嗎？

幸好，衛青性情寬和，為人大方，結交了許多朋友。其中一個叫公孫敖的，非常仗義，身手不凡，他帶著幾名壯士潛進劉嫖府邸，把衛青救了出來。

衛子夫聽說弟弟遇險的事後，擔心他再次遇害，急忙找劉徹商量辦法。劉徹召見衛青，封他為建章宮衛士，專門負責衛子夫安全。衛子夫姐弟朝夕相伴，生活在遠離未央宮的上林苑內，暫時脫離了後宮爭寵帶來的危險。

第三節

衛子夫霸天下

巫蠱案件與千金買賦

事情並沒有就此結束，新的風波正在悄悄醞釀著。阿嬌無法扳倒衛子夫，始終不甘心，她經常哭鬧著尋死覓活，企圖挽回劉徹的心。劉徹對她這種作法越發討厭，兩人關係形同虛無。這種關係斷斷續續維持了幾年，後來，衛子夫接連生了三個女兒，被封為夫人，她的家人皆受寵，兄弟們入朝做官，姐姐也嫁給太僕公孫賀，據說，劉徹曾經一日三次賞賜封賞她，累積黃金（指黃銅）千斤。

再後來，竇太皇太后去世，阿嬌失去最大靠山，在失望之餘她採取了極端措施，終於走上了自取滅亡的道路。

阿嬌無法容忍劉徹的無情和衛子夫的寵幸，秘密派人尋訪懂得巫術的人，希望能夠藉助神靈的力量挽回劉徹的心。所謂「巫蠱」就是利用人們的迷信心理，將象徵真人的木製偶人埋到地下，透過巫師祈求神鬼，幫助施行巫蠱者加害所要憎惡詛咒的人。她在眾多巫師中選擇了女巫楚服，楚服善懂人心，很快成為阿嬌的心腹密友，她不但為阿嬌舉行巫祭之禮，幫她詛咒衛子夫，還裝扮成男子與阿嬌同吃共寢，過起了假夫妻生活。

事情很快傳揚開，劉徹派人調查，查清了阿嬌巫蠱事實，非常生氣，下詔：「皇后失序，惑於巫祝，不可以承天命。其上璽綬，罷退居長門宮。」剝奪了她的皇后之位，把她貶到長門冷宮，她家人也受到牽連，失去恩寵。

阿嬌做了十年皇后，如今淒冷地獨居長門宮是何等心酸。有一天，她母親劉嫖前來探望她，母女倆抱頭痛哭。劉嫖自知無力回天，安慰女兒一番準備離去，阿嬌突然說：「皇上喜愛辭賦，以前聽他說司馬相如是辭賦大家，皇上很喜歡他的文章。母親，司馬相如就在朝中做官，妳派人去找他，讓他把我的遭遇寫出辭賦交給皇上，也許皇上能受到感動而來看望我，也許我有可能重新做皇后。」

劉嫖依照她說的去做，果然找到了司馬相如，劉嫖雖然失勢，家中依然富有，而且她繼承了母親竇太皇太后的所有財產，是個名副其實的富婆。她見到司馬相如，說了自己的打算，並且奉上千斤黃金說：「先生，只要你的辭賦能夠打動皇上，別說千金了，再多錢財我也拿得出手。」

司馬相如瞭解事情始末，同意劉嫖的請求，連夜揮毫做賦，寫成了流傳千古的名篇《長門

賦》，賦中寫道：「夫何一佳人兮，步逍遙以自虞。魂逾佚而不反兮，形枯槁而獨居。言我朝往而暮來兮，飲食樂而忘人。心慊移而不省故兮，交得意而相親。……眾雞鳴而愁予兮，起視月之精光。觀眾星之行列兮，畢昴出於東方。望中庭之藹藹兮，若季秋之降霜。夜曼曼其若歲兮，懷鬱鬱其不可再更。澹偃蹇而待曙兮，荒亭亭而復明。妾人竊自悲兮，究年歲而不敢忘。」語言華美、情辭動人，據說，劉徹看到這篇辭賦後深為感動，雖然沒有重新寵幸阿嬌，卻對她沒有深加追究，她在長門宮渡過了平靜的一生。

以辭賦勸諫皇上，這是千古少有的事情，以千金購買文章，也成為千古佳話，這就是「千金買賦」典故的由來。

阿嬌從榮寵一步步走向失敗，而衛子夫卻從貧賤一步步走向成功。這兩個女人，同為劉徹的妻子，為什麼會有如此大的差距？是命運捉弄還是自身原因？不言而喻，阿嬌失敗有歷史原因，更多卻是她自己的過錯；衛子夫成功有偶然的因素，但也是她自身性格所決定的。

衛氏崛起

衛子夫受寵而不嬌貴，她常常告誡家人要小心行事，不要過於招搖。在整個後宮爭寵風波中，她始終沒有詆毀阿嬌，只是被動挨打。隨著她生下女兒，地位尊崇，她的家人也都受到封賞，但他們一直都抱著謹小慎微的態度，不與任何人結怨。

劉徹特別看重衛青。衛青與衛子夫同母異父，他的父親名叫鄭季，是平陽侯家裡做事的縣吏，與衛媼私通，生下了衛青。衛青漸漸長大，他母親把他送到了父親家中。鄭季的妻子非常看不起衛青這個私生子，把他當作奴隸使喚，整天讓他放羊牧草，鄭季的其他兒子也鄙視欺負衛青，不把他當作兄弟看待。衛青在這種環境下艱難度日，有一天，他跟隨他人到甘泉宮，路上一個人為他相面說：「別看你現在窮困，將來定會富貴，貴及封侯。」衛青苦笑著說：「我不過一個奴才，不受打罵就不錯了，哪裡敢奢求封侯？」

事情總是這樣變化莫測，衛青連想都不敢想的事情發生了。衛子夫進宮受寵，衛氏受到寵幸，他從父親家裡趕回來，做了平陽公主的馬夫，接著，他因禍得福，被召進宮做了侍衛。衛青富有機智，聰明好學，在上林苑的日子裡，他學習兵法武功，鍛鍊了一身本領，很快就嶄露頭角，成為羽林們中的佼佼者。劉徹寵幸衛氏，見衛青積極有為，是個可塑之才，非常高興，就重點培養他。

隨著衛子夫步步高升，衛氏一門成為新貴。阿嬌被廢後，衛子夫榮登皇后寶座，生的兒子劉據被

衛青像。

立為太子。這時的長安城，流傳著一首歌謠，唱道：「生男無喜，生女無憂，獨不見衛子夫霸天下。」

衛青在劉徹的培養下逐漸成長一名優秀的將領，時間到了西元前129年，年輕的他被任命為車騎將軍，迎擊興兵南下的匈奴。從此，衛青開始了與匈奴作戰的戎馬生涯。在這次戰事中，劉徹一共派出了四路人馬，其中，只有衛青的部隊直搗龍城，斬敵七百人，取得勝利。其他三路則有的失敗，有的無功而返，劉徹見只有衛青凱旋而歸，大為喜悅，晉封他為關內侯。衛青封侯拜將，在北擊匈奴的大業中嶄露頭角。

接著，劉徹為了安定北方，多次派兵抗擊匈奴，衛青屢屢獲勝，立下赫赫戰功。西元前127年的時候，匈奴集結大量兵力進攻漁陽、上穀等地，劉徹避實擊虛，派衛青率大軍進攻匈奴佔據良久的河套地區。這是大漢對匈奴第一次大規模戰役。衛青不辱皇命，英勇善戰，機智指揮，取得了完勝，完全控制了河套地區。後來，衛青還多次擊退匈奴，最終打垮了匈奴主力，基本穩定了北部邊境，成就了偉大功業。劉徹多次對他進行封賞，連他尚在襁褓中的三個兒子也被封為侯爺。衛氏一門五侯，成為當時最顯赫的家族，這一切都源自衛子夫進宮受寵，源自劉徹善於鑒人識人。如果劉徹沒有大膽愛憐衛子夫，沒有大膽起用衛青，大漢王朝將會失去一名優秀將領。

更為引人嘆喟的故事還在後面，當年引薦衛子夫入宮的平陽公主丈夫病亡，寡居家中。這時，劉徹為了安撫姐姐，下令在朝中列侯中為她選擇夫君。有人提議衛青合適。平陽公主笑著說：「他是我家家奴，曾經做過我的馬夫，怎麼可以做我的丈夫呢？」

此人說：「大將軍今非昔比，姐姐是皇后，他封侯拜將，貴不可及，怎麼配不上公主您呢？」

劉徹聽說此事後，笑著勸說姐姐：「朕娶了衛青的姐姐，他為什麼不能娶我的姐姐呢？這件事情很有緣分。只要妳願意，朕即刻為你們完婚。」

平陽公主當然喜歡大將軍衛青了，聽了劉徹的話，她排除尊卑觀念，嫁給了衛青。兩家人親上加親，成為美談。

衛氏貴幸，並非只因為衛子夫受寵，由此可見劉徹對待親人和人才不同的態度，這也是他英明之處。劉徹勇敢追尋愛情，也追尋到了殺敵衛國的優秀人才，他的愛情和事業走向成功，是他個人努力所得到。

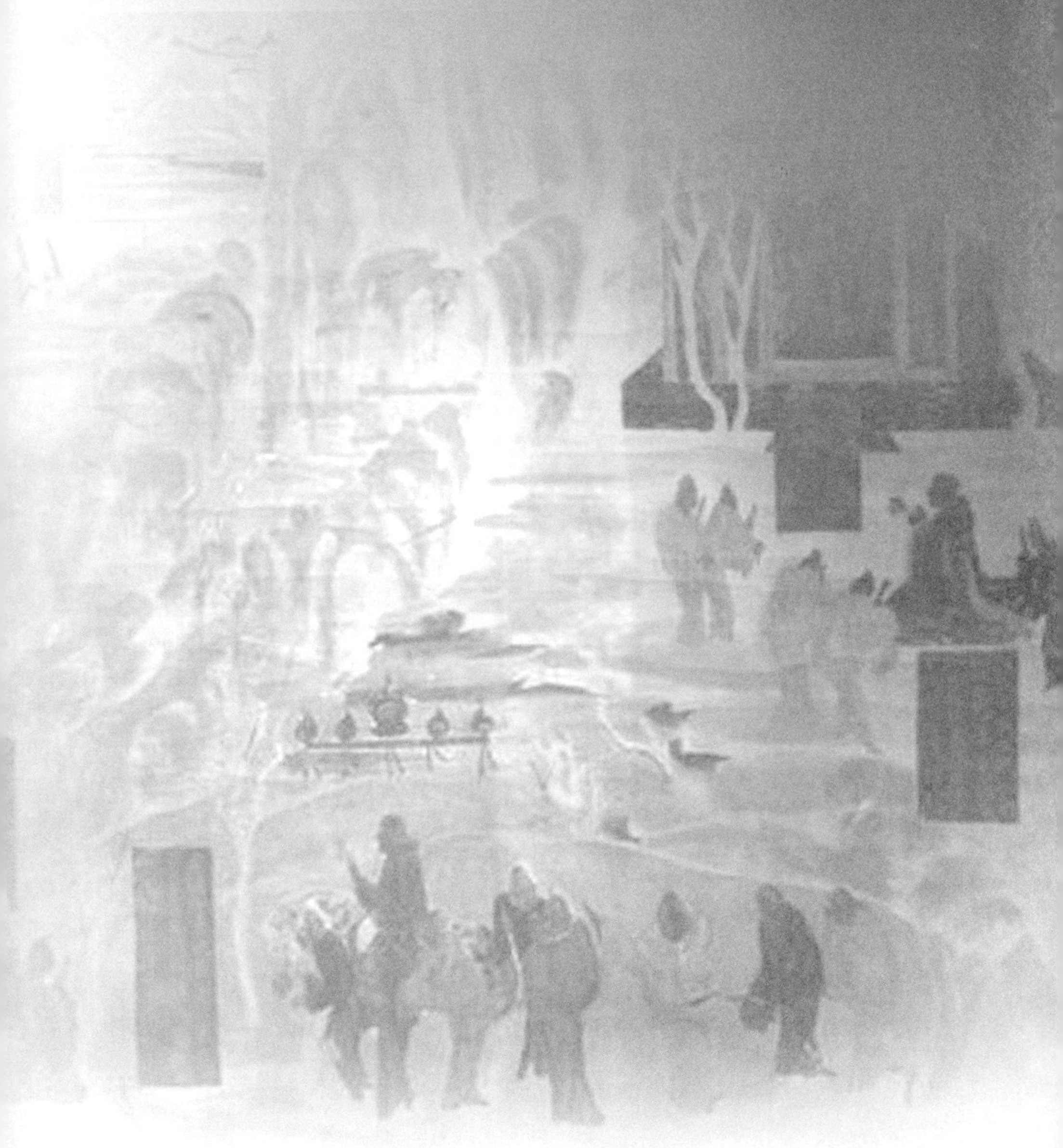

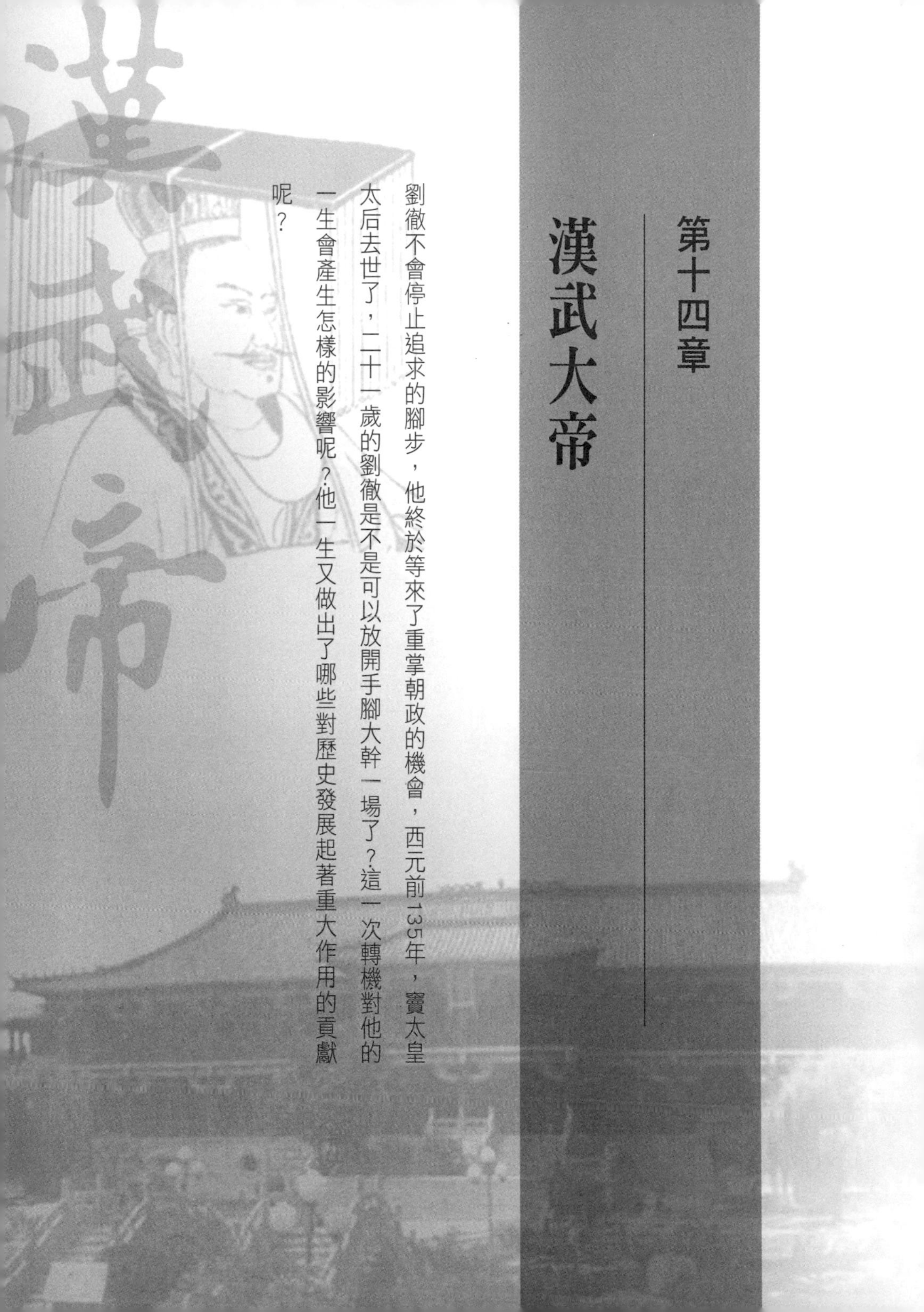

第十四章

漢武大帝

劉徹不會停止追求的腳步，他終於等來了重掌朝政的機會，西元前135年，竇太皇太后去世了，二十一歲的劉徹是不是可以放開手腳大幹一場了？這一次轉機對他的一生會產生怎樣的影響呢？他一生又做出了哪些對歷史發展起著重大作用的貢獻呢？

第一節 竇氏衰敗與鞏固皇權

劉徹追求愛情的同時，也再為奪回政權積極做準備。西元前135年五月，七十多歲的竇太皇太后永遠地閉上了雙眼，與世長辭。已經二十一歲的劉徹不再是莽撞少年，他一面哀慟祖母逝世，一面妥善處理祖母後事，在他看來，祖母儘管反對新政，一度壓制自己，但是這一切都是政見不同所致，是頑固保守與進步有為之間的鬥爭，祖母愛護自己，維護皇室，為大漢江山操心，這些都是值得自己尊敬的。現在，她去世了，把政權順利交到了劉徹手中，追前思後，劉徹心中感慨萬千，正是這一場為時五年的政權之爭，讓他徹底走向成熟，為他以後的事業打下了不可或缺的基礎。

劉徹終於可以放開手腳大幹一場了，他首先罷免了兩個信奉黃老學說，由竇太皇太后旨意安排的丞相許昌和御史大夫嚴青翟，任用田蚡為丞相，韓安國為御史大夫，由此，政權基本回歸到劉徹手中。

竇氏憑藉著竇太皇太后的關係，勢力強大，當初就是他們為了保住富貴榮寵，一味對抗新政，拒不回到封地，拒不接受應受的懲罰。竇太皇太后一去，靠山倒了，他們還能有什麼作為呢？魏其侯竇嬰已經年過半百，精力大不如當年，劉徹沒有再次起用竇嬰，也是他清楚竇嬰的為人，同父親漢景帝一樣認為他沒有做丞相的能力。況且，竇氏多年來仗勢欺人，得罪了不少人，竇太皇太后活著時，無人敢指責他們，現在，誰還怕他們？劉徹不斷接到狀告竇氏諸人的奏疏，劉徹一一區別對待，盡量安撫他們。經過這番折騰，竇氏勢力在漢廷中敗落了。

劉徹有意擺脫竇氏對朝政的影響，起用了年富力強的田蚡。田蚡做上了丞相，有了參預國家大事的權力。當時諸侯王和高官都已白髮蒼蒼，只有田蚡正值壯年，他精力充沛，善於權變，加上皇上舅舅的特殊身分，一開始，很受劉徹賞識。田蚡十分得意，每次上朝奏事，都是他一個人喋喋不休地說

個沒完沒了，一說大半天，劉徹耐心地聽他秉奏，把他當成國家棟梁，對他的每個建議都仔細研究，認真採納。這樣一來，趨炎附勢的人見風使舵，紛紛投靠到田蚡門下。田蚡來者不拒，大肆擴張勢力，收受賄賂，人人都知道他是個大貪官。田蚡還把手下人推薦給劉徹，朝中官職被這些人佔去一大半，據說，連田蚡的僕人都可以在朝中做官。時間久了，劉徹發現這個現象，對田蚡開始採取防備措施。一次，田蚡又拿出一大串人物名單，直接要求劉徹委派他們官職。劉徹生氣地說：「丞相上任以來，推薦了多少人才，到底有完沒完？你是不是也為朕考慮考慮，朕也想安排幾個人。」田蚡聽了，頓時氣焰矮了半截，不敢言語，灰溜溜走了。

很明顯，朝廷不是田蚡一個人的，他如此霸道誰也不會容忍他。田蚡本該有所醒悟，可他財迷心竅，把劉徹當成小兒看待，沒過幾天，又進宮提出無禮要求了。他對劉徹說：「臣府邸窄小，人口眾多，臣想申請塊地方擴建住宅。」

劉徹納悶地想，自從田蚡做丞相以來，貪婪無度，受賞無數，他的住宅寬大豪華，田莊也都是肥沃土地。聽說他為了佈置家宅，派人去各地購置物品，這些人來往頻繁，絡繹不絕。各地諸侯王和官吏們進京總是先去他家中行賄，金銀珠寶、美女犬馬數不勝數，可算是天下首富了，怎麼還嫌府邸窄小了？難道是他妻妾太多，家裡住不下了？他對於田蚡還是非常瞭解的。田蚡喜愛女色，聽大臣們議論，他正式迎娶的妻子就有一百多人。想到這裡，劉徹不願為此事與他鬧矛盾，就允許說：「好，你擴建吧，看中了哪塊地盤？」

田蚡毫不客氣地說：「臣看武庫靠近皇宮，位置極佳，請皇上允許臣在那裡修建住宅。」武庫是盛放兵械倉庫，作用重大，他竟然要改造成自己住宅，真是昏了頭。

果然，劉徹雷霆震怒，滿面怒容地說：「你乾脆佔據武庫算了，這樣不是更方便嗎？」他諷刺田蚡不知收斂，步步進逼，佔據武庫謀反算了。田蚡聽出劉徹話中之意，嚇得說不出話來。

田蚡欲望強，沒有從劉徹那裡撈到便宜，轉而打起竇嬰的主意。他看上了竇嬰的田莊，派人傳話讓竇嬰把田莊讓給自己。竇嬰聽了他的要求，氣得破口大罵，拒不讓出田莊。

由此，雙方矛盾漸深，田蚡自恃貴重，開始有意打擊竇嬰，處處為難他。竇嬰的好友灌夫看不下去了，也著手搜集田蚡的罪狀，打算與他對抗。灌夫搜集出了田蚡與劉安當年的密謀以此要脅田蚡。田蚡大驚，加緊陷害竇嬰的步伐。雙方互不相容，一觸即發。終於，這場黨爭發展到了極限，在田蚡的又一次婚宴上，彼此撕破臉皮，對罵起來。這就是有名的「灌夫罵座」的故事。

田蚡憑藉手中權力和姐姐王娡幫助，除掉了竇嬰，造成朝廷震驚，劉徹目睹黨爭的殘酷，聯想相位權勢強大的弊端，下決心削弱相權，剝奪田蚡權力。經過多年努力，他採取中朝預政加強中央集權，開設中、外朝，形成兩個官僚系統：一個是由大將軍、尚書等組成的中朝，又稱內朝或內廷，是決策機關；一個是以丞相為首的外朝，是政務機關。這樣丞相的權力大人削弱，保證皇權穩固、中央決策順利實施。

削弱相權，是他加強皇權走出的第一步，後來，他採取大臣主父偃建議，在諸侯國施行「推恩令」。所謂推恩令，指的是諸侯王除將王位傳給嫡長子外，還可推「私恩」，把王國封地分給其他子弟，建立許多侯國。這樣，諸侯王勢力大為減弱，侯國卻對皇帝感恩戴德。諸侯再也不會對中央政權產生威脅，皇權大為鞏固。

第二節　開疆擴土

劉徹對內加強皇權，鞏固統治，對外抗擊侵略，開疆擴土，成就彪炳千古的偉業壯舉。他重新掌控朝政不久，下令訓練軍隊，積極備戰，起用新人，大膽抗敵，取得了對抗匈奴的全面勝利。

很久以來匈奴一直活躍在北方，對漢人威脅很大。秦朝末年，中原大亂，匈奴乘機再次崛起，屢屢滋擾北境。冒頓單于征服大漠南北，統一蒙古草原，南下重新佔領河套地區。漢王朝建立後，高祖曾經親率大軍征討匈奴，結果被圍困平城白登山，他聽從陳平之計通過單于閼氏才僥倖脫離危險。高祖採取「和親」政策修好匈奴，並且送去大量糧食、絲綢等，以求邊境安穩。漢文帝也曾經親征匈奴，由於北方環境惡劣，匈奴人作戰風格奇特，漢人無法與之周旋，無功而返，其後，漢朝被

迫與之繼續和親。和親政策，一方面促進了兩國之間的交往，另一方面也縱容了匈奴人，他們垂涎漢朝的富貴繁榮，不顧兩國制訂的和約，經常在邊境地帶燒殺搶掠，騷擾百姓，搶奪財產，給邊境人民帶來無窮苦難。

劉徹從少年時代就決心抗擊匈奴，保衛邊境，他派張騫通西域，積極瞭解匈奴情況，上林苑訓練兵馬，都為後來抗擊匈奴做了充分準備。經過多年準備，西元前129年，匈奴單于率軍威脅邊關，劉徹力排眾議，大膽派出四路兵馬阻擊匈奴。四路兵馬分別由李廣、衛青、公孫敖、公孫賀帶領，他們有的是久經沙場的老將，有的是首次出戰的年輕人，遠赴戰場，開始了與匈奴抗戰的歷史。結果，在三路兵馬失利的情況下，第一次出征作戰的衛青大獲全勝，殺敵數百人，成為這次戰役的功臣。劉徹力主作戰取得勝利，大受鼓舞，從此，漢朝走出被匈奴騷擾的陰影，開始了全面反擊戰爭。

多年戰事不斷，漢朝湧現出無數抗擊匈奴的將領，除衛青外，霍去病也是有名的大將。他少年得志，受到劉徹親自栽培，十八歲時主動請纓，跟隨舅舅衛青出征匈奴。他率領八百驍騎深入草原，獨闖敵營，殺敵立功，被封為冠軍侯。西元前119年，劉徹經過充分準備之後，派遣衛青和霍去病深入漠北，兵分兩路夾擊匈奴。他親自制訂戰略方針，衛青和霍去病按照劉徹旨意，各領五萬騎兵，分東西兩路向漠北進軍。這次戰役，意義重大，他們殲滅匈奴主力，將漢朝疆域往北推進到貝加爾湖一帶，基本解除了匈奴對邊郡的威脅。時人更是第一次發出「明犯強漢者，雖遠必誅」的豪言壯語，為後人抗擊外侵樹立了榜樣。

北拒匈奴，打通了通往西域各國的道路，劉徹以開放的眼光對待西域各國，兩次派張騫通西域，加強與他們交流，從而擴大漢朝的西部疆域。

劉徹拒匈奴、通西域的同時，還積極建設西南邊陲，多次派人出使西南各國，加強與他們的交流。西南都是小國家，因為道路閉塞，他們以前不知道漢朝，更無法想像漢朝的強大，見到漢使後，夜郎國王、滇王等都提出同一個問題：「漢朝與我國哪個疆土更大？」漢使大為好笑，區區夜郎國、滇國還沒有漢朝一個郡大呢。這些國王大為驚駭，派人跟隨漢使回到長安觀看，結果，漢朝的強大和繁榮讓他們大開眼界。西南各國聽到使者回報的情況，紛紛歸順漢廷，漢朝西南邊境也逐漸向外擴展。

東越、南越各國也先後成為漢朝郡屬，珠江流域首次進人漢朝統治範圍。由此，漢朝疆土南到閩粵瓊崖，北至漠北，東達朝鮮半島，西跨於闐阿勒泰地區，勾勒了日後兩千年間中華帝國的基本輪廓。

第三節

尊儒術，大一統

加強皇權，開疆擴土，劉徹成為英武大帝，他採取儒術治理國家，摸索出一條完整的治國制度。

在儒術治國的決策下，劉徹置五經博士。在文景時期，儒學共立了《詩》、《書》、《春秋》三經博士。西元前136年，漢武帝正式設置「五經」博士，增加《易》、《禮》二經。此後，他興辦太學，由政府面向廣大國民辦教育，太學完全用儒家五經為課程，教師聘請儒學博士擔任。辦學事宜全由丞相公孫弘主持。太學的設置首開了我國歷史上「學而優則仕」的正規途徑，適應了國家培養官吏的需要，所以發展很快，武帝時，太學的五經博士弟子五十人，西漢末年則達到一萬人。

劉徹廣開仕途，制訂了嶄新的選擇官吏辦法，採取察舉、課試兩種方法選拔人才，維護西漢王朝龐大的官僚體系。察舉，就是先行考察，再推舉做官的意思。劉徹下令郡國每年從儒生中推舉孝、廉各一名，孝廉指的是孝子和廉吏。他們通過推舉可以直接進入中央擔任官職。除了孝廉外，還有賢良文學、茂才、明法等多個考察科目。課試由丞相公孫弘提出，他建議博士弟子受學一年，經過「射策課試」，就可以擔任文學官職，繼而根據個人政績再行提拔。博士弟子本來就是經過推選進入太學的優秀儒生，他們系統地學習儒家經典，進朝做官，對保證「尊儒術」的推行起了有力作用。

課試制度成為後來科舉制度的雛形，成為各朝選拔人才的基本方法。

太學培養了無數人才，漢武帝劉徹推廣辦學經驗，「令天下郡國皆立學校官」。這是古代國家興辦教育的開始，難怪乎有人說，古代帝王中，辦教育熱情之高，成績之大，漢武帝當數第一人。他的一連串興教舉措，在中國和世界教育發展史上，皆屬劃時代的大事，具有深遠的影響。

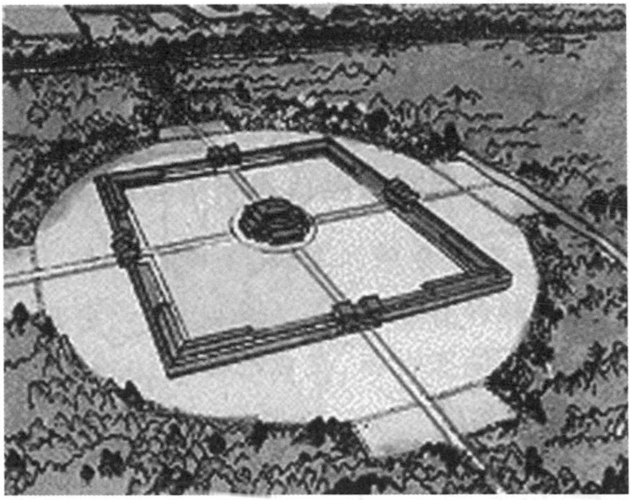

太學復原圖。

為了保證龐大的國家體系正常運轉，漢武帝劉徹除了採取前面提到到中朝預政外，對地方官吏、司法還進行了一連串改革。當時，奢侈成風，吏治腐敗，征斂不止，司法制度廢弛，社會危機暗暗湧動。劉徹建立刺史制度，考察郡國治政，加強對地方行政的控制。朝廷將全國劃分為13個州部，每州設刺史一人，負責監察所屬郡國。刺史由朝廷直接派遣，俸祿六百石，屬於低級官員，但是職權很重，有監察二千石的郡守和王國相以及地方豪強劣紳的權力。刺史受御史大夫所屬的御史中丞直接領導，在人事上不受他人管理，查明地方官吏的不法事實後，直接上報御史中丞，請求上級處理。後來，劉徹建立並完善了強大的監察系統，監察系統包括御史中丞、司隸校尉、丞相司直，這三大監察系統互相監督，大大加強了皇帝對中央百官和地方官吏的控制，從而保證了中央集權的政治體制。

漢武帝劉徹穩固國家政權，重視農業生產，為此他還制訂頒佈新的曆法，西元前104年前，大漢改訂禮制和曆法，其主要內容是：改用「太初」曆，「以正月為歲首，色上黃。」「太初」的意義是宇宙的開端，武帝以此命名這部曆法，象徵太初年間的「改元更化」。

這些制度變革充分表現了漢武帝提倡儒術的具體結果，透過這些措施儒家思想滲透到政治、法律、教育以及社會生活各個領域中去，以完善其政治體制，以鞏固其社會統治。

在農業方面，他還採取許多切實有用的措施。諸如，興修水利，大力發展灌溉事業，由他指揮修築的水利工程有漕渠、六輔渠、白渠、成國渠、洛水渠、龍首渠等，促進了農業生產。

他還設置田官，移民屯墾，發展屯田制度。另外，為了抑制豪強，穩定編戶，他下令將郡國豪傑及資產在三百萬以上者，通通遷徙茂陵。從經濟上打擊大搞土地兼併的新興暴發戶，達到「強幹弱枝」的目的。從而扶持小農的經濟地位，穩定在籍編戶之民的人口數，這一點，保證漢廷賦役來源，鞏固統治秩序，意義重大。還有，漢武帝劉徹下令將鑄幣權收歸中央，禁止郡國鑄錢，統一貨幣，指定由「上林三寶」鑄錢，上林三寶指的是掌管上林苑的水衡都尉所屬均輸、鐘官、辨銅三官，由他們統一鑄造錢幣，稱為「三官錢」或「上林錢」。同時，漢武帝劉徹規定鹽鐵官營。漢初，鹽鐵由私人經營，吳王劉濞因此富有無比，財力超過中央。劉徹廢除私營，有利於中央集權，國家統一。

漢武帝劉徹心胸開闊，目光遠大，不拘傳統，求新求變，他在元朔元年的詔書說：「朕聞天地不變，不成施化；陰陽不變，物不暢茂。」元朔六年詔書又說：「五帝不相復禮，三代不同法。」正是這種革舊佈新，勇於開拓，與時俱進的創新精神，他創立了一個大一統的封建帝國，受到百姓擁戴和後世尊崇。

漢史學大家班固的《漢書・武帝紀贊》論漢武帝曰：「漢承百王之弊，高祖撥亂反正，文、景務在養民，至於稽古禮文

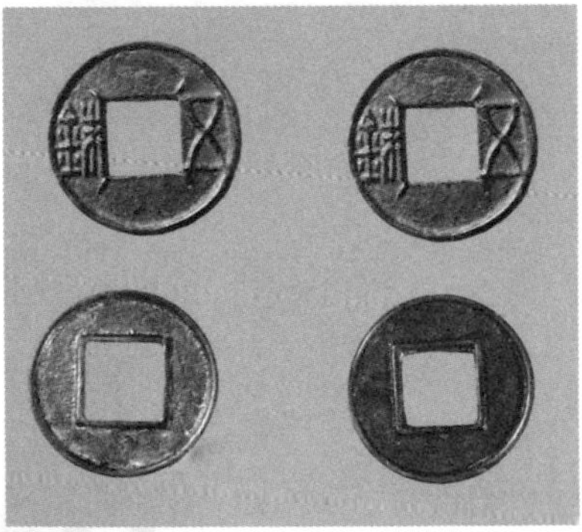

漢錢幣。

之事，猶多闕焉。孝武初立，卓然罷黜百家，表章《六經》，遂疇咨海內，舉其俊茂，與之立功。興太學，修郊祀，改正朔，定歷數，協音律，作詩樂。建封禪，禮百神，紹周後，號令文章，煥然可述，後嗣得遵洪業而有三代之風。如武帝之雄材大略，不改文、景之恭儉以濟斯民，雖《詩》、《書》所稱何有加焉！」而正如後人所評價的：漢武帝是一位承先啟後而又開天闢地的真正偉大的君王。

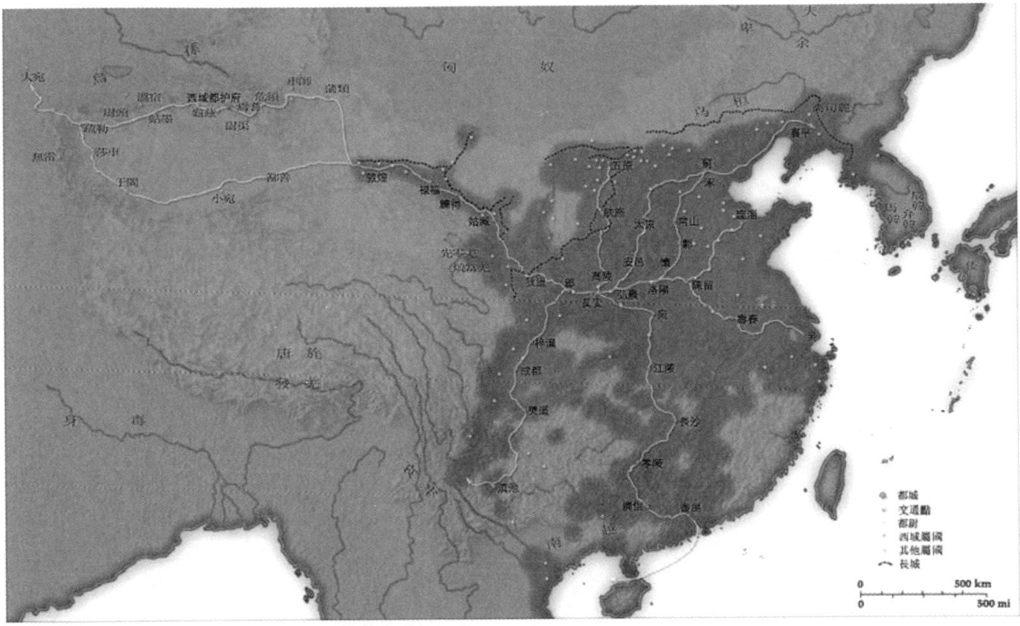
大宛
西域都护府
莎車
于闐
小宛
敦煌
匈
奴
洛陽
江陵
長沙
番禺
都城
交通點
都尉
西域屬國
其他屬國
長城
0
500 km
0
500 mi

漢朝疆域圖

漢武帝　大事年表

西元前156年（漢景帝前元年）　出生

生於猗蘭殿，取名劉彘，排行第十。

西元前152年（漢景帝前四年）　5歲

立為膠東王。

西元前150年（漢景帝前七年）　7歲

立為皇太子。

西元前141年（漢景帝后三年）　16歲

即皇位，是為武帝。

西元前140年（武帝建元元年）　17歲

詔舉賢良方正直言極諫之士，董仲舒獻「天人三策」。

西元前139年（建元二年）18歲

納衛子夫為夫人，升衛青為太中大夫。

西元前138年（建元三年）19歲

派遣張騫出使西域。

西元前135年（建元六年）22歲

竇太皇太后五月逝世，劉徹重掌大權。

西元前134年（元光元年）23歲

采納董仲舒「罷黜百家，獨尊儒術」的建議。

西元前133年（元光二年）24歲

開始大規模反擊匈奴，斷絕與匈奴和親。

西元前130年（元光五年）27歲

以巫蠱罪廢陳皇后。

西元前129年（元光六年）28歲

匈奴再次入侵，任命衛青為車騎將軍，迎擊匈奴。

西元前128年（元朔元年）29歲

衛夫人生皇子據，被立為皇后。

西元前127年（元朔二年）30歲

頒「推恩令」削藩國勢力。

再擊匈奴，收復河套平原。

西元前126年（元朔三年）31歲

張騫自大月氏返回，帶回了有關西域的許多情報。

西元前123年（元朔六年）34歲

遣衛青兩次出定襄擊匈奴。封霍去病為冠軍侯、張騫為博望侯。

西元前122年（元狩元年）35歲

淮南王劉安、衡山王劉賜謀反，事情敗露，被逼自殺。

立劉據為皇太子。

西元前119年（元狩四年）38歲

遣衛青、霍去病擊匈奴。

再派張騫出使西域。

西元前115年（元鼎二年）42歲

張騫從烏孫歸國。

西元前113年（元鼎四年）44歲

第一個開始使用年號紀年。以當年為元鼎四年，並追改以前為建元、元光、元朔、元狩，每一年號六年。

西元前110年（元封元年）47歲

率群臣東巡，封禪泰山，下詔改元，以十月為元封元年。

西元前109年（元封二年）48歲

遣荀彘、楊僕水陸兩路征伐朝鮮。

西元前105年（元封六年）52歲

與烏孫和親，將細君公主遠嫁烏孫。

西元前104年（太初元年）53歲

定太初曆，以正月為歲首，改元太初。

遣貳師將軍李廣利西征大苑。

西元前100年（天漢元年）57歲

遣蘇武等出使匈奴。

西元前97年（天漢四年）60歲

派大將軍李廣利出擊匈奴，失敗。

族誅李陵家。

西元前92年（征和元年）65歲

巫蠱之禍。方士神巫聚集京城，妖言惑眾，劉徹大搜上林苑、長安城，誅殺嬪妃大臣數百人。

西元前91年（征和二年）66歲

因巫蠱之禍，太子劉據、皇后衛子夫自殺。

西元前89年（征和四年）68歲

納田千秋建議，悉罷諸方士求神仙事。下輪台罪己詔。

西元前87年（後元二年）70歲

立劉弗陵為太子。二月，崩於五柞宮，葬茂陵。

【看浪花淘英雄　向帝王學智慧】

少年漢文帝

本書以傳記的形式，著重講述了漢文帝劉恒生於帝王家、長於憂患中，少有大志、含蓄隱忍、蓄勢待發、終登帝位的成長過程，記述了一個少年在紛紜複雜的政治環境中顯現的堅毅、中庸和美的心路歷程。

關於漢文帝的繼位，眾說紛紜。有人認為他的繼位帶有很大的偶然性，是撿來的皇帝位，是呂后專權的結果，若非呂后除去了漢高祖劉邦的六個兒子，無論如何也輪不到劉恒當皇帝。

但事實真是這樣嗎？偶然之中永遠孕育著必然，讀了本書，你也許就會明白，劉恒的繼位，絕不僅僅只是偶然。如若不信，就請打開本書，追隨漢文帝青少年時期走過的腳步，探索他一步一步走向皇位的內在軌跡吧！

少年秦始皇

一個邯鄲城裡的巨賈為何在一個落難王孫的身上下賭注？

自喻德比三皇、功蓋五帝的秦始皇到底是王室之冑，還是商人之子？

「嬴政」剛出生的時候為什麼叫「趙政」？

母親為什麼要密謀策劃推翻他？

他又為什麼對本該敬愛有加的「仲父」充滿怨恨？

人性與欲望的較量、情感與倫理的衝突，智慧與權謀的爭鬥。

君王的霸氣、權臣的跋扈、女人的柔情，在刀光劍影的爭霸歷程中，少年天子橫空出世，書寫了一段波瀾壯闊、蕩氣迴腸的歷史傳奇。

耗時近十年　精裝歷史典藏寶庫

兩岸學者聯手特別推薦

台東大學人文學院院長 林文寶

中國人民大學徐悲鴻藝術學院教授 黎晶

佛光大學文學系教授 陳信元

大陸名作家 黃國榮

翰林國高中國文教科書主編 宋裕

少年唐太宗

火樹銀花中戎馬倥傯，刀光劍影裡豪氣沖天。

他的一生，金戈鐵馬，叱吒風雲。應募勤王，嶄露頭角，於百萬軍中單騎救父，揚威沙場；勸父晉陽起兵反隋，成為獨當一面的大將軍。

亂世紛紛，反王?起，隨父舉義，剿滅隋王朝，扶助其父李淵創建了大唐帝國。長纓在手，平定諸多反唐勢力，居功至偉，玄武門一戰，棋高一招的他終於登上了九五之尊的寶座。

他憑藉英主明君的襟懷眼光，細膩入微的計策與決謀，自如調配各種勢力，化敵為友為我所用，既能左右逢源也能翻雲覆雨，從而締造了貞觀大治的絕唱。

現在，就讓我們穿越時空，走進唐太宗李世民的少年時代，去感受其間的歡笑和淚水，溫情與殺戮……

少年漢武帝

西元前156年，劉徹出生了，他是漢景帝劉啟的第十個兒子，生逢盛世，貴為天冑，他盡可以享受先輩們積累下來的豐厚資產，過著安穩無憂的日子，可是劉徹沒有。這個注定不凡的生命一開始就有著更博大的使命，他勵精圖治，求新圖變，將漢家王朝推向了另一個嶄新的、幾無可比的高度，他確立了封建君主專制的根基，成為中國最成功的帝王之一。

漢武帝劉徹到底如何走向成功的呢？所有的傳奇故事都可以在幼年時候找到端倪，從他神奇的出生開始，從他好學求進的少年時代開始，這個少年一步一步從普通的皇子走上了高高在上的皇位，掃平了一切的阻礙，按照自己的心願改造整個世界，奠定了一個帝國空前的偉業。本書將追隨著他少年的腳步，一步一步探尋他成長的足跡，回顧他成功的精神奧秘和思想源泉，將最真實的他展現在人們面前。

關於作者

南宮不凡

自小學五年級暑假無意中看到《三國志》，開始對歷史產生莫名狂熱，國一時已經讀完柏楊版《白話資治通鑑》與《二十四史》。

白天是認真負責的科技公司小主管，晚上化身成為歷史名人研究專家，對於古今中外的名人有相當專精而獨到的看法。

對於中國帝王學尤其偏愛，耗時近十年，在繁浩的歷史典籍史料、民間流傳軼事中去蕪存菁，經過反覆的消化、整編，運用古典小說形式，完成秦始皇、漢文帝、漢武帝、唐太宗、宋太祖、成吉思汗、明太祖、康熙、雍正、乾隆、孫中山、毛澤東等十二位深具特色的領袖人物少年時代的風雲變幻。

書中每一位主宰歷史的偉大人物，都蘊藏著一部感人至深的故事。書中將這些領袖人物的親情、友情、愛情，以及自身對命運的努力和追求都融入到了扣人心弦的故事情節當中。

閱讀這套書，猶如看到書中主角的音容笑貌、言談舉止，感受他們的理想、信念、胸懷、情操，對我們學習如何做人、做學問、做事業都有很大的益處。尤其對於準備高飛人生的青少年朋友來說，這些故事除了好看之外，更是擴大胸懷、啟迪人生的最佳朋友。

國家圖書館出版品預行編目資料

少年漢武帝 / 南宮不凡著.
第一版——臺北市：宇阿文化出版；
紅螞蟻圖書發行, 2009.5
面； 公分.——（Monarch；3）

ISBN 978-957-659-714-5（精裝）

1.漢武帝 2.傳記 3.歷史故事
622.1 98006872

Monarch 3

少年漢武帝

作　　者 / 南宮不凡
美術構成 / Chris' office
校　　對 / 鍾佳穎、楊安妮、朱慧蒨
發 行 人 / 賴秀珍
榮譽總監 / 張錦基
總 編 輯 / 何南輝
出　　版 / 宇阿文化 出版有限公司
發　　行 / 紅螞蟻圖書有限公司
地　　址 / 台北市內湖區舊宗路二段121巷28號4F
網　　站 / www.e-redant.com
郵撥帳號 / 1604621-1 紅螞蟻圖書有限公司
電　　話 / (02)2795-3656（代表號）
傳　　真 / (02)2795-4100
登 記 證 / 局版北市業字第1446號
數位閱聽 / www.onlinebook.com
港澳總經銷 / 和平圖書有限公司
地　　址 / 香港柴灣嘉業街12號百樂門大廈17F
電　　話 / (852)2804-6687
新馬總經銷 / 諾文文化事業私人有限公司
新 加 坡 / TEL：(65) 6462-6141 FAX：(65) 6469-4043
馬來西亞 / TEL：(603) 9179-6333 FAX：(603) 9179-6060
法律顧問 / 許晏賓律師
印 刷 廠 / 鴻運彩色印刷有限公司
出版日期 / 2009年5月 第一版第一刷

定價299元 港幣100元

ISBN 978-957-659-714-5 Printed in Taiwan